DU

DOMAINE CONGÉABLE

OU

BAIL A CONVENANT

ÉTUDE HISTORIQUE ET PRATIQUE

PAR

L. HENRY DE VILLENEUVE

Docteur en droit
Avocat à la Cour d'appel de Paris

PARIS

LIBRAIRIE MARESCQ AÎNÉ

A. CHEVALIER-MARESCQ, GENDRE ET SUCCESSEUR

20, RUE SOUFFLOT, 20

Au coin de la rue Victor-Cousin

1883

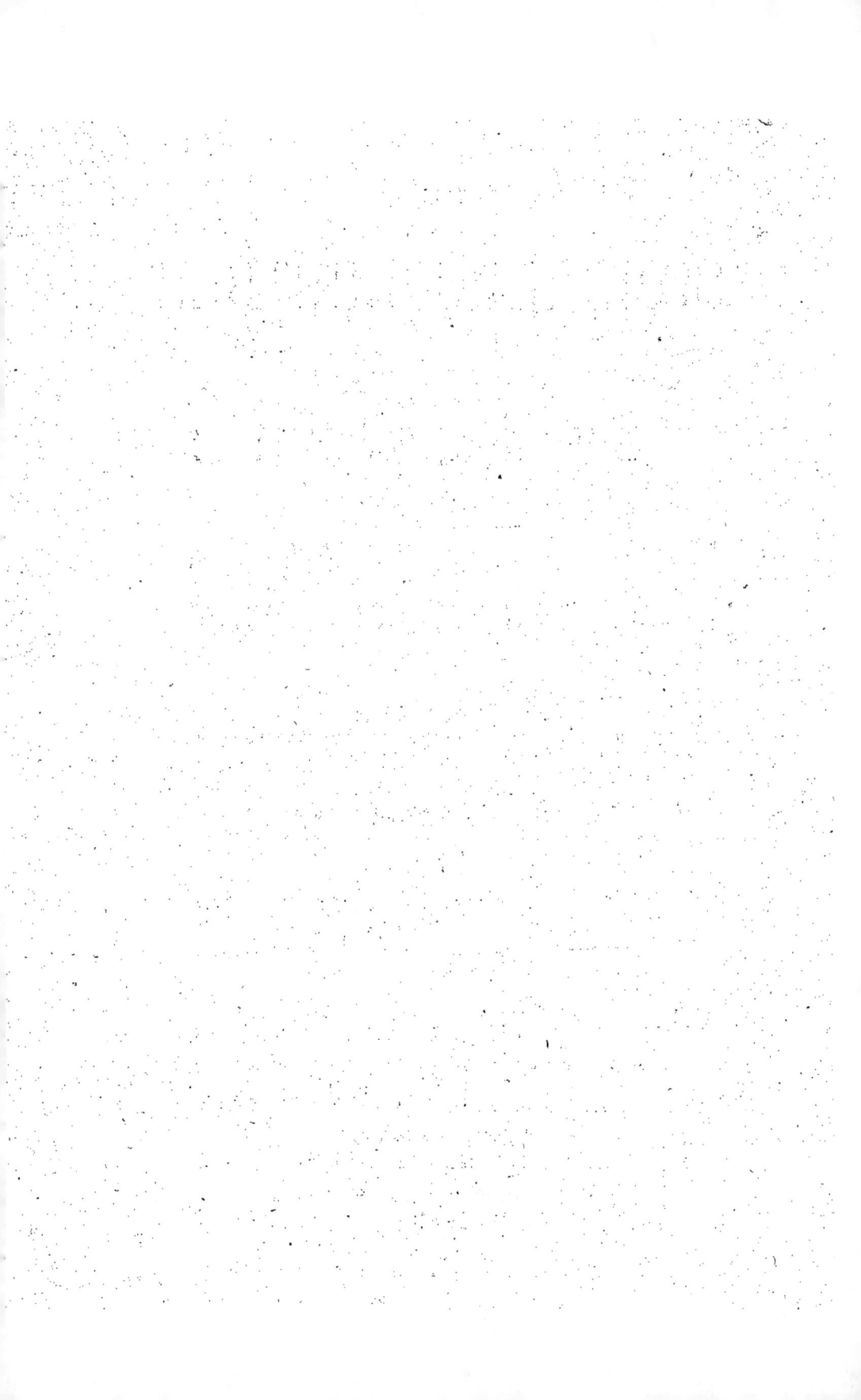

DU

DOMAINE CONGÉABLE

OU BAIL A CONVENANT

CHAPITRE PRÉLIMINAIRE

1. Avant de commencer l'étude du domaine congéable, il nous semble indispensable de rechercher les causes qui ont pu suggérer aux peuples primitifs de l'Armorique l'idée de ce contrat, qui ne se retrouve pas ailleurs. Nous nous étendrons avec quelques détails sur les phases qu'il a ensuite traversées, à ces époques reculées, puis dans des temps plus récents, pour arriver à ce que l'a fait aujourd'hui la loi du 6 août 1791.

Aussi bien cette étude ne sera-t-elle pas dénuée d'intérêt au point de vue de l'histoire particulière d'une province qui, fille de ses œuvres et ne devant rien à autrui, a su, à travers les siècles et malgré les guerres, les bouleversements, le mélange d'éléments étrangers, gar-

der sa physionomie spéciale, sa langue, ses
mœurs à part, en un mot, un cachet d'originalité et de poésie incrusté dans son sol de granit.

Mais avant d'entreprendre ici l'historique du
domaine congéable, nous croyons devoir expliquer en peu de mots en quoi consiste ce contrat, quels sont les éléments essentiels qui le
composent, les caractères spéciaux qu'il présente, enfin la signification des termes techniques qui lui sont consacrés.

2. Le bail à domaine congéable ou bail à
convenant, qu'on appelle aussi *acconvenancement* et bail en *premier détachement*, est un contrat synallagmatique par lequel le propriétaire
d'un héritage, en retenant la propriété du fonds,
en concède précairement la jouissance à un
tiers, qui acquiert en outre les constructions,
plantations et autres travaux qui l'ont amélioré,
à charge de payer une redevance annuelle, et
sauf le droit expressément ou tacitement réservé
au profit du propriétaire de *congédier* ce preneur
après un temps convenu, c'est-à-dire, de le dé-
posséder, de l'expulser, mais en lui remboursant
la valeur des édifices et superfices acquis par
lui lors du contrat ou créés depuis.

On voit que le domaine congéable participe
à la fois de la vente et du louage; de la vente,
en ce que le preneur acquiert la propriété des
édifices et superfices; du louage, en ce que ce

preneur n'obtient que la jouissance du fonds. Toutefois, le caractère de louage prédomine, la propriété acquise par le preneur n'est qu'une propriété résoluble, le transport n'est qu'une clause accessoire du contrat, si importante qu'elle soit; aussi a-t-on donné au domaine congéable le nom de *bail à convenant*, expression qui indique bien l'idée prédominante du louage.

3. *Terminologie.* — Le propriétaire s'appelle aussi *foncier*; le preneur, *colon, domanier, tenancier, superficiaire*.

L'immeuble qui fait l'objet du contrat prend le nom de *convenant, tenue convenancière*; par opposition, l'immeuble dont le fonds et les superfices appartiennent au même propriétaire est désigné par les mots *tenue à héritage.*

Les édifices et superfices, appelés aussi *droits réparatoires, droits superficiels, droits convenanciers,* sont les améliorations faites sur le fonds telles que bâtiments, fossés, plantations, clôtures, cultures, etc.

Le fonds réservé par le bailleur est quelquefois désigné par les mots : *droits fonciers, foncialité.* Pour distinguer une tenue sur laquelle se trouvent des bâtiments d'une autre où il n'en existe pas, on dit que la première est *étagère* ou à *étage.*

La *baillée* est l'acte par lequel le propriétaire foncier consent le renouvellement du bail ori-

ginaire; cette baillée, ordinairement concédée
pour six ou neuf ans, peut être faite soit au profit du colon déjà détenteur de la tenue, soit
d'un tiers qui acquiert ainsi le droit de congédier ce colon et de se substituer à lui. Au premier cas, elle est dite *baillée d'assurance* ou de
renouvellement; au second, *baillée de congément,*
ou *simplement baillée.*

Quand il s'agit d'une baillée de renouvellement, le foncier, s'il n'augmente pas la redevance, exige ordinairement du colon, pour prix
de son consentement à cette prolongation du
bail à domaine congéable, une somme d'argent
plus ou moins forte, qui prend le nom de *commission* ou *nouveauté.*

Enfin le *congément,* l'un des traits les plus
saillants du contrat dont nous nous occupons,
puisque son nom même de domaine *congéable* le
rappelle, et qui contribue le plus à lui donner
une physionomie spéciale, est l'acte par lequel
le propriétaire foncier, en se conformant aux
règles prescrites par les usements et la loi de
1794, exerce la faculté d'expulser le colon contre
remboursement.

Ces quelques données sur les caractères du
domaine congéable, cette explication des mots
techniques qu'il emploie, suffisent pour en faire
avoir une idée générale, et nous pouvons, avant
d'entrer dans les détails, aborder l'historique.

PREMIÈRE PARTIE

HISTOIRE DU DOMAINE CONGÉABLE

CHAPITRE I

ORIGINE

4. La plus grande incertitude règne sur l'origine du domaine congéable, et les recherches à ce sujet, par cela même qu'elles n'ont pu aboutir à un résultat certain, ont donné lieu à une foule de conjectures et de systèmes dont plusieurs supportent à peine l'examen.

C'est ainsi que Roch le Bailli, médecin de Henri IV, fait remonter aux Troyens la création de ce contrat, seule hypothèse plausible à son avis, mais que nous serions tenté de mettre sur la même ligne que celle de Francus, fils d'Hector et premier roi des Francs.

Plus tard, Dufail, sans faire remonter, comme

Roch le Bailli, à une antiquité voisine des temps fabuleux l'institution du domaine congéable, affirme qu'il existait déjà lors de la conquête de César: « C'est une nature de contrat *quæ caret nomine eleganti*, introduite dès le temps que César était en ce pays, il y a 1600 ans. » (Dufail, l. 1er, ch. 355, édit. de 1654.) Cette opinion est aussi insoutenable que la précédente; bien faibles sont les arguments que l'on invoque à l'appui, ils consistent à constater sur le témoignage de César lui-même (*Comm. De bello gallico*, l. 1, c. 1) que les différents peuples de la Gaule avaient, à cette époque, un langage, des lois, des institutions, des coutumes dissemblables, que les habitants de l'Armorique avaient, par conséquent, leurs lois, leurs coutumes particulières, dont le domaine congéable faisait probablement partie. On ajoute que César indique des divisions territoriales de ce pays qui pourraient correspondre aux usements principaux : les Unelli, les Curiosolites, les Venètes (César, *De bell. gall.*, § 7). C'est une erreur manifeste. D'abord les Unelli habitaient un pays en dehors de l'Armorique et où jamais le domaine congéable n'a été connu. Leur chef-lieu était Constantia, aujourd'hui Coutances en Normandie; ils faisaient partie de la deuxième Lyonnaise, et non de la troisième comme l'Armorique. — Ensuite, nous ne voyons pas à quel usement

pouvait correspondre le territoire occupé par
les Curiosolites. Ce peuple habitait bien l'Armorique, mais tout à fait sur la limite de l'u-
sement de Tréguier et, par suite, le domaine
congéable n'était pratiqué que sur la plus petite
partie de son territoire. A l'est des Osismiens il
occupait la partie du département actuel des
Côtes-du-Nord qui se trouve entre Saint-Brieuc
et l'Ille-et-Vilaine. Sa capitale était la ville de
Corseul, entre Dinan et Lamballe.

Les Venètes seuls, dont le chef-lieu était
Veneti, d'abord Dariorigum, aujourd'hui
Vannes, habitaient un territoire correspondant
assez exactement à l'usement de Rohan.

Avec des preuves aussi peu solides, des rai-
sonnements aussi problématiques, où trouver
une limite aux conjectures, où trouver pour
l'histoire une base certaine qui puisse la faire
sortir du domaine de la fiction?

D'autres auteurs ont voulu trouver dans la
législation romaine, particulièrement dans le
colonat et dans le bail emphytéotique, l'origine du domaine congéable. Certes, on n'a
pas prétendu soutenir que le colonat romain
et le contrat qui nous occupe fussent en tous
points semblables, mais on s'est ingénié à
prouver que celui-ci n'était qu'un dérivatif du
premier, un colonat « modifié, transformé, dé-
naturé par les mœurs, l'élément celtique et l'é-

lément féodal, » et cependant reconnaissable encore. Ce système, soutenu en 1789, lorsqu'il fut question de supprimer le domaine congéable comme entaché de féodalité, a été repris et défendu avec une grande force, en 1862, par M. Derome, procureur impérial à Quimper. Il nous semble intéressant d'indiquer les principaux arguments invoqués à l'appui de ce système ; nous montrerons ensuite pourquoi nous ne pouvons nous y rallier. Enfin, tout en avouant qu'il n'est guère possible d'arriver à une démonstration péremptoire sur l'origine du domaine congéable, nous présenterons l'opinion qui nous paraît la plus plausible.

5. Girard (*Usements ruraux de Basse-Bretagne*) rattache le bail à convenant aux principes romains, et invoque à l'appui de sa thèse divers textes du Digeste et du Code (titre *Loc. cond.*; *De superf.*; *De pignus et hypoth.*; notamment la loi 3 ff. *Loc. cond.*; la loi 59, § 1, *ibid.*). M. Derome, complétant le système, nous montre la domination romaine s'établissant sur le sol armoricain, à la suite de la victoire décisive de César sur les Venètes, 56 ans avant J. C. (*Comm. De bel. gall.*, l. III, cap. 16). Il nous montre les vaincus apportant dans ce pays « leur hiérarchie administrative fondée, développée, perfectionnée par les empereurs, leur système des colonies et des municipes, leur religion, leurs

mœurs, leurs usages, » et particulièrement le colonat, qui serait, d'après l'autorité de M. Troplong, « venu comme un palliatif de la grande propriété, comme intermédiaire entre l'esclave qui recule devant le travail et le maître qui languit devant ses richesses improductives....... » (Troplong, *Louage*, p. 60), le colonat qui, après les premières terreurs de la conquête, sous l'influence de la pacification, aurait été accordé à la race vaincue comme un bienfait, comme un demi-affranchissement.

Girard (p. 10) attribue au domaine congéable le caractère que Troplong et M. Derome croient voir dans le colonat.

6. Nous ne pouvons admettre que le domaine congéable dérive du colonat ; et d'abord l'opinion de M. Troplong sur l'origine du colonat nous semble fort discutable. Le système qu'il soutient fait du colon un esclave dont on a amélioré la position, un demi-affranchi ; mais ce système manque de bases certaines, il se fonde sur ce point que, dans quelques textes, on appelle *patron* le maître du colon ; cette expression qui, à l'origine, s'appliquait en effet au maître qui affranchissait des esclaves, n'avait plus sous le Bas-Empire un sens nettement défini, et on ne peut sur elle seule appuyer une opinion. L'affranchissement restreint dont on parle n'est relaté dans aucun texte ; bien plus, il est contraire

à tous les principes du droit romain. On est libre ou on ne l'est pas, pas de milieu; or, les textes appellent le colon un ingénu, ce n'est donc pas un affranchi. Guérard et Troplong soutiennent que le maître pouvait affranchir directement le colon; s'il y avait pour ce colon un demi-esclavage, par suite, nécessité d'un affranchissement pour le rendre complètement libre, comment la loi n'en parlerait-elle pas?

Quelle est donc pour nous l'origine du colonat?

7. A notre avis, le colonat n'est qu'une servitude administrative, un mode de culture des terres; pour le colon, un état social en dehors du droit civil, c'est une application du système des classes ou système de l'origine. Au troisième siècle, l'empire romain tombait en décadence, toutes les institutions qui avaient fait du peuple romain le vainqueur et le maître du monde, sapées par la base, s'écroulaient en même temps. Au dehors, les barbares s'amassaient menaçants sur les frontières, au dedans les révoltes se multipliaient. Dans les villes, un luxe effréné, une corruption sans nom; dans les campagnes une misère, un dénuement complets. Le curial veut quitter la curie, l'ouvrier son métier, l'agriculteur la terre; les professions sont désertes. L'empire est menacé de mourir de faim... alors on crée les classes; une loi immobilise tout in-

dividu dans sa profession, du moment que cette profession touche à un service public. Le curial est attaché à la curie, il répond de la perception de l'impôt; on est curial de père en fils. De même pour les autres professions; la naissance détermine celle que l'on devra exercer : système de l'origine (pour les militaires, Code Théodosien, *De filiis milit.*, loi 5). Les hommes font partie d'agglomérations légales (Augustin Thierry). On assure au fonctionnaire sa fonction (Code Théod., l. XI, t. 45, l. 3; l. XII, t. 9; l. IX, t. 45, l. 3).

Le colonat ne fut qu'une conséquence de ce système; le colon, fermier libre, attaché par la loi à la terre, intéresse l'État à deux points de vue : 1º les terres étant désertes, il faut les cultiver, le colon le fera; 2º le colon paie la *capitatio* dont les ouvriers des villes avaient été exemptés.

Administrativement le colon est lié, il ne peut quitter la terre qu'il cultive; au point de vue civil, il est libre, il peut être propriétaire, il a le *jus commercii*, il peut contracter les *justœ nuptiœ*, il a le *jus connubii*. Mais, dira-t-on, il ne peut aliéner... C'est vrai, mais le curial ne le pouvait pas non plus, et jamais on n'a dit qu'il ne fût pas libre. Ce qui prouve que la situation du colon était en droit civil celle d'un homme libre, c'est que Justinien, aux Institutes, ne nous dit rien des colons, et, certes, il n'aurait pas oublié une classe aussi considérable. D'ailleurs, par rapport à eux, nous ne voyons pas appliquer les principes du droit civil ; le fils d'une femme colone et d'un homme libre naît colon ; en droit civil il devrait être libre, car entre son père et sa mère il y avait *justæ nuptiæ*. La prescription est admise ; tout citoyen qui a cultivé le fonds d'autrui en qualité de colon pendant trente ans devient colon ; cependant, la liberté ne se prescrivait jamais.

8. Ce qui montre mieux encore que le colonat est l'œuvre arbitraire de la loi, c'est qu'il apparut subitement ; ce qui indique bien que c'est une servitude financière, c'est que Théodose, exemptant les colons de Thrace de la *capitatio*, émet une loi spéciale pour dire qu'ils n'en restent pas moins colons. N'est-ce pas avouer le lien étroit, la connexion entre cet impôt et la situation du colon ? Si le colonat découlait du droit civil, pourrait-on craindre que la suppression de la *capitatio* vînt changer quelque chose à l'état du colon ?

Si le colonat, ainsi que nous avons essayé de le démontrer, est une institution spéciale, créée dans un but administratif et fiscal, comment pourrait-on y voir l'origine du domaine congéable ? Si ces deux institutions ont entre elles quelque rapport quant au but auquel elles sont destinées : la culture et l'amélioration des ter-

res, n'est-il pas vrai que là s'arrête toute ressemblance, et que les éléments constitutifs de
chacun d'eux ne permettent pas d'établir entre
eux une filiation quelconque? Le colon est attaché au sol, le domanier est libre de le quitter. Et
puis, comment expliquer que le colonat, ayant
existé dans toutes les Gaules, n'ait engendré le
domaine congéable qu'en Bretagne, où précisément il pénétra plus tard, où il se perdit plus
tôt et où il laissa de moins profondes racines
que partout ailleurs, puisque la Bretagne fut
moins longtemps romaine que le reste des
Gaules ?

9. Si le domaine congéable ne vient pas du
colonat romain, ses affinités incontestables avec
l'emphytéose ne doivent-elles pas conduire à
penser, comme le soutient M. Derome (qui semble d'ailleurs confondre le colonat avec l'emphytéose), que ce dernier contrat lui a donné naissance?

La Bretagne, remarque cet auteur, fut occupée jusqu'en l'année 401 après J. C. Or, les
trois premiers siècles de notre ère furent l'époque de la création dans l'empire romain du contrat emphytéotique. Gaius qui vivait sous An-
tonin et Marc-Aurèle, au deuxième siècle, nous
en montre l'origine dans le bail perpétuel des
biens des municipes (G., Comm. III, § 145); contrat différant peu de la vente, dit-il, car on ne

peut enlever au preneur la chose louée tant que la redevance, *vectigal*, est payée. Papinien, Paul rappellent ce contrat. Les empereurs Philippe, Valérien et Galien proclament la perpétuité de l'emphytéose. L'État, les corporations, les grands propriétaires suivent l'exemple des municipes. Zénon, et après lui Justinien, en reconnaissant la nature particulière de l'emphytéose, ne font que consacrer un état de choses préexistant (Inst., l. 3, t. 24, § 3).

L'édit du troisième siècle, qui admit tous les habitants des pays conquis aux droits de citoyen, dut fixer l'époque à laquelle les lois civiles de Rome, son système d'exploitation des grandes propriétés s'étendit à tout l'empire, et spécialement l'emphytéose à l'Armorique. Or, dit-on, dans ce bail se trouvent les premiers linéaments du domaine congéable, contrat dont la base est la même et qui se place comme lui entre la vente et le louage, bail à long terme dont le but est identique : le défrichement des terres.

Les jurisconsultes bretons reconnaissent de leur côté que c'est un contrat particulier qui n'est ni vente, ni louage, ni emphytéose, ni censive, mais qui se rattache par quelque côté à chacun de ces contrats. (D'Argentré, sur l'art. 299 de la coutume, fº 1308.) (Hévin, Consult. 104.)

10. Toute cette théorie est séduisante, mais il nous est impossible de nous y rallier. Que l'emphytéose (εμφυτευσις, de εν φυτευω, εν φυτευειν, semer, planter) et le domaine congéable aient un but identique, le défrichement des terres, qu'il existe entre ces deux contrats certaines ressemblances : le paiement périodique d'une redevance, une situation intermédiaire entre la vente et le louage créant au profit de l'emphytéote comme du domanier un droit réel, c'est ce que nous ne saurions nier. Mais les différences profondes que nous rencontrons entre les deux institutions ne nous permettent pas de les faire découler l'une de l'autre.

Dans l'emphytéose le preneur n'est pas propriétaire, même des bâtiments qu'il habite, il a seulement un droit réel plus étendu que celui de l'usufruitier : les fruits lui sont acquis par la *séparation*, il peut disposer de la substance de la chose. Il peut aliéner son droit réel de jouissance, sauf pour le maître le droit de préemption.

Si le bailleur ne prenait pas le marché pour lui, il avait droit au cinquantième du prix à titre de droit de lods et ventes. En résumé, l'emphytéote, sans être propriétaire, a un droit réel, mais ses obligations sont des obligations personnelles. Le domanier, lui, a un droit plus accentué, il est propriétaire des édifices et su-

ЯК.

perfices qui lui seront remboursés si on veut l'expulser de la tenue.

11. L'emphytéote et le domanier ont l'un et l'autre un droit à long terme, indéfini, perpétuel même, mais ici la position de l'emphytéote est plus favorable, il ne peut être expulsé lorsqu'il paie régulièrement le vectigal. (Paul, L. 1, ff. *Si ager vectigalis*, l. VI, t. 3.) (L. 1, Code *De admin. rer. public.*, l. XI, t. 30.) (L. 2, Code *De vend. reb. civit.*, l. XI, t. 31). Le domanier, contrairement au droit romain où cela n'a jamais existé, peut être congédié, lors même qu'il paie la redevance, seulement il ne peut l'être qu'à certaines époques, s'il a soin de se faire concéder des baillées d'assurances. Son bail n'est perpétuel que quant au titre, le bailleur a toujours en effet le droit de résolution. Rosmar, le plus ancien interprète de l'usement de Tréguier, déclare (art. 3) que « les baux sont *sans limitation de temps, sauf le droit* du propriétaire de congédier son vassal et convenancier toutes fois et quantes, le remboursant, et *pour en jouir, le preneur, à perpétuité.* » ... « Expression si souvent critiquée, dit Baudouin, n° 237, cependant exacte, usitée dans les anciennes concessions à convenant : Sufficit enim habitu perpetuas esse posse (dit excellemment d'Argentré, *de Laud.*, § 40), et si actu non contingat esse perpetuas propter incertum resolutionis gradum. »

A l'expiration du temps convenu, lorsque l'emphytéose n'était pas perpétuelle, le bailleur rentrait sans bourse délier dans sa propriété; comme en matière de simple louage le preneur ne pouvait, s'il lui plaisait de partir, être retenu sur le bien concédé. Dans le domaine congéable le bailleur peut également rentrer dans la propriété des édifices, mais il sera tenu d'en rembourser la valeur; de son côté, le preneur qui, en droit, n'est pas attaché à la terre, peut être obligé en fait de rester sur la tenue; il ne peut en effet exiger son remboursement... S'il veut quitter à tout prix, il n'a d'autre ressource que le déguerpissement, c'est-à-dire l'abandon de tous ses droits réparatoires; pour lui ce serait la ruine.

12. Il existe, à un autre point de vue, une différence importante entre le bail emphytéotique et le domaine congéable. Nous voulons parler de la théorie des risques. Le droit romain s'était longtemps demandé si l'emphytéose rentrait dans la vente ou dans le louage; c'est qu'un intérêt de premier ordre se rattachait à la solution de cette question : était-ce un louage? les risques de la chose, la perte totale ou partielle étaient pour le bailleur; était-ce une vente? les risques, la perte totale ou partielle étaient pour le preneur. En faisant de l'emphytéose un contrat à part, on trancha la

question des risques : la perte totale fut pour le
bailleur, le preneur se trouve, en ce cas, dispensé du paiement de la redevance ; la perte
partielle pour le preneur, qui doit continuer le
paiement de la redevance, sans diminution.
Dans le domaine congéable, la propriété du
fonds et celle de la superficie étant parfaitement
distinctes, se trouvant dans des mains différentes, la question ne saurait être douteuse et se
tranche sans difficulté par les principes ordinaires : la perte partielle ou totale des superfices retombe en entier sur le domanier qui, s'il
reste dans la tenue, n'en est pas moins obligé
de fournir la redevance entière ; la perte du
fonds, qu'elle soit partielle ou totale, retombe
naturellement sur le foncier, qui perd son droit
de propriété, mais on peut se demander quels
changements la perte partielle apportera dans
les rapports entre le foncier et le colon. La nature du droit du colon, telle que nous la comprenons et telle que nous l'établissons plus loin,
excluant tout rapport d'obligation au cours de la
jouissance, il nous semble certain que les charges
du colon doivent rester les mêmes, quelles que
soient les pertes qu'il ait à subir.

13. D'autres différences de détail existent
entre le bail emphytéotique et le domaine congéable, mais les différences fondamentales que
nous venons d'indiquer suffisent pour qu'on re-

jette l'idée d'un rapport intime de filiation entre
ces deux contrats. Nos adversaires admettent
bien ces divergences, mais cherchent à les expliquer par des raisons qui nous paraissent manquer de solidité. D'après eux, ces divergences
tiendraient à l'élément celtique et à l'élément
féodal, qui, se greffant insensiblement sur l'emphytéose, seraient venus lui apporter ces règles
qu'elle ne connaissait pas : la faculté de congédier, la procédure du congément, la reconnaissance au profit du colon de la propriété des
édifices et superfices, la restriction à la durée
des baux, l'obligation imposée au colon de les
renouveler soit tous les six ans, soit tous les
neuf ans, parce que chaque baillée de renouvellement procurait au seigneur de nouveaux
droits de commission.

S'il était démontré que le domaine congéable
était, dans le principe, identique à l'emphytéose et que, plus tard, il emprunta aux coutumes celtes et au droit féodal ces éléments qui
lui donnent une personnalité distincte, — nous
aurions mauvaise grâce à nier que son origine
remonte aux Romains ; mais, nous ne voyons là
que des suppositions gratuites, ingénieuses, destinées à soutenir un système, mais ne reposant
sur aucune preuve sérieuse. Qu'avait besoin le
génie des vieux Celtes d'aller chercher un contrat romain pour lui faire subir des modifica-

tions qui le rendent méconnaissable ? La nécessité qui se faisait sentir chez eux, comme
naguère à Rome, de trouver un moyen de cultiver des terres en friche, ne pouvait-elle leur
inspirer l'idée d'une institution qui, en ayant
une certaine analogie avec l'institution romaine, n'en découlait pas cependant et naissait
sur le sol de l'Armorique avec ses règles spéciales, autochtones ? Qui donc pourrait prouver
qu'à l'origine n'existait pas déjà, au profit du
preneur, un droit de propriété reconnu par le
bailleur sur les superfices, que la faculté de
congédier ne fut introduite que plus tard ?

14. Les premiers écrits relatifs au domaine
congéable dans lesquels on a, du reste, de la
peine à en reconnaître les vestiges, datent du
neuvième siècle et nous sont signalés par dom
Lobineau. Mais alors le domaine congéable était
constitué de toutes pièces, et si ces actes sup-
posent la préexistence de ce contrat, pourquoi
ne supposeraient-ils pas qu'il existait dès l'origine tel qu'on le rencontrait alors ?

D'ailleurs, fût-il vrai que le domaine congéable n'eût pas, dès le principe, les caractères
si profondément marqués qui le différencient de
l'emphytéose, on ne parviendra jamais à expliquer comment l'Armorique seule l'eût vu naître
des doctrines romaines, alors que toute la Gaule
était soumise à l'Empire depuis bien plus long-

temps et resta sous sa domination bien après l'Armorique. Cette observation, déjà faite au sujet du colonat, trouve avec plus de raison encore sa place en ce moment, car il ne faut pas oublier que l'emphytéose était de création récente lors de l'occupation de l'Armorique par les Romains ; elle se constituait et s'étendait peu à peu dans l'empire, nous le reconnaissons. Gaius, Papinien, Paul, les empereurs Philippe, Valérien et Galien nous le prouvent, puisqu'ils s'en occupent ; mais l'Armorique était déjà indépendante depuis trois quarts de siècle (année 401), lorsque Zénon (474-491) trancha les difficultés que soulevait la nature de ce contrat en lui attribuant une existence spéciale et une nature distincte.

Girard (*Usem. ruraux de Bas.-Bret.*) et, après lui, M. Derome, citent une convention signalée par Terrasson et qui fut passée en Provence près de Fayeance en 540 : le bailleur vendait au preneur les édifices et superfices et lui concédait pour vingt-cinq ans la jouissance du fonds. N'est-ce pas, dit-on, le domaine congéable ? n'est-ce pas une preuve que ce contrat n'est pas un contrat sans antécédents, car, comment expliquer son apparition accidentelle à une si grande distance de la Basse-Bretagne, à une telle époque, si ce n'est comme la conséquence qu'un même principe produisait à la fois pour

mettre les *terres en gagnage*, suivant l'expression
d'un ancien jurisconsulte, sur deux points de
notre pays ? Il nous semble facile de rétorquer
ce raisonnement contre son auteur, et l'exemple
cité nous paraît pouvoir être invoqué avec bien
plus de force en faveur de notre opinion. Comment expliquer, dirons-nous, si, comme vous le
prétendez, le même principe a donné, dans deux
régions si éloignées l'une de l'autre, naissance à
des conventions du même genre, comment expliquer que, dans l'une de ces régions, un seul
contrat de cette espèce soit signalé, — vous le
citez vous-même à titre de fait exceptionnel et
anormal, — tandis que, dans l'autre, le domaine
congéable est universellement pratiqué, si bien
qu'il existe une présomption en vertu de laquelle,
dans le doute, et à défaut de titres, toute terre
grevée d'une rente est considérée comme ayant
été cédée à convenant? Ne sommes-nous pas autorisés à conclure de là que la Bretagne, moins
romaine que la Provence, et pourtant remplie
de domaines congéables alors qu'un seul contrat
de ce genre est signalé en Provence, n'est pas
allée chercher dans les institutions romaines un
mode de culture qu'elles ne connaissaient pas.
N'est-il pas plus simple d'expliquer le fait signalé
à Fayeance par l'hypothèse d'un habitant de
l'Armorique commerçant ou marin (César atteste
que les Armoricains avaient des navires nom-

breux et savaient s'en servir), d'un habitant de
l'Armorique qui se transporte dans ce pays,
lointain et y établit pour son propre compte,
après s'y être fixé, un contrat qu'il avait vu
pratiquer dans sa patrie (1)?

15. Quelle est donc pour nous l'origine du domaine congéable ?

Dom Lobineau, en citant des actes du neuvième siècle où il en est question, en tire la conclusion qu'il a dû être créé à cette époque. Évidemment il se trompe; le domaine congéable
est bien plus ancien. Un usage précède en général les actes écrits auxquels il donne lieu, surtout à une époque aussi reculée, où il était peu
dans les mœurs de consigner par écrit les actes
de la vie civile. Aussi Dom Morice est-il plus
prudent et se borne-t-il à consigner, au sujet
des mêmes actes, la réflexion que cet usage n'est
pas nouveau. (*Preuves pour l'hist. de Bret.*, t. I,
préf., p. 17.)

Pour nous, nous considérons l'époque de la
transmigration des habitants de la Grande-Bretagne en Armorique, à la fin du cinquième et au
commencement du sixième siècle, comme celle

(1) D'ailleurs il n'est pas prouvé qu'il y ait dans le contrat
passé à Fayeance bail à domaine congéable ; quand on en
examine les termes avec soin, on est plutôt tenté d'y voir un
acte de vente avec stipulation de garantie; le vendeur promet
de rembourser à l'acheteur, en cas d'éviction, le montant de
ses dépenses utiles.

à laquelle on doit rapporter l'origine du domaine congéable.

Ce n'était pas la première fois que les Bretons insulaires venaient s'établir sur le continent; dès 383, Maxime avait amené des Bretons en Armorique, où il leur avait distribué des terres ; dans les années suivantes, Constantin en ayant fait venir d'autres dans les Gaules, ceux-ci allèrent rejoindre les premiers. Mais on ne peut faire remonter à ces premières colonies l'origine de la tenue convenancière, parce qu'il est constant que le pays de Léon et de Vannes fut occupé par les troupes romaines jusqu'au commencement du cinquième siècle (401 après J. C.). En fait, les Romains, lorsqu'ils distribuaient des terres aux barbares, leur en accordaient la propriété absolue; ils les appelaient *letes*, et le nom de Letania donné par ces Bretons à l'Armorique est une preuve qu'en ce pays les vainqueurs avaient suivi leur mode de procéder habituel, et que si, dans quelques cas isolés, les anciens Celtes donnèrent aux Bretons émigrants des terres à domaine congéable, en fait, ce fut une exception très rare.

Lorsque, à la fin du cinquième siècle, les Bretons restés dans leur pays furent à leur tour obligés de le quitter pour échapper à la domination des Saxons, ils vinrent chercher un asile auprès de leurs compatriotes, leurs devanciers.

« De 450 à 500, de nombreux vaisseaux de fugitifs bretons abordèrent successivement à la pointe la plus occidentale de l'Armorique, dans les cantons qui, sous les Romains et même avant eux, avaient été appelés territoire des Osismiens et des Venètes ; d'accord avec les anciens habitants qui reconnaissaient en eux des frères d'origine, les nouveaux venus se répandirent sur toute la côte septentrionale, jusqu'à la petite rivière du Couesnon, et vers le sud, jusqu'au territoire de la cité des Venètes, aujourd'hui Vannes ; ils fondèrent sur cette étendue de pays une sorte d'État séparé, qui embrassa tous les petits lieux voisins des côtes, mais hors duquel restèrent les grandes villes de Vannes, de Nantes et de Rennes. » (Augustin Thierry, *Histoire de la conquête de l'Angleterre par les Normands.*)

L'Armorique, après s'être révoltée contre l'autorité romaine, venait de s'ériger en royaume indépendant, c'est ce qu'atteste un auteur contemporain, Jornandes, évêque de Ravenne. Il nous fait savoir que l'empereur Anthénius, ne pouvant résister aux Visigoths, se vit obligé de demander des secours à tous les peuples des Gaules, et qu'il s'adressa aussi dans ce but au roi de Bretagne, nommé Riothimus, 469 après J. C.

Sigebert *ad annum* 469 relate le même fait.

Les Bretons insulaires, arrivant en Armorique, furent reçus en amis par leurs compatriotes,

ainsi que nous le montre Aug. Thierry. Venus
en fugitifs, ils ne pouvaient avoir la prétention
qu'on leur donnât des terres en pleine propriété ;
d'un autre côté, leur origine commune avec celle
de la majorité des habitants, la puissance qu'ils
devaient à leur nombre, empêchaient qu'on ne
leur imposât la situation de serfs. De plus, ils
étaient sans ressources pour acquérir des terres ;
les louer d'après les règles ordinaires des baux
à ferme leur était impossible, car n'oublions pas
que le sol était généralement inculte, et que les
propriétaires n'auraient pu construire immédiatement les demeures nécessaires à des fermiers.

Le contrat spécial de bail à convenant répon-
dait à tous les besoins, parait à toutes les difficultés, aussi devint-il d'un usage général, et, si
l'on ne peut affirmer que les nécessités de la situation le firent alors instituer, du moins peut-
on admettre que les circonstances le développè-
rent et lui donnèrent un essor, une impulsion
qu'il n'avait jamais connus.

16. Ce n'est là qu'une simple supposition.
Nous trouvons une preuve au moins grammati-
cale des rapports qui durent alors exister entre
les Bretons et les Armoricains, et de la ressemblance que présentaient les conventions usitées
chez chacun de ces peuples : convention et *convenant*, comme l'observent Furic sur l'art. 2 de
l'*Usement de Cornouaille* et Sauvageau sur Dufail,

l. I, ch. 275, étaient synonymes. Loysel disait dans le même sens : *convenance vaut loi*. Baudouin, qui adopte l'opinion que nous défendons sur l'origine du domaine congéable, fait remarquer que le Dictionnaire de Trévoux porte au mot *convenance* : v. m. faire paction, et au mot *convenant* : terme fait de l'anglais, fréquent chez les habitants de ce pays. Avant lui, Poullain-Duparc faisait aussi remonter aux Bretons la création du domaine congéable, seulement il semble supposer que ces insulaires émigrants s'établirent en Armorique, plutôt en vainqueurs qu'en amis et en fugitifs sollicitant un accueil favorable de la part des habitants : « Je vois que l'établissement des domaines congéables est aussi ancien que la transmigration des Bretons dans l'Armorique, et que l'étendue de ces usements où le domaine congéable a lieu, peut nous faire connaître quelle a été l'étendue de leur domination dans ces premiers temps... Je vois les usements de domaine congéable étendus dans tous les cantons qui ont été soumis dans les premiers temps aux Bretons, et ils sont totalement inconnus dans le reste... » (Poul.-Dup., *Principes de droit*, tome 3, p. 35.)

17. Hévin, Perchambault, Gatechair, Sauvageau, attribuent unanimement l'origine des convenants à la quantité de terres incultes qui existaient anciennement dans la Province et à la concession qu'en firent les seigneurs à des

cultivateurs pour les défricher. Rosmar est le seul qui donne pour cause à l'établissement des convenants le besoin d'argent du propriétaire, qui désire se procurer une certaine somme par la vente des superfices et s'assurer en outre la rente d'une terre éloignée, en se dispensant de l'embarras de réparations réitérées et d'un entretien continuel.

Ces motifs, sans doute, furent plus tard la raison déterminante de la création de nouveaux convenants, mais au cinquième siècle, il n'en était pas ainsi. Tous les pays où règnent les principaux usements étaient couverts de bois. L'usement de Tréguier et Goëlo, le plus important de tous, non seulement parce qu'il s'applique à un territoire étendu, mais parce qu'il constitue le droit commun en matière de domaine congéable, s'établit sur le sol d'une antique forêt jusqu'alors sauvage et déserte. Goëlo signifie en breton : bois sur la rivière du Lo; les bois de Malaunay, Avaugour (Avalgor), St-Bihi, K'daniel, Perrien, Lorges, etc., sont des restes de cette antique forêt. Or, presque toutes les paroisses de ce territoire, érigées dans les landes et les bois, portent le nom de saints du cinquième et du sixième siècle, saints venus pour la plupart de la Grande-Bretagne ; n'est-ce pas une nouvelle preuve que le défrichement de ce pays fut la conséquence de l'arrivée des Bretons et le motif de la création du domaine congéable ?

18. Nous trouvons la confirmation de cette idée dans un fait bien digne de remarque. Le pays de Léon, voisin de celui de Tréguier et de celui de Cornouaille, englobé par conséquent au milieu du territoire où le domaine congéable s'étendit avec le plus de rapidité, ne l'adopta pas à l'origine ; à peine même y était-il pratiqué lors de la rédaction de l'usement (*Us. de Corn.*, art. 1) : « La seule partie de la Basse-Bretagne où les usements de domaine congéable n'ont pas eu lieu est l'ancien pays de Léon, qui en est environné sans les avoir reçus » (Poullain-Duparc, *Principes de droit*, t. 3, p. 35). La seule raison que l'on puisse donner de l'absence du domaine congéable au milieu d'un pays où il régnait sans partage, est que les terrains incultes, les régions à défricher étaient seuls soumis à l'empire de ce contrat. Or, depuis longtemps le pays de Léon était fertile et bien cultivé ; c'était l'ancienne patrie des Léoniens (Lemovices), que César met au rang des cités armoriques (Cæs., l. 7, c. 75) et qui faisaient partie des Osismiens. Les Osismiens fondèrent plus tard en Germanie les Œstymiens qui, du temps de Tacite, parlaient encore la langue bretonne et étaient renommés pour leurs talents pour l'agriculture (Tac., *In Germ.*, c. 45).

Le pays de Léon était aussi celui que les Romains occupèrent le plus longtemps et le plus fortement en Armorique ; il serait étrange, si le domaine congéable venait du droit romain, qu'on le rencontrât moins que partout ailleurs dans la contrée même où les Romains avaient marqué davantage leur puissante empreinte.

CHAPITRE II

HISTORIQUE PROPREMENT DIT

19. § 1. *Ancien droit.* A. *Histoire.* — Essentiellement favorable à l'agriculture à une époque et dans un pays où, à l'exception de quelques points, elle était peu développée, le domaine congéable prit bientôt un essor considérable. Différentes causes vinrent encore accroître son extension.

Au septième siècle, le commerce maritime des Armoricains, déjà signalé par César chez les Venètes, était devenu florissant dans tout le pays ; les franchises et les libertés accordées par les Ducs aux différents ports y attiraient un nombre considérable d'étrangers : les peuples de Vannes, les Nantais, les Malouins pouvaient être cités comme d'habiles navigateurs et de riches commerçants (D'Argentré, *Hist.*, p. 140). Le domaine congéable reçut, par suite des longs voyages et des émigrations de ces marins, une impulsion nouvelle : « Le propriétaire qui s'absentait pour un temps indéterminé, dit M. Troplong (*Louage*, t. 1, n° 61), devait avoir à cœur de s'épargner les embarras de l'administration et de se dispenser des réparations des bâtiments, tout en s'assurant, pendant son absence, un revenu raisonnable ; or, ce but était atteint par le domaine congéable, combinaison ingénieuse et qui atteste l'originalité du peuple qui en est l'inventeur. » M. Troplong va même jusqu'à voir dans ces besoins des marins bretons l'origine du domaine congéable ; c'est pousser trop loin la déduction de faits incontestables qui ne recèlent pas le germe du domaine congéable, mais qui, ainsi que l'explique Carré, n°s 5 et 6, le développent, le multiplient et le propagent.

20. La féodalité, en se constituant, du dixième au douzième siècle, vint marquer sur le domaine congéable, comme ailleurs sur tous les contrats ayant pour base la terre, sa culture et son exploitation, sa vigoureuse empreinte. Le domaine congéable, dans ses éléments principaux, demeura intact ; mais il était impossible que la puissante organisation féodale, la hiérarchie des terres si fortement constituée, n'eussent aucune influence au moins sur les parties accessoires d'un contrat qui se rattachait exclusivement à l'agriculture.

Baudouin nous montre, n° 238, combien le domaine congéable diffère des contrats introduits par la féodalité, particulièrement du bail à cens : *In quo dominium transfertur ;* ici, le bailleur demeure propriétaire du sol ; — de la concession en fief qui doit être gratuite, qui transporte à l'afféagiste le domaine utile, la propriété entière, qui suppose enfin dans le bailleur un principe de féodalité, tandis qu'il suffit d'être propriétaire pour bailler à convenant (Baudouin, n°ˢ 238 à 240).

Ce n'est pas un féage, *feudum*, dit de son côté Lefrat, *Arrêts*, fol. 29, car le tenancier peut être mis dehors quand le seigneur le veut, et ne lui doit hommage ni service de guerre.

« Per hoc non introducitur inter dominum et accipientem ulla obligatio feudalis » (D'Arg., *De laud.*, 240). — Le convenant n'est ni ne peut être estimé fief (Frain, *Pled.* 113). — « Par ces baux à domaine congéable, il ne se fait point de changement de vassal à l'égard du seigneur de fief » (Editeur de Dévolant, lettre U, 2ᵉ partie, p. 183). — « Le domaine congéable n'est qu'un simple contrat de ménagement et de labourage », dit un autre auteur.

Ainsi le domaine congéable garde sa physionomie, son caractère propre ; il est soustrait à la hiérarchie féodale. Mais les seigneurs, si puissants sur leurs fiefs, pouvaient, dans l'é-

tendue de ces mêmes fiefs, donner des terres à
domaine congéable et, tout en faisant ce contrat, se réserver certains droits puisés dans la
féodalité. C'est ainsi qu'ils s'attribuèrent le justiciement sur leurs domaines ; c'est ainsi qu'ils
les soumirent aux banalités : droits de moulin,
de four, de pressoir ; qu'ils s'arrogèrent certains droits honorifiques et souvent pécuniaires,
comme la déshérence en Rohan, à défaut d'enfants en ligne directe ; d'où certains esprits ont
été portés à conclure que le domaine congéable
était un contrat féodal, ou au moins entaché de
féodalité.

Les expressions mêmes employées par les
vieux auteurs semblent faites pour accréditer
cette opinion ; le bailleur est souvent appelé
seigneur, le bail à convenant *fief anomal*
(Hévin, *Consult.*, 104) ; mais ces auteurs ont
soin d'indiquer qu'en Bretagne ces expressions
n'ont pas le sens ordinaire : seigneur est synonyme de bailleur, propriétaire, et fief anomal
est, dit Baudouin, « une expression impropre,
à peine tolérable à l'égard des convenants qui
dépendent immédiatement de la glèbe seigneuriale, sur lesquels le foncier a la suite de moulin et le justiciement. »

Nous croyons voir dans les Croisades le dernier événement auquel le domaine congéable
doit son développement et son extension à

presque toutes les terres de Basse-Bretagne. Le seigneur, quittant pour de longues et lointaines expéditions son antique manoir, pressé par le besoin d'argent et la nécessité de se délivrer sur ses terres d'une surveillance et d'une gestion devenues impossibles par l'éloignement, avait recours au bail à convenant, qui lui procurait immédiatement une certaine somme et, en assurant pour l'avenir les redevances, laissait au colon les risques de la chose et les soins à lui donner.

L'*Usement de Cornouaille*, dans son art. IV, vient à l'appui de cette idée ; rédigé en 1540, au dire de Girard (*Usem. rur. de Bas.-Bret.*, p. 33), il constate que depuis deux cents ans il a été passé une *infinité* de baux convenanciers.

21. Comme on le voit, le domaine congéable couvrait presque entièrement le sol de la Basse-Bretagne qui forme aujourd'hui les trois départements des Côtes-du-Nord, du Finistère et du Morbihan ; et partout il offrait les mêmes caractères principaux, les mêmes éléments que relate Hévin (*Consult.*, 104), en disant : « Dans ce contrat, *tria sunt substantialia*, savoir : 1° la rétention de la *propriété foncière ou directe*, de la part du propriétaire que l'on nomme pour cette raison propriétaire foncier ; — 2° l'*acquisition des édifices et superfices*, avec faculté de jouir du fonds en payant une rente annuelle, *annuum*

canonem, de la part du preneur, que l'on nomme domanier ou colon ; — 3° la faculté qu'a le seigneur de *congédier*, c'est-à-dire d'expulser le colon, quel que soit le nombre d'années écoulé depuis l'entrée en jouissance de celui-ci, condition propre et spéciale à ce contrat, qui lui a fait donner le nom de domaine congéable, *dominium migratorium*. »

A ces caractères généraux, à ces stipulations communes, les parties ajoutèrent des conditions accessoires, variant suivant les lieux ; ces conditions particulières, introduites souvent par un seigneur pour toute l'étendue de ses domaines, s'étendirent peu à peu aux propriétés voisines ; perpétuées par l'usage, elles finirent par être sous-entendues dans tous les baux de la contrée ; de là l'origine des usements locaux, différant entre eux sur bien des questions de détail. Les mots *usement, us, usances, coutumes,* ont la même signification. Cependant on appelait généralement autrefois coutumes, des deux mots celtiques *coz, stum,* vieille habitude, ancienne manière d'être, les lois générales d'une province, et usements ou usances, du latin *usus,* usage, les lois particulières de certains lieux.

22. B. *Divers usements.* — Les usements principaux, au nombre de quatre, étaient ceux de Tréguier et Goëllo, Cornouaille, Broërec et Rohan.

Le premier, le plus important, comprenait

l'ancien diocèse de Tréguier, l'ancien comté de Goëllo, Paimpol, Lanvollon, Quintin, Pordic, etc., plusieurs cantons des diocèses de Saint-Brieuc, Dol, Quimper, Léon.

Le second régissait tout l'ancien diocèse de Quimper et quelques parties de celui de Léon.

L'usement de Broërec (Brog Erech, pays d'Erec, prince qui régnait à Vannes au cinquième siècle) embrassait le pays compris entre la Roche-Bernard, Quimperlé, la mer et la vicomté de Rohan.

Enfin l'usement de Rohan, dont Pontivy était le centre et le chef-lieu, comprenait les territoires des anciennes juridictions de Rohan, Corlay, sauf quelques hameaux où existait un usement spécial, Pontivy, Baud, etc.

A côté de ces quatre usements, on en trouvait d'autres moins importants qui s'appliquaient à un territoire restreint. C'étaient : 1° celui de Léon et Daoulas, confinant d'un côté à l'usement de Tréguier, de l'autre à celui de Cornouaille. Comme nous l'avons dit, c'est dans le pays régi par cet usement que s'introduisit le plus tard le domaine congéable : « La simple ferme de neuf ans y est universelle », dit l'art. 1 de l'usement. Cependant on y rencontrait quelques domaines congéables établis à l'exemple des pays voisins.

2° Celui de Corlay, s'appliquant à un terri-

toire fort restreint, quelques hameaux autour de
cette ville.

3° Celui de Porhouët, ancienne vicomté, apa-
nage donné par les comtes de Vannes à leurs
puînés, qui s'étend aux paroisses de La Nouë,
la Croix, Glac, Mahon, La Trinité et les anciens fiefs de Maugremieu et Briand-Maillard
dans le Morbihan.

4° Celui de Poher. Les limites de cet ancien
comté ne sont pas connues, et Girard le compare à ce qu'on appelait en langage féodal *fief
en l'air;* on n'en trouve que peu de traces
écrites, et cela aux environs de Châteauneuf et
de Carhaix. Cet usement ne différait pas de
celui de Cornouaille, sauf pour une de ses dispositions, qui lui a valu l'honneur d'être remar-
qué; il mettait, contrairement à l'usage adopté
partout ailleurs, les frais du congément à la
charge du colon, ce qui était pour celui-ci une
règle désastreuse autant qu'injuste, car il se trouvait souvent ruiné par les frais d'une expertise
qu'il n'avait pas provoquée et qui absorbait tout
ce qui pouvait lui être dû pour prix des superfices.

5° Celui de la seigneurie de Crozon et celui du
Relecq, situés dans le diocèse de Léon vers les
montagnes d'Arée. Dans ces deux derniers usements, les colons étaient soumis à une condition très défavorable; ils étaient sujets, dans le
premier, au *droit de mote,* dans le second au

droit de quevaise, usité également dans le ressort de l'abbaye de Bégard et de la commande-
rie du Pallacret.

23. *Usements de mote et de quevaise.* — Le
droit de mote, que l'on rencontrait encore dans
plusieurs terres des évêchés de Cornouaille et
de Léon, et le droit de quevaise, étaient l'un et
l'autre des restes de l'ancienne législation romaine sur les serfs, si bien que l'on suivait, à
cet égard, tout le Titre au Code 1. 11 *De agri-
colis et censitis.* Aussi les *motoyers* et les *quevaisiers* ne différaient-ils guère de ce qu'on appelait
généralement en France hommes de *poëste*, de
*serve condition, mortaillables, servi, adscripti glebæ,
attachés à la glèbe,* enfin *serfs* de *main morte.* Par
suite, ils étaient, comme ces derniers, soumis :

1° Au *droit de poursuite;* ils ne pouvaient, sans
autorisation du seigneur, quitter la *mote* ou la
tenue, même pour prendre tonsure ou se faire
clercs. S'ils le faisaient, le seigneur pouvait les
revendiquer et leur prendre tout ce qu'ils possédaient. Les seigneurs ne se prévalurent pas
toujours du droit de poursuite; au commencement du seizième siècle, il avait disparu, mais
l'obligation pour le motoyer ou le quevaisier de
rester sur la tenue avait toujours pour sanction la confiscation de ses biens s'il quittait
pendant l'an et jour (art. 2, droit de quevaise;
art. 3, droit de mote).

2° Aux *redevances et charges* : taille, droit de gerbe et de champart, représentation du loyer de la terre, corvées ; — banalités, obligation de suivre la cour, le moulin, le four, le pressoir du seigneur (art. 10, us. de quevaise). Mais remarquez que dans tous les usements les domaniers étaient aussi soumis à ces différentes charges et obligations.

3° Au droit de *fors mariage (foris maritagium)* ; ce mot désignait l'amende que le motoyer ou quevaisier devait payer au seigneur s'il se formariait, c'est-à-dire, s'il se mariait, sans le consentement du seigneur, hors de sa condition ou de la seigneurie à laquelle il appartenait. Ce droit avait disparu d'assez bonne heure, et ne se retrouve pas dans le texte qui nous est parvenu des usements de mote et de quevaise.

4° Au *droit de mainmorte*, ou incapacité pour le serf, à sa mort, de disposer de ses biens : il ne peut avoir de succession ni *ab intestat* ni par testament : « Le serf, dit Beaumanoir, n'a nul hoir fors son seigneur. » Au quinzième siècle, cette règle s'adoucit ; les enfants du serf succédèrent à leur père moyennant un faible droit, mais encore, dans le ressort du droit de mote, les mâles seuls avaient ce privilège (art. 3, droit de mote). Dans le ressort de quevaise, c'était le dernier des mâles qui héritait seul de toute la tenue ; à défaut de mâle, c'était la dernière des filles. Mais, dans l'un comme dans l'autre de ces usements, le seigneur passait avant tout collatéral.

Ainsi la condition des motoyers et quevaisiers avait avec celle des serfs, répandus et fort communs en France au douzième siècle, une grande analogie ; ce qui les différenciait de ces derniers et les rattachait à la matière du domaine congéable, c'est que, semblables aux domaniers soumis aux usements de Tréguier, Cornouaille, etc., ils étaient propriétaires de leurs tenues. Le serf avait bien un pécule dont il pouvait disposer entre-vifs, mais là se bornait son droit de propriété : sa demeure, tout ce qui tenait à la terre était au seigneur comme le sol lui-même. Le quevaisier et le motoyer, au contraire, étaient propriétaires des édifices et superfices de la tenue ; ils pouvaient les partager entre eux, les vendre, les hypothéquer. Nous en voyons la preuve dans l'art. 3 du droit de quevaise, qui reconnaît ce droit précisément en venant le limiter, lui apporter une entrave, celle du consentement du seigneur à chacune de ces opérations, sous peine de commise et de confiscation à son profit. Le tiers denier du prix était dû au seigneur pour son consentement (art. 4, us. de quev.).

24. Les droits de mote et de quevaise, appliqués dans toute leur rigueur jusqu'au quinzième

siècle, s'adoucirent peu à peu, et nous voyons
en 1455 le duc de Bretagne, Pierre, ordonner à
ses commissaires de calculer quel profit ou
dommages lui causerait l'affranchissement des
serfs de ses domaines en Léon et Cornouaille ;
le duc François II, en 1484, ordonna que les
tenues cultivées à titre de mote dans son domaine seraient affranchies et converties en
arrentement. Les seigneurs n'imitèrent pas tous
l'exemple de leur duc ; aussi le roi François Ier
s'occupe-t-il encore de mettre à exécution et de
généraliser les décisions du duc de Bretagne. En
1575, l'abbé du Relecq, sur la demande de ses
vassaux, sollicita lui-même du roi Henri III des
lettres patentes pour commuer en cens et rachat le droit de quevaise. Malgré cela, ce droit
existait encore pour le Pallacret en 1647, et Bé-
gars en 1648. A partir de cette époque, toutes
les terres soumises autrefois à ces droits furent
données à féage, à cens, à rente, et surtout à
domaine congéable d'après les usements de Cornouaille et de Tréguier.

25. *Usement de Rohan.* — Une des règles spéciales que nous avons signalée dans l'usement
de quevaise nous conduit à parler de l'usement
de Rohan, où nous la retrouvons ; c'est celle
qui a trait à la succession des droits superficiels du colon. C'est là une singularité qui
donne à cet usement un caractère original ; elle

crée entre lui et les autres principaux usements : Tréguier et Goëllo, Cornouaille, Broërec, qui avaient entre eux la plus grande analogie, une différence essentielle.

« Avenant le décès de l'homme détenteur, sans hoirs de sa chair et de loyal mariage, les édifices et superfices de la tenue tombent en déshérence et saisie du seigneur », dit l'art. 3 de l'usement de Rohan. Le seigneur excluait les collatéraux ; il n'y avait d'exception que pour les frères et sœurs résidant sur la tenue. En ligne directe, la succession était dévolue au plus jeune des fils ou *juveigneur* (*juvenis, junior, juveignior*). A défaut de fils, à la plus jeune des filles (art. 17 et 18).

D'où pouvait provenir cette coutume qui faisait attribuer au plus jeune des fils la succession tout entière? Etait-elle le résultat d'un usage en vigueur chez les peuples armoricains ou avait-elle été introduite par les seigneurs? Nous croyons voir en elle un usage introduit insensiblement par la force même des choses et admis ensuite comme règle invariable, parce qu'il était avantageux aux colons comme au seigneur.

26. Dans le Vannetais et le pays de Rohan, les landes étaient immenses, les terres en friches et les bras manquaient pour les mettre en culture ; les Bretons insulaires que nous avons vus débarquer en grand nombre sur la côte nord de

l'Armorique et défricher tout le pays de Tréguier
et Goëllo, étaient moins nombreux dans le sud.
Les anciens habitants, les seigneurs de cette
région cherchaient donc à multiplier les domaines congéables dont ils voyaient les bons
résultats chez leurs voisins ; pour cela ils faisaient appel à tous les hommes disponibles chez
leurs premiers tenanciers pour leur donner de
nouvelles investitures ; les pères de famille en-
voyaient naturellement leurs aînés, qui fondaient
ailleurs de nouvelles familles, tandis que le ca-
det restait pour cultiver la tenue paternelle, la
recueillir à la mort du père et continuer l'œuvre
de défrichement. Plusieurs avantages résul-
taient de cet ordre de choses ; le père avait un
moyen assuré d'établir ses enfants sans nuire à
sa propre exploitation ; il était sûr qu'à sa mort
la tenue qu'il avait améliorée au prix des fa-
tigues et du travail de toute une vie ne serait
pas détruite par un fractionnement et un partage désastreux pour l'agriculture, et il poursuivait son œuvre avec persévérance, trouvant
parmi ses enfants un collaborateur qui l'assis-
tait jusqu'au terme de sa vie, et devait continuer
cette œuvre pour la transmettre à leur postérité
commune. Ce système de transmission inté-
grale au plus jeune fils, qui correspondait,
avec un but analogue, au droit d'aînesse, mais
en ayant sur lui l'avantage d'être plus favorable

à l'agriculture, car il permettait dans un délai plus bref l'établissement des enfants et la création de nouveaux centres de défrichements, n'est pas spécial au domaine congéable et à l'usement de Rohan. Cette coutume a prévalu, surtout chez les paysans, dans plusieurs provinces de l'empire autrichien (V.,sur ce droit de succession du plus jeune fils, le *Coutumier général* de Richebourg, in-folio, 1724, l. IV, p. 108, 410, 413). Montesquieu nous affirme que les Tartares, peuple essentiellement pastoral et de mœurs patriarcales, avaient aussi l'habitude d'appeler à la succession le plus jeune de leurs enfants (Montesq., *Esprit des lois*, liv. XVIII, ch. 21). Dans l'île de Bornholm, le dernier né des fils prenait tous les immeubles ; à défaut d'enfant mâle, la fille aînée avait toute la succession et payait une pension à ses sœurs (Girard, *op. cit.*, p. 125.)

Ce droit du juveigneur est donc propre à certains peuples agriculteurs dont il favorisait les travaux et la multiplication ; il était en même temps avantageux aux seigneurs, qui acquéraient ainsi la certitude de voir peu à peu défricher leurs landes : aussi adoptaient-ils avec joie une combinaison qui assurait à la fois le bien-être des gens et le paiement de la redevance seigneuriale.

27. Quant à l'exclusion des collatéraux, elle s'expliquerait, suivant Baudouin, par cette con-

sidération que, le pays de Rohan se trouvant
séparé du reste de la Bretagne par une grande
étendue de forêts, les Bretons insulaires qui
vinrent s'y établir ne songèrent pas à transmettre leur succession à des collatéraux avec
lesquels ils ne pouvaient plus avoir aucune
communication facile, et, ce droit une fois
établi, le seigneur ne voulut plus y renoncer.
Nous ne pouvons nous empêcher de trouver
cette raison hypothétique et invraisemblable;
dès les premières années, en effet, il dut se
trouver des successions auxquelles étaient appelés, à défaut d'héritiers directs, des collatéraux, habitant, non pas un pays avec lequel les
communications étaient plus ou moins difficiles,
mais la contrée même, la maison peut-être où
leur parent venait de mourir; leur présence
cependant n'empêcha pas de s'établir la coutume qui les excluait au profit du seigneur.
L'étude que nous avons faite précédemment des
droits de mote et de quevaise, où la même règle
existait, nous donne la solution de la question,
la raison même de la règle. Ces droits étaient un
reste du servage; le seigneur, en abandonnant à
ses anciens esclaves la propriété des superfices
qu'il leur permettait de construire, se réservait
le droit de reprendre ces superfices en cas de
mort sans enfants : c'était un droit de déshérence. « Cette règle, dit Sauvageau (sur le droit

de mote, coutumes de Bretagne), se soutenait par cette raison favorable qu'il est permis, à celui qui donne, de limiter son bienfait. »

La même raison peut expliquer dans l'usement de Rohan l'exclusion des collatéraux. Les domaniers n'étaient pas serfs, ils *contractaient* avec le seigneur, mais celui-ci était bien puissant, et il lui était facile d'insérer au contrat une clause qui passait d'autant plus aisément que le désir était plus grand d'obtenir une tenue à convenant, et qu'il s'agissait de collatéraux dont un homme, avec l'espoir inné de laisser des héritiers de son rang, cherche peu à défendre les intérêts.

28. Plusieurs articles de l'usement de Rohan nous montrent que cet usement était plus favorable que les autres aux propriétaires fonciers, indiquant ainsi que le pouvoir des seigneurs était plus fortement constitué dans cette région et avait, plus que partout ailleurs, introduit peu à peu dans les rapports entre fonciers et domaniers certaines règles empruntées à la féodalité. C'est ainsi que l'art. 28, en permettant au tenancier de vendre les édifices de sa tenue, s'il a des enfants, donne au seigneur un droit de préemption, ou, s'il le préfère, la faculté de se faire payer un droit de lods et ventes; c'est ainsi encore que l'art. 29 défend au tenancier qui n'a pas d'enfants de vendre les édifices, à moins de

nécessité évidente, dans la crainte qu'il n'y ait
là un moyen de frauder le seigneur du droit de
déshérence.

29. C. *Force des usements.* — Les usements de
Basse-Bretagne avaient la même source que les
coutumes générales : une pratique ancienne,
une observation commune ; ils constituaient
un droit, non un écrit, *jus non scriptum.* On a
souvent dit qu'ils n'avaient jamais reçu le caractère de lois. La très ancienne Coutume de
Bretagne, rédigée en 1330, y fait bien allusion,
mais il est certain qu'ils ne furent pas compris
dans la rédaction officielle de la Coutume de Bretagne, faite en 1539, qu'on a appelée l'Ancienne
Coutume. Cependant les commissaires en eurent
connaissance, car ils les approuvèrent implicitement dans l'art. 636, où il est dit : « Les privilèges et droits particuliers, patrimoniaux et
héréditaires de plusieurs prélats, comtes, seigneurs en plusieurs lieux en Bretagne, et qui ne
sont pas escripts en ce livre coutumier, toutes-
fois seront gardés et observés nonobstant la rédaction desdites coustumes. »

La Coutume de Bretagne fut réformée en
1580 ; le procès-verbal des commissaires nous
apprend qu'on leur avait présenté des cahiers,
requêtes et mémoires sur les usements. Hévin
(*Consult.*, 70) affirme que tous les usements leur
furent soumis, et nous en avons une preuve in-

discutable dans le procès-verbal énumératif des cahiers présentés sur les usements de domaine congéable aux commissaires réformateurs. Ce procès-verbal, rédigé par eux-mêmes, est rapporté dans Baudouin, t. II, p. 267. Aussi en ordonnèrent-ils l'exécution par provision, et l'article 684 de la Nouvelle Coutume vint-il confirmer derechef ces usements. Si les commissaires n'en fixèrent pas définitivement le texte et négligèrent de statuer sur certains points controversés qu'ils présentaient, cela ne peut s'expliquer, ainsi que le remarquent Hévin (*Consult.*, 104) et Baudouin, autrement que par la hâte qu'ils durent mettre, vu les affaires de ce temps, à terminer leur mission.

30. Ce que nous venons de dire montre qu'on ne saurait mettre en doute la force légale des usements ; mais, il ne s'ensuit pas, ainsi que l'a soutenu Carré, que les textes qui les constatent et nous les ont transmis aient reçu la sanction, même indirecte, du législateur. Les réformateurs avaient bien eu et manifesté l'intention de fixer le texte de chaque usement ; comme nous l'avons dit, ils n'en eurent pas le temps ; or, pour certains usements, plusieurs textes leur avaient été soumis. Par exemple, nous voyons indiqués, dans le procès-verbal énumératif des usements qui leur furent présentés, quatre cahiers divers intitulés : *Usan-*

ces locales et Coutumes particulières de la vicomté de Rohan; de même, nous y voyons deux usances des évêchés de Saint-Brieuc et Tréguier et des comtés de Goëllo et de Quintin, deux usances du comté de Porhouët... etc.

Auquel de ces cahiers, qui évidemment ne pouvaient être entièrement conformes, s'attacherait l'authenticité? Nous ne pouvons hésiter à conclure que toute sanction légale manque aux textes qui nous sont parvenus; ces textes ont toutefois une valeur incontestable. Les rédacteurs de ces lois locales, à l'exception d'un petit nombre, comme Rosmar, dont le traité, écrit en 1680, est devenu le texte de l'usement de Tréguier, sont inconnus. Il n'en est pas moins vrai que ces textes, recueillis et formulés par les jurisconsultes, les présidiaux des divers ressorts qui avaient qualité pour procéder aux enquêtes par turbes, ont été généralement acceptés comme l'expression des antiques usages. Là où plusieurs textes existaient concurremment, l'un d'eux, mieux rédigé, plus exact, devint d'une application plus fréquente; les autres, abandonnés, tombèrent dans l'oubli ; on arriva ainsi pour chaque usement à un texte unique jouissant de la même autorité qu'on attribuait jadis à toutes les coutumes antérieurement à leur rédaction officielle. « Nota est consuetudinis significatio pro moribus universali populi

cujusque consensu per lapsum diuturni tempo-
ris inductis et usum. Vis ejus est universum
populum tenere, postquam inducta est » (D'Argentré, *Anc. Cout.*, art. 277, au mot *Accoutumé*).
« Tout usement réside essentiellement dans l'habitude immémoriale et universelle de suivre
telles pratiques, de s'en faire des règles inviol-
ables », dit Baudouin, nº 17, et, ajoute le même
auteur : « Des milliers de contrats, de baux,
d'actes de toute espèce, des jugements innom-
brables de différents sièges, une infinité d'arrêts, tous nos jurisconsultes bretons déposent
de la vigueur subsistante des usements » (nº 14).

Les usements furent donc suivis sans contestation et servirent de base à la jurisprudence du
Parlement de Bretagne jusqu'en 1789.

31. § II. *Droit intermédiaire.* — Les États
généraux venaient de se réunir ; un certain
nombre de domaniers rédigèrent, pour leur être
présentés, des cahiers dans lesquels étaient con-
signées diverses réclamations contre le domaine
congéable. Ces cahiers, modérés dans la forme
et peu révolutionnaires dans le fond, se bor-
naient, sans attaquer le contrat en lui-même,
à demander le changement de certaines dispositions plus ou moins vexatoires, dont un certain
nombre, ignorées à l'origine, n'avaient été introduites que par la féodalité. C'est ainsi que
lorsque le foncier avait principe de fief, le do-

manier devenait *étagier*, et, comme tel, soumis aux devoirs imposés par la coutume aux étagiers : suite à la cour de justice, au moulin... etc. En Cornouaille et en Rohan, le domaine congéable était présumé de droit, si bien que tout détenteur d'un bien rural était réputé tenir à convenant, s'il ne justifiait pas d'un titre contraire à l'usage. Dans l'usement de Rohan, ainsi que nous l'avons vu, existait au profit du seigneur un droit de déshérence en cas de décès du colon sans postérité. Ce furent ces dispositions et quelques autres que visèrent les réclamations des domaniers. Plusieurs cahiers renfermaient aussi des pétitions contre le droit exclusivement attribué au foncier par tous les usements, de continuer ou de ne pas continuer le bail, et l'impossibilité où se trouvait le domanier de se retirer en demandant le remboursement des droits réparatoires.

32. L'Assemblée constituante ayant voté la suppression du régime féodal, un mouvement plus accentué se produisit contre le domaine congéable. Certaines pétitions prétendirent que les décrets d'août devaient lui être appliqués ; attaquant la base même de ce contrat, elles lui attribuaient une origine exclusivement féodale, le présentaient comme ayant été imposé par la violence. Ce que nous avons dit plus haut sur l'origine du domaine congéable et sur sa dissem-

blance absolue avec le contrat de fief, montre combien étaient fausses ces idées. « Si, dans certains cas, quelques services féodaux s'étaient introduits dans le domaine congéable, ce n'était pas en vertu du contrat et par sa *seule force et effet naturel*, mais *accidentellement ;* car le colon n'y était soumis que s'il se trouvait *étagier*, et s'il n'était pas étagier, il était assujetti au service féodal envers une autre personne que celle dont il tenait à domaine congéable » (Carré, p. 29-30).

Peut-être cette erreur, si l'on veut admettre la bonne foi de ceux qui la soutenaient, était-elle le résultat d'une confusion entre le domaine congéable et l'usement particulier de mote ou celui de quevaise, qui consacraient le droit de déshérence ; ce droit s'était introduit en Rohan et imposait aux colons une situation analogue à celle que donnait aux serfs la mainmorte réelle, usitée jadis dans toute la France et encore pratiquée dans plusieurs provinces, spécialement le Dauphiné, la Savoie et la Bourgogne. Mais il est évident, nous l'avons vu, que les tenues en mote et quevaise n'avaient rien de commun avec le domaine congéable, si ce n'est ce nom même de quevaise (des mots celtiques *kea er veas*, va dehors), dont la signification est la même que celle du mot *congéable*.

Le système des pétitionnaires qui demandaient la suppression du domaine congéable comme droit féodal n'était pas seulement erroné, il était injuste, car la suppression du congé- ment, l'expropriation du fonds au profit du do- manier, le maintien de celui-ci à perpétuité sur le sol, même en lui imposant l'obligation de rembourser le foncier, avait pour résultat de priver à perpétuité le foncier de la jouissance de son fonds, de le dépouiller d'un droit de pro- priété légitime.

L'Assemblée constituante renvoya l'examen de cette question importante aux cinq comités réunis de féodalité, de constitution, d'agricul- ture, du commerce, des domaines ; l'examen approfondi qu'ils en firent dura près d'une an- née et aboutit à la loi du 6 août 1791, par la- quelle l'Assemblée crut terminer ce grand pro- cès suivant les règles de la justice. Cette loi, suivant en cela l'avis de la Société d'agriculture, maintint les baux à convenant à raison des avantages incontestables qu'ils présentaient, mais elle leur fit subir d'importantes modifica- tions. Ainsi elle supprima presque entièrement les usements (art. 1), établissant pour l'avenir les conventions des parties textuellement expri- mées comme la seule règle qui déterminera leurs droits respectifs (art. 13), pourvu, bien entendu, qu'elles n'aient rien de contraire aux principes nouveaux (art. 15). Le domaine con- géable était ramené à sa véritable nature. Les articles 2 à 12 ont pour objet de réformer les abus qu'avait introduits le principe féodal, et de régler de la manière qui a semblé le plus conforme à la justice certains effets, certaines dispositions des usements. L'article 11, en particulier, consacre au profit des domaniers un droit important qu'ils n'avaient jamais connu, celui de se retirer à l'expiration des baux actuellement existants et d'exiger le remboursement de leurs édifices et superfices, pourvu qu'ils exploitent eux-mêmes leurs tenues. Nous verrons, en examinant dans ses détails ce droit nouveau, combien cette disposition de la loi de 1791 peut prêter à la critique. La seconde partie de la loi (art. 14 à 26) contient les règlements législatifs destinés à expliquer les restrictions sous lesquelles le domaine congéable est autorisé (art. 15 et 16), et à prévenir les difficultés auxquelles il pourrait donner lieu dans son exécution (art. 14, 17 et suivants).

33. Cette loi semblait avoir également rendu justice aux deux parties ; elle fut acceptée sans protestation par les propriétaires, qui avaient craint de se voir dépouillés de leurs droits fonciers. Au contraire, les domaniers, insatiables dans leurs exigences, se montrèrent mécontents de la loi nouvelle. A peine était-elle promulguée, que se renouvelèrent les injustes prétentions de supprimer le domaine congéable comme

entaché de féodalité. On traversait alors une
des plus violentes crises de la révolution, le
trône venait d'être renversé, l'exaltation des esprits était extrême, et lorsqu'on sollicita un
décret abolissant le domaine congéable, les propriétaires, soit qu'ils eussent confiance dans le
maintien d'une loi récemment votée, soit plutôt
qu'ils jugeassent inutile toute protestation de
leur part, ne firent aucune démarche pour s'y
opposer.

Le décret spoliateur fut emporté d'urgence
le 27 août 1792. La tenure à domaine congéable
est abolie, prohibée pour l'avenir, les usements
abrogés d'une façon absolue; les ci-devant domaniers sont et demeurent propriétaires du
fonds (art. 1 et 2), même des bois de futaie de
toute espèce, existant sur les fossés ou dans les
clôtures des terres mises en valeur (art. 5).

Quant aux bois de futaie qui se trouvent en
semis faits par les anciens propriétaires ou en
rabines ou bosquets hors des clôtures des terres
en valeur, les domaniers peuvent se les approprier, mais seulement après estimation; ils devront l'intérêt du prix d'estimation au denier 20
jusqu'au remboursement qu'ils ont droit de faire
quand bon leur semblera (art. 6, 7, 8).

Les domaniers sont autorisés à racheter leurs
redevances convenancières et aussi les autres
rentes dues sur leurs tenues, mais à charge de

les acquitter jusqu'au rachat (art. 11). Sont abolis sans indemnité non seulement les droits et rentes de même nature que les droits féodaux, les corvées dues en vertu de l'usement seul, ce qu'avait déjà décidé la loi du 6 août, mais encore les droits de congément, baillées, commissions et nouveautés, lods et ventes exigibles en vertu des seuls usements et qui ne seraient point expressément stipulés dans le titre primitif de concession (art. 3). Enfin, les acquéreurs de biens nationaux composés en tout ou en partie de domaines congéables peuvent renoncer à leurs adjudications et se faire restituer le prix qu'ils auraient payé.

La loi de 1792, déjà si injuste à l'égard des propriétaires de fonds, devait bientôt être dépassée ; une loi rendue le 17 juillet 1793 venait de supprimer sans indemnité toutes les prestations féodales, *quelles que fussent leurs dénominations*. Cette loi, qu'un certain nombre de domaniers invoquaient pour s'affranchir du remboursement des rentes convenancières que laissait à leur charge la loi de 1792, servit de motif à une seconde loi qui mit le comble à l'injustice en consacrant le dépouillement des propriétaires fonciers. La Convention rendit ce décret inique le 29 floréal an II, par un simple ordre du jour.

Le tribunal de Pontrieux avait demandé si la loi du 17 juillet 1793 s'appliquait aux rentes convenancières. La Convention répondit affirmativement, déclarant « qu'il ne peut y avoir de conservées que les rentes convenancières créées originairement sans aucun mélange ni signe de féodalité », et qu'en conséquence « il n'y avait pas lieu de délibérer. »

C'était décharger presque tous les domaniers de l'obligation du remboursement, car tout propriétaire ayant *principe de fief* n'avait jamais manqué de stipuler des devoirs auxquels le preneur aurait été assujetti même sans stipulation. Quant aux domaines congéables créés originairement sans aucun mélange de féodalité, le dépouillement des propriétaires n'était guère moins complet, « car, dit Carré (n° 28, note), sans parler de la dépréciation des assignats, était-ce racheter une tenue que de payer au denier 20 le capital d'une prestation qui souvent n'était pas la dixième ou même la vingtième partie du revenu réel du fonds, surtout lorsqu'on ne comprenait point dans l'évaluation les *commissions* ou *nouveautés* qui formaient une partie considérable de cette prestation ? »

34. Les lois de 1792 et de l'an II ne parurent pas sans soulever l'indignation de nombreux propriétaires, mais la Terreur régnait, et ils durent taire leurs protestations à une époque où l'on ne pouvait réclamer son bien, faire appel à la justice, invoquer ses droits, sans exposer sa tête.

En l'an IV se produisit une réaction contre les lois spoliatrices dont nous venons de parler. Le Directoire s'en occupa avec d'autant plus de sollicitude, que le ministre des finances accusait pour le trésor une perte de 120 millions pour le prix des domaines congéables appartenant à l'État. Le Corps législatif fut chargé de revoir la loi de 1792 ; une commission étudia la question, et, le 17 thermidor an V, le Conseil des Cinq-Cents adopta une résolution qui, acceptée par le Conseil des Anciens, est devenue la loi du 9 brumaire an VI.

Cette loi termina par un retour à la justice la lutte de sept années qu'avait soutenue la propriété contre la spoliation. Dans son article premier, elle abroge les lois du 27 août 1792, du 29 floréal an II, et remet en vigueur la loi du 6 août 1791. « En conséquence, tous les propriétaires fonciers de domaine congéable sont maintenus dans la propriété de leurs tenues, conformément aux dispositions dudit décret » (art. 2).

35. En l'an VII, on essaya de revenir à la législation de 1792 et, à l'instigation d'un certain nombre de domaniers que cette législation avait enrichis, on fit en ce sens, au Conseil des Cinq-Cents, des efforts qui, heureusement, restèrent stériles. Le 21 ventôse, ce Conseil déclara qu'il n'y avait pas lieu de délibérer sur le projet tendant à ressusciter la loi de 1792, et le 23,

sur de nouvelles tentatives, il passa à l'ordre du jour (V. jurisprudence de la Cour de Rennes, an VIII à an XI). Cependant, ces incessantes et injustes réclamations jetaient en Bretagne l'inquiétude et le trouble ; le gouvernement crut devoir intervenir et, par un arrêté du 13 germinal an VII, il prescrivit l'exécution de la loi de brumaire an VI, et, s'appuyant sur les décisions du Conseil des Cinq-Cents, déclara que la législation sur la matière des domaines congéables consistait *uniquement* dans les dispositions de la loi du 6 août 1791, dont « il importe à l'intérêt public et particulier d'assurer promptement la pleine et entière exécution. »

Le pouvoir législatif ne s'étant, depuis ce moment, jamais occupé du domaine congéable, la loi fondamentale qui sert de base aujourd'hui à ce contrat est donc la loi du 6 août 1791.

36. § III. *Droit actuel.* — Mais s'ensuit-il, comme l'indique l'arrêté du gouvernement, qu'elle doive *uniquement* servir de règle sur la matière, et que les anciens usements sont en tous points abrogés ? C'est l'opinion la plus suivie ; c'était en particulier celle de tous les orateurs qui soutinrent en l'an VI et en l'an VII les droits des propriétaires fonciers ; les expressions dont ils se servent en témoignent : « L'art. 13 de la loi de 1791, dit Tronchet (*rapport de l'an VI*, p. 29), rend le contrat absolument

libre dans ses conditions, pourvu qu'elles n'aient plus *aucuns rapports* ni avec le régime féodal, ni avec les *usements supprimés.* » « L'Assemblée constituante, en même temps qu'elle *abroge* les usements par son décret de 1791, dit Lemerer (*rapport de l'an V*), garantit les baux courants..., etc. » Enfin, un avocat breton, Desnos de la Grée, dit à son tour, dans un travail fait sur la matière pour les propriétaires de Broërec : « La loi de 1791 avait *aboli* les usements et coutumes sur les domaines congéables, pour quel motif l'auteur du rapport de 1792 en a-t-il renouvelé le souvenir? »

37. Malgré ces autorités et un grand nombre d'arrêts de la Cour de Rennes, que ne manqueront pas d'invoquer les partisans du système dans lequel on prétend les anciens usements complètement abolis, nous n'hésitons pas à nous rallier à l'opinion opposée soutenue par Carré. L'argument qui nous semble le plus concluant en ce sens s'appuie précisément sur cette réflexion de Desnos de la Grée. Pourquoi la loi de 1792 a-t-elle cru nécessaire de revenir sur la question et d'abroger les usements de la manière la plus formelle? N'est-ce pas parce que, dans l'esprit du législateur, la loi de 1791 ne renfermait pas cette abrogation? or, remarquez que cette loi était récente, que le souvenir de l'interprétation donnée à ses articles, lors de

leur rédaction, était encore présent à la pensée des promoteurs de la loi nouvelle. La loi de 1792 supprimée, nous sommes revenus à celle de 1791 ; que dit le texte même de cette loi ? « Les baux à convenant continueront d'être exécutés, mais seulement sous les modifications ci-après exprimées, lesquels usements sont à *cet effet* et demeurent abolis. » Sont à cet effet...: quel sens le législateur a-t-il pu donner à ces mots, si ce n'est que tous les usements qui seraient contraires aux règles établies par la loi nouvelle sont abolis à l'*effet* que les modifications qu'elle renferme puissent avoir leur exécution ? Et voulût-on voir dans ces mots ambigus une abrogation complète, que les articles suivants viendraient victorieusement combattre cette idée. « Incivile est nisi tota lege inspecta jus dicere.... » Les clauses des conventions ou les dispositions des lois s'interprètent les unes par les autres, en donnant à chacune le sens qui résulte de l'acte entier (art. 1161 C. c.).

Or, les art. 2 et 4 abrogent expressément diverses dispositions des usements, ce qui serait inutile, si on avait considéré ceux-ci comme supprimés définitivement. D'ailleurs, les art. 5 et 7 admettent formellement l'existence des usements, puisqu'ils y renvoient, le premier pour régler la manière dont les rentes en denrées sont portables, le second pour établir les droits respectifs des fonciers et des domaniers. Et si l'art. 13 semble n'admettre pour toute règle que la convention des parties, ce ne peut être que pour établir la liberté des stipulations entre le preneur et le bailleur, et non pour interdire aux parties et aux juges, dans l'impossibilité où ils sont de trouver ailleurs des renseignements sur la matière, de recourir à l'usage des lieux pour interpréter les clauses obscures; ce n'est pas, en un mot, pour prohiber l'application de la maxime : « in contractibus veniunt quæ sunt moris et consuetudinis, » maxime que devait peu après consacrer le Code civil dans son art. 1159, et auquel il faudrait supposer sur ce point une dérogation.

38. En résumé, pour nous, la loi de 1791 n'a pas fait table rase des anciens usements, elle a modifié beaucoup de leurs dispositions, les a abolis en tant que codes locaux; mais elle n'a pas défendu d'avoir recours à eux, dans le silence des parties, quand il s'agit de points qu'elle n'a pas modifiés. Quelle raison aurait-on de croire le contraire, lorsque nous voyons le Code civil maintenir en bien des cas l'usage des lieux, en matière de servitude et de congé par exemple (art. 645, 674, 1750, C. c.)? C'est ainsi que, dans un bail à domaine congéable, où on se bornerait à fixer la quotité de la rente et la durée du bail, nous voudrions voir recourir aux anciens use-

ments pour les autres clauses inhérentes ou non
à la nature du contrat et qui auraient été omises,
par exemple, pour déterminer le degré de responsabilité du domanier à l'égard des bois fonciers. Nous ne ferions qu'étendre en cela les
dispositions des art. 5 et 7 de la loi de 1791 qui
donne cette décision pour des cas spécialement
désignés. L'opinion des jurisconsultes, qui sert
de principal argument au système contraire au
nôtre, est loin d'ailleurs d'être aussi concluante
qu'on le prétend ; Tronchet, Lemerer, Desnos
n'avaient pas pour but de s'expliquer sur la portée de l'art. 1 et, vraisemblablement, ils n'enten-
daient parler de l'abolition des usements qu'en
ce qu'ils avaient de contraire à la loi nouvelle
(en ce sens, Aulanier et la jurisprudence qui
applique dans une foule de circonstances le droit
établi par les usements).

39. Une importante question se rattache à
celle que nous venons de discuter, et il nous
semble intéressant d'en dire ici quelques mots :
c'est celle de savoir si la présomption établie
par certains usements que les terres situées
dans leur ressort étaient à convenant sous les
personnes auxquelles elles payaient des redevances, a été abolie *pour le passé* par la loi du
6 août.

Cette présomption n'existait pas dans l'usement de Tréguier et Goëllo ; la raison sur la-

quelle elle était basée ailleurs, à savoir que le titre convenancier était général et universel, manquait en ce pays. « Car, dit Baudouin, n° 19, les rentes convenancières n'y sont guère plus communes que les chefs rentes, les rentes censives, foncières, de fondation ou de retour de lots sur des fonds appartenant aux détenteurs. Il serait donc aussi injuste qu'inconséquent d'y présumer toute redevance convenancière. » Aussi la présomption de tenue à domaine congéable ne servait-elle dans cet usement qu'à lever, en faveur du propriétaire, les incertitudes d'un titre équivoque.

Que si l'on s'étonne de voir le domaine congéable moins répandu et jamais présumé dans le pays où, suivant le système que nous avons soutenu sur l'origine de ce contrat, il a dû s'établir et se multiplier plus tôt et plus qu'ailleurs, nous indiquerons l'explication de ce phénomène dans un fait rapporté par dom Lobineau (*Acta Sti Brioci*, Vie de saint Brieuc), à savoir, qu'un certain Rioval ou Rigual, seigneur puissant qui habitait le comté de Goëllo, y laissa des traces de sa générosité qu'a recueillies l'histoire : il abandonna aux colons de ses domaines la pleine propriété de leurs tenues.

Quoi qu'il en soit, la présomption existait d'une manière absolue dans les trois usements de Rohan, Cornouaille et Broërec; nous devons

nous demander si elle a été abolie par la loi de
1791. Pour ce qui regarde l'avenir, l'affirmative
n'est pas douteuse; Tronchet le déclare ouver-
tement dans son rapport sur la loi de brumaire
an VI. Mais nous ne pensons pas que cette suppression puisse s'appliquer avec rétroactivité
aux possessions antérieures à la loi.

A ne consulter que l'équité, la proposition paraît évidente ; ne serait-ce pas consacrer la plus
criante injustice que d'interdire au propriétaire
foncier, dont on respecte d'ailleurs le droit, la
faculté de le prouver par les actes que la loi avait
jusqu'alors considérés comme suffisants pour
l'établir? N'a-t-il pas droit acquis à profiter de
la présomption sur la foi de laquelle il a pu négliger d'exiger des titres récognitifs ou de
faire de nouvelles baillées? La loi de 1791 au-
rait-elle commis cette iniquité?

Certes, elle ne manifeste pas expressément
cette intention, et les partisans du système qui
veut l'abolition de la présomption dont le maintien nous préoccupe, sont obligés de l'induire de
son texte. Ils citent à l'appui de leur doctrine les
art. 1, 2, 4, 15. Là est l'erreur. Nous avons
montré, en traitant la question précédente, que
la loi de 1791, art. 1, n'avait abrogé les usements qu'en ce qu'ils avaient de contraire à
ses dispositions ; de plus, aucun des articles cités ne parle de la présomption de tenue à do-

V.   5

maine congéable; la loi étant sur ce point obscure et ambiguë, les principes généraux nous conduisent à l'interpréter suivant l'équité, dans le sens de l'usage ancien qui n'a pas été abrogé (En ce sens, *Arrêts*, Rennes, 21 juillet 1813, 1er décembre 1813, 25 juillet 1820, 1er avril 1822, 19 juin 1832).

40. Nous dirons donc que tout détenteur, dans le ressort des usements qui admettaient la présomption dont il s'agit, doit être réputé, jusqu'au 6 août 1791, n'avoir possédé qu'à titre de domaine congéable, qu'il ne pourrait en conséquence se prétendre propriétaire en alléguant une possession en son nom personnel, et mettre la preuve contraire à la charge du foncier; il lui faudrait pour cela, aux termes des usements, présenter un titre d'acquisition contradictoire avec le foncier. C'est l'opinion de Carré (p. 49), d'Aulanier (2e édition, n° 551) et de l'auteur de la *Table des arrêts* (*verbo Dom. cong.*, n°s 231 et 232).

S'il s'était écoulé depuis la loi du 6 août 1791 le temps requis pour la prescription, il en serait différemment. Deux arrêts de la cour de Rennes du 1er avril 1822 et du 19 juin 1832 le décident explicitement. Et, en effet, s'il n'en était pas ainsi, la présomption, certainement abrogée pour l'avenir, conserverait indéfiniment sa force. Quel sera le délai de cette prescription acquisitive permettant de repousser l'ancienne

règle? Carré prétend qu'elle devra être de quarante ans, terme requis par l'ancienne législation pour la prescription des immeubles. Nous
ne voyons pas sur quelle raison peut être basée
cette idée ; le Code civil a réduit à trente ans le
temps de la plus longue prescription (art. 2265),
et, quant à la prescription acquisitive, il a admis le délai de dix à vingt ans quand il y a juste
titre et bonne foi. Il nous paraît évident qu'un
détenteur dans le ressort des anciens usements
peut bénéficier de ces dispositions nouvelles et
s'autoriser soit de la prescription de trente ans,
soit de celle de dix à vingt ans, pour repousser
la présomption de tenue à domaine congéable.
Mais nous admettons à cela deux restrictions
importantes : la première, c'est que la prescription n'a pu commencer à courir, non seulement
avant la loi de 1791, mais même depuis cette
loi jusqu'au 9 brumaire an VI ; dans cet intervalle, il était impossible aux propriétaires fonciers d'agir pour faire valoir leurs droits ; or,
contra non valentem agere non currit præscriptio.
La seconde restriction découle de ce que le colon, détenteur à titre précaire, ne peut jamais
prescrire contre le foncier, à moins qu'il n'y ait
eu interversion (principes du domaine congéable confirmés par les art. 2238, 2240 C. c.). Si
donc il est prouvé que le possesseur actuel est,
à titre universel, le représentant du détenteur

qui jouissait en 1791, la présomption subsistera, se fût-il écoulé cinquante ans depuis la cessation du paiement de la redevance.

Cette décision, de même que celle par laquelle on maintient la présomption pour le passé, nous paraît conforme à la justice et aux principes. Et s'il arrive parfois que les détenteurs d'une terre anciennement située dans le ressort des usements se trouvent dans l'impuissance de représenter les titres d'acquisition de la propriété par leurs auteurs, ou la preuve de l'interversion de leur possession, ne peut-on pas supposer que le foncier a pu, de son côté, négliger d'exiger des actes récognitifs, qu'il a pu perdre les baux, les déclarations qui assuraient son droit? Cela est survenu fréquemment pendant la révolution, surtout après que la Convention eut ordonné, le 17 juin 1793, de brûler les titres, prescription qui fut exécutée en partie.

41. Nous avons vu que la loi du 9 brumaire an VI, abrogeant la loi spoliatrice du 27 août 1792, revint à la loi de 1791. Cette abrogation fit naître de graves difficultés au sujet des actes passés sous l'empire de la loi de 1792; ces actes seraient-ils ou non maintenus à la suite de la loi nouvelle, cette dernière était-elle oui ou non rétroactive? Cette question, longtemps débattue, semble tranchée aujourd'hui par les décisions constantes de la jurisprudence; néanmoins, nous

en dirons quelques mots pour ne pas être accusé de laisser une lacune dans cet historique des lois de l'époque intermédiaire et des questions qui s'y rattachent.

Que la loi de brumaire an VI soit rétroactive en ce qu'elle rend au foncier la propriété des fonds des tenues restées dans le même état qu'en 1791, c'est ce qui ne saurait être discuté, puisque c'est là le but direct de la loi. Mais où la difficulté devient sérieuse, c'est quand il s'agit de savoir si la rétroactivité a lieu également lorsque le colon, devenu propriétaire en vertu d'une loi, a utilisé la faculté que lui accordait cette loi d'aliéner le fonds ou de rembourser la rente due sur la tenue.

Si la seconde résolution du 17 thermidor an V proposée pour l'exécution de la première, devenue la loi de l'an VI, n'avait pas été rejetée, la question ne souffrirait aucune difficulté ; l'art. 1er de cette résolution consacrait en termes formels le principe de la rétroactivité absolue. « Tous procès existants, même ceux pendants au tribunal de cassation, toutes offres faites, tous jugements intervenus, tous remboursements, dépôts ou consignations de deniers, et tous autres actes qui auraient leur fondement dans les dispositions de la loi du 27 août 1792, ou les dispositions des lois subséquentes rendues en interprétation ou confirmation d'icelle, sont abolis et annulés. »

Le rejet de cette résolution laisse subsister l'incertitude, et on peut discuter la nature rétroactive ou non de la loi de l'an VI. Le principal intérêt de cette controverse se manifeste dans l'hypothèse où un tiers a acquis du colon, à héritage, une tenue dont le fonds n'appartenait à celui-ci qu'en vertu de la loi de 1792. Le propriétaire pourra-t-il invoquer contre lui la loi de l'an VI? On a prétendu que même dans ce cas la loi devait être rétroactive.

On ne peut conclure, dit-on, du rejet de la seconde résolution du 17 thermidor an V, que la rétroactivité a été par là même repoussée, car les termes de la loi de brumaire suffisent pour maintenir la rétroactivité, la seconde résolution ne venait que développer la première sans y rien ajouter; elle n'était donc pas nécessaire. En effet, la loi dit : *tous* les propriétaires fonciers sont maintenus dans la propriété. Or, maintenir n'est pas réintégrer, c'est confirmer un droit antérieur, écarter toute idée de propriété accordée par la loi de 1792, anéantir tous les effets de cette loi considérée comme inexistante. Prononcer que quelqu'un est maintenu dans une propriété, c'est décider que cette propriété n'a jamais cessé de lui appartenir, que s'il en a été autrement pendant quelques années, ce n'a pu être qu'une usurpation momentanée qui ne pouvait conférer aucun droit légitime.

D'ailleurs, si on ne rendait pas aux fonciers les tenues qui ont été aliénées, on ne pourrait pas dire que tous sont maintenus dans leur propriété, et les termes de la loi seraient violés.

L'arrêté du Directoire exécutif, du 13 germinal an VII, confirme cette opinion, en déclarant que la législation sur les matières de domaine congéable consiste uniquement dans les dispositions de la loi du 6 août.

Le mot *abrogation* employé dans la loi de brumaire est synonyme de *révocation*, de *rapport* de la loi du 27 août 1792; il a pour effet de faire considérer cette loi comme n'ayant jamais existé.

La cour de Rennes, par des arrêts du 13 thermidor an IX et du 4 prairial an X, plus tard, par un arrêt du 1er décembre 1820, a consacré ce système.

Pour nous, nous croyons que cette théorie peut être victorieusement combattue. On ne saurait assigner au rejet de la seconde résolution du 17 thermidor an V par le Conseil des Anciens, d'autres motifs que celui pour lequel la commission le proposait ; or, Malleville, en soutenant que la loi de l'an VI doit rétroagir à l'égard des colons trouvés en possession, dit au contraire qu'il faut écarter cet effet à l'égard des tiers acquéreurs : « que le glaive de la loi s'étende jusqu'à ceux qui, sans intérêt dans le premier acte, ont seulement acquis de l'usurpateur

qu'une loi intermédiaire avait déclaré propriétaire, c'est là un arrêt auquel l'équité refuse de
souscrire. »....... « l'acquéreur a en sa faveur la
loi sur la foi de laquelle il a acquis, et du vice
de laquelle il ne peut être puni, puisque ce n'est
pas lui qui l'a provoquée. »

Le mot *maintenu*, employé dans la loi du
9 brumaire, ne peut, d'après ces considérations,
être entendu qu'en ce qui touche les rapports
de colon à propriétaire foncier, non pas en ce
qui regarde les rapports entre celui-ci et un
tiers acquéreur.

La loi de l'an VI emploie le mot abroger ; or,
abroger une loi, c'est en arrêter les effets, l'a-
néantir pour l'avenir, non pas annuler l'exécution qu'elle a reçue pour le passé, anéantir les
droits acquis sous sa garantie pendant qu'elle
était en vigueur (L. 7 au Code, *De legibus*, Code
civil, art. 2). Pour s'écarter de ces principes, il
faut une disposition expresse ; le législateur, s'il
avait eu cette intention, ne se serait pas contenté
d'abroger la loi de 1792, il l'aurait *annulée, dé-
clarée non avenue.*

On ne peut donc attribuer à la loi d'autre
sens que celui de rétablissement du domaine
congéable aboli par la loi de 1792, rétablissement opéré au profit des anciens propriétaires
pour le cas où les colons n'auraient pas profité
des dispositions de la loi abolitive.

C'est ce qu'un arrêt de la cour de Rennes,
du 28 août 1807, avait jugé en termes formels.
Si l'arrêt de 1820, que cite le premier système,
est intervenu en sens contraire, on peut, en
consultant les écrits des jurisconsultes de cette
époque, constater que l'opinion n'accueillit pas
favorablement la nouvelle jurisprudence et tint
pour la non-rétroactivité. Depuis, un grand
nombre d'arrêts sont venus consacrer les sages
principes émis par celui de 1807 (arr. 26 avril
1822; 18 févr. 1836; 15 févr. 1839; 31 décembre 1841, Rennes). La jurisprudence de la Cour,
d'accord, suivant nous, avec l'équité la plus
stricte violée par l'arrêt de 1820, est donc constante et semble fixée dans le sens de la non-
rétroactivité de la loi de brumaire an VI, à
l'égard des tiers acquéreurs.

Mais nous ne faisons aucune difficulté pour
reconnaître que certaines circonstances de fait
peuvent ôter aux tiers le droit d'argumenter de
la non-rétroactivité; c'est ce qui arrivera, par
exemple, lorsqu'il résulte du contrat qu'ils ont
entendu acheter seulement les droits convenanciers, ou lorsque, postérieurement à l'acquisition,
ils ont accompli des actes susceptibles de faire
présumer qu'ils ne se considéraient que comme
domaniers (arr. R., 28 août 1807; 21 déc. 1820).

Cette restriction est surtout applicable quand
le propriétaire peut représenter un acte posté-

rieur à la loi de l'an VI, dans lequel l'acquéreur s'est reconnu colon, ou lorsque cet acquéreur, sur citation du propriétaire, a fourni un titre récognitif.

42. Il est une question liée à la fois aux principes du droit féodal et à l'ancienne législation sur le domaine congéable que nous voulons étudier ici, en nous demandant quels changements les lois abolitives de la féodalité et les lois rendues sur le domaine congéable ont pu y apporter. Cette question nous semble d'autant plus intéressante à traiter qu'aujourd'hui encore elle est d'une application fréquente en Bretagne, et qu'elle a donné récemment lieu à un procès important, qui s'est dénoué devant la Cour suprême. Il s'agit de la propriété des terres vaines et vagues *dépendant des tenues à domaine congeable.*

Les seigneurs, autrefois présumés propriétaires de ces terres, accordaient souvent à leurs colons, dont les tenues étaient voisines, le droit indivis d'en jouir à titre de communistes. Comme nous l'avons vu, la loi du 27 août 1792 déclara les colons propriétaires des fonds de leurs tenues; une loi du lendemain, 28 août, s'occupant des terrains vagues, transporta des seigneurs aux communes la présomption de propriété sur ces terrains. Cette loi renfermait un article spécial pour la Bretagne, l'art. 10, qui exceptait de la dévolution aux communes les terres vaines et vagues lorsqu'elles avaient été baillées à rente, à féage ou à cens. Quant à celles qui n'avaient pas fait l'objet de l'un de ces contrats, elles devaient appartenir, soit aux communes, soit aux habitants des villages, soit aux ci-devant vassaux, suivant que les communes, les habitants ou les anciens vassaux étaient actuellement en possession du droit de communer et motoyer. La commune ne jouissant pas de ce droit était donc primée par l'habitant qui en jouissait.

Cela posé, plusieurs espèces se sont présentées, dont quelques-unes ont donné lieu à d'intéressants débats judiciaires.

43. *Première espèce.* — On s'est demandé si les colons, devenus propriétaires des terres vagues, dont ils avaient la jouissance, soit en vertu de la loi du 27 août, car ils mentionnaient le droit de communer dans leurs déclarations faites aux propriétaires en qualité de domaniers, et cette loi donnait à tous les domaniers le fonds de leurs tenues, ce qui pouvait comprendre aussi le fonds des terrains vagues, soit en vertu de la loi du 28 août, qui donnait aux possesseurs les terrains vagues, on s'est demandé, disons-nous, si les colons ont conservé la propriété absolue de ces terres après la loi du 9 brumaire an VI.

La loi de l'an VI ayant eu pour objet d'abroger celle du 27 août 1792, il est évident que les colons, qui s'appuyaient sur cette dernière seulement, ne pouvaient plus manifester aucune prétention à cet égard; aussi, la plupart d'entre eux cherchèrent-ils à invoquer la loi du 28 sur les terres vaines et vagues qui, elle, n'a jamais été expressément abrogée. Mais cette allégation avait peu de valeur et n'a jamais réussi; il a été admis généralement, sans difficulté, que sur ce point spécial la loi du 28 avait été implicitement abrogée le 9 brumaire an VI (en ce sens, arr. 27 avril 1841) (1). En effet, si elle donnait aux colons la propriété des terrains vagues voisins de leurs tenues, ce n'était que pour reconnaître une conséquence de la loi du 27, qui leur abandonnait le fonds de ces tenues mêmes. La loi du 27 étant rapportée, la seconde, celle du 28, qui sur ce point n'en était que l'accessoire, devait subir le même sort. La jurisprudence est constante dans le sens de cette opinion, et la question semble définitivement tranchée.

44. *Deuxième espèce.* — Une difficulté plus sérieuse s'est élevée. Il s'agit de savoir si, pour combattre la présomption de propriété attribuée

(1) Nous croyons devoir prévenir le lecteur que chaque fois que nous citons un arrêt sans indiquer le nom de la Cour qui l'a rendu, il s'agit de la cour de Rennes, la seule, à de rares exceptions près, qui, parmi les cours d'appel, ait à se prononcer sur des questions relatives au domaine congéable.
Les arrêts de cette cour sont rapportés soit intégralement, soit par extraits dans la *Table des Arrêts* de la cour et dans le *Journal* de la cour.

aux communes par la loi du 28 août 1792, des colons peuvent invoquer une concession faite jadis à leurs auteurs par les anciens seigneurs, dont ils étaient domaniers, concession qui leur donnait le droit de communer dans les landes ou terres vaines et vagues.

Peut-on, comme on l'a prétendu, voir dans cette concession un afféagement qui permette au colon de bénéficier de l'art. 10 de la loi dont nous avons mentionné ci-dessus la teneur ? Nous ne le croyons pas ; l'art. 9 de la loi du 28 août donnait la propriété des terres vaines et vagues aux communes, l'art. 10 faisait à cette disposition, pour les terres arrentées, afféagées ou accensées, une dérogation d'autant plus exceptionnelle qu'elle ne s'appliquait qu'à la Bretagne. Étendre les termes de la loi, ce serait violer les règles les plus saines d'interprétation juridique ; il est de principe, en effet, qu'une exception doit toujours être strictement appliquée, et qu'on doit revenir au droit commun dès que ses termes ne permettent pas formellement de s'en écarter. Pour échapper à cet argument, il faudrait pouvoir faire rentrer la concession dans un des cas précisés par l'art. 10 ; or, un titre constatant que l'on a joui en qualité de domanier de certaines tenues, tel que des lettres récognitoires, ne peut permettre de soutenir que les terres vaines et vagues qui les avoisinent ont été con-

cédées à féage. Grande est la différence entre
les lettres récognitoires que doit fournir le colon
possesseur à titre précaire, et l'aveu dû par le
vassal qui possède *pro suo* le fief dont il est devenu propriétaire par le contrat d'afféagement.
Trouverait-on même dans les lettres récognitoires les expressions féodales : sujet et vassal,
devoir d'obéissance, suite de cour et moulin,
cela n'en ferait pas changer la nature ; nous
savons, en effet, qu'en Bretagne les mots seigneur et vassal s'employaient, en matière de
domaine congéable, pour désigner le foncier et
le colon, et que, dans un simple bail, quand le
foncier était en même temps seigneur de fief, il
mentionnait souvent les droits féodaux que lui
attribuait cette qualité.

D'ailleurs, ne serait-il pas étrange que le
même titre contînt pour des terres voisines con-
cédées au même individu la preuve de contrats
aussi dissemblables : pour la tenue un bail à
convenant, pour les terres vaines et vagues qui
y sont jointes, un afféagement? Cela ne serait
pas seulement étrange, ce serait incompréhen-
sible, et les principes mêmes du droit s'opposent
à ce qu'on puisse supposer de la part du seigneur une semblable intention. Le droit de
communer sur des terrains vagues, accordé par
inféodation, devenait, en effet, une servitude
réelle, une servitude créée par conséquent pour

les besoins ou l'utilité d'un fonds qu'elle devait suivre en quelques mains qu'il passât; or, le domanier de la tenue voisine n'était propriétaire que des édifices et superfices, il pouvait être congédié au gré du foncier, un pareil droit concédé à lui personnellement eût été incompatible avec sa qualité. Cette servitude réelle, ce droit de communer par inféodation, le propriétaire du fonds de la tenue aurait seul pu l'avoir, mais ce propriétaire était le seigneur de fief, le concédant lui-même; il aurait donc grevé un fonds à lui appartenant, le terrain vague, d'une servitude réelle au profit d'un autre fonds lui appartenant également, la tenue voisine, et violé ainsi la maxime : *nulli res sua servit jure servitutis*.

Donc le droit de communer accordé dans les conditions où nous nous sommes placé ne pouvait être considéré que comme annexe de la concession principale; celle-ci avait pour objet une terre baillée à domaine congéable, l'accessoire devait suivre le principal, et conséquemment il était tacitement entendu que les domaniers jouiraient des terres vaines et vagues à titre précaire, comme ils jouissaient de la tenue.

En résumé, nous donnerons à la question la solution suivante : la propriété des terrains vagues en litige ayant reposé sur la tête des anciens seigneurs jusqu'à la loi du 28 août 1792, cette loi en a opéré le transfert au profit des

communes; les colons ne peuvent arguer du
droit de communer qui leur aurait été concédé,
pour réclamer à leur profit le bénéfice de l'art. 10
de cette loi, dont les termes ne leur sont pas applicables. (Un arrêt du 27 janvier 1841 confirme
pleinement cette opinion ; cet arrêt est rapporté
tout au long dans l'ouvrage d'Aulanier, qui en
admet les considérants).

En disant que les communes sont présumées
propriétaires des terres vaines et vagues renfer-
mées dans leurs circonscriptions, nous avons
raisonné dans l'hypothèse où ces terrains vagues
sur lesquels était concédé un droit de communer
appartenaient au seigneur du fief; les titres
convenanciers ne peuvent alors être opposés aux
communes. La solution serait fort différente
s'il s'agissait de terrains vagues appartenant
avant 1791 à un propriétaire qui n'empruntait
pas son droit aux principes féodaux. La loi de
1792 et celle du 10 juin 1793, plus favorable
encore aux communes, n'avaient pour but que
de transporter du seigneur aux communes la
présomption de propriété. La loi du 25 août 1792
avait aboli la maxime : nulle terre sans seigneur,
les lois dont nous parlons la ressuscitèrent en
faveur des communes, en ce sens qu'elles leur
attribuèrent la propriété de toutes les terres sur
lesquelles personne ne pouvait justifier d'une
propriété de droit commun. Mais ces lois n'ont

pas touché aux droits dont la base reposait sur une acquisition, une prescription, etc., en un mot, une cause étrangère à la féodalité.

Supposons les faits suivants : une commune revendique des terrains vagues contre un particulier dont la possession n'est pas contestée (nous mettons en dehors, ici comme dans la précédente hypothèse, la question de prescription, car si le possesseur jouissait depuis plus de trente ans dans les conditions requises pour la prescription, il aurait incontestablement acquis la terre). La commune s'appuie sur l'art. 9 de la loi du 28 août 1792; le possesseur ne peut apporter à l'appui de son droit que des déclarations convenancières mentionnant ce terrain et fournies à ses auteurs *qui n'étaient pas seigneurs féodaux*, ces déclarations seront suffisantes pour prouver que la propriété lui a été transmise, et la commune verra ses prétentions rejetées. (Un arr. de la cour de Rennes, 18 juin 1834, a décidé en ce sens.)

45. *Troisième espèce.* — Une autre difficulté s'est élevée sur l'application de la loi du 28 août 1792 en Bretagne.

Nous avons dit que l'art. 9 de cette loi attribuait aux communes les terres vaines et vagues; l'art. 10, spécial à la Bretagne, consacrait aussi cette attribution, sauf à en excepter les terres afféagées, arrentées, accensées. S'emparant de

V. 6

cette disposition, on a prétendu que l'art. 10 s'appliquait seul à ce pays, et que l'art. 9, exclu par l'art. 10 dont la législation se suffisait à elle-même, ne pouvait y être invoqué.

L'intérêt de la question est celui-ci. L'art. 9, en attribuant aux communes la propriété des terres vaines et vagues, soumet cette dévolution à une condition nécessaire, la prise de possession par la commune dans les cinq ans à partir de la promulgation de la loi. Or, une commune qui n'a pas rempli cette condition trouve intérêt à écarter l'art. 9 pour s'en tenir à l'art. 10, lequel, après avoir excepté les terres vaines et vagues afféagées, arrentées, accensées, déclare que les autres « appartiendront, soit aux communes, soit aux habitants de villages, soit aux ci-devant vassaux actuellement en possession, » sans parler de la condition imposée par l'art. 9, la prise de possession dans les cinq ans. Deux arrêts de la Cour de cassation, en date du 28 avril 1860 et du 24 décembre 1862 sont invoqués par le système que nous combattons et qui veut en Bretagne s'en tenir exclusivement à l'art. 10.

C'est à cette difficulté que se rapporte le procès auquel nous avons fait allusion et qui, il y a peu d'années, a occupé l'attention d'une partie de la province. Les débats judiciaires ont été longs, et la cause, après avoir épuisé les divers degrés de juridiction, est venue devant la

Cour suprême, qui a tranché la question par l'arrêt du 24 décembre 1862, l'un de ceux que nous venons de citer.

Pour mieux élucider cette question aussi importante qu'ardue et difficile à résoudre, nous croyons devoir donner l'historique abrégé du procès avec les arguments invoqués de part et d'autre, nous réservant de discuter ensuite les points de droit qui ont pu être soulevés et les considérants consacrés soit par le tribunal de première instance, soit par la cour de Rennes, soit par la Cour de cassation.

46. Les parties étaient, d'une part, la comtesse de Choiseul-Praslin, héritière de la plus grande partie de l'ancien comté et duché de Quintin, et le comte de Choiseul-d'Aillecourt, son mari, l'autorisant; d'autre part, la commune de Saint-Martin-des-Prés dans l'arrondissement de Loudéac.

Le conseil municipal de la commune de Saint-Martin avait résolu de vendre aux enchères et par lots diverses parcelles de terres vaines et vagues situées dans son territoire. Le comte de Choiseul, par son fondé de pouvoir, fit opposition à la vente, en se basant sur ce que ces terres vaines et vagues faisaient partie de ses domaines; il affirmait y avoir droit en qualité de représentant des anciens seigneurs de Kervers.

Le 4 octobre 1859, la commune de Saint-Martin l'assigna en main-levée de son opposition. Elle offrait de prouver :

1° Que les parcelles litigieuses étaient vaines et vagues en 1789 ; — 2° qu'elles étaient restées en cet état jusqu'au jour de la contestation, sauf quelques-unes dont le défendeur avait pris possession depuis moins de trente ans ; — 3° que les riverains avaient toujours, même avant 1789 ou au moins dans les cinq ans après la promulgation de la loi du 28 août 1792, joui indistinctement de ces terrains ; que, par suite, leur possession s'était exercée au profit de la commune et non du seigneur ; que celui-ci pouvait invoquer la possession des colons en ce qui touchait la tenue à domaine congéable, mais non en tant qu'il s'agissait des terrains vagues attribués à la commune par la loi du 28 août 1792, et surtout celle du 17 juin 1793 (section 4, art. 1).

Le comte de Choiseul soutenait :

1° Que la commune de Saint-Martin, n'ayant pas revendiqué dans les cinq ans, était déchue du bénéfice des lois de 1792 et 1793, à moins qu'elle ne prouvât qu'à la même époque elle avait exercé une possession réelle sur les terrains en litige ; — 2° que cette possession ne résultait pas de la circonstance que les ayants droit de l'ancien seigneur avaient continué de jouir depuis 1792 de la même manière qu'ils le faisaient auparavant.

Par un jugement avant autrement faire droit en date du 14 décembre 1860, le tribunal de Loudéac admit la commune à prouver les faits qu'elle articulait.

On procéda à enquête, contre-enquête, visite des lieux, etc., et l'on revint devant le tribunal, qui, par un jugement du 28 février 1862, reconnut la propriété du comte de Choiseul sur trois des parcelles litigieuses, et attribua les quatre autres à la commune.

Appel du comte de Choiseul par acte du 28 avril 1862.

Le 27 novembre, conclusions tendant : celles du comte de Choiseul à faire valoir les motifs déjà invoqués en première instance ; celles de la commune, à la confirmation du jugement du tribunal de Loudéac.

Arrêt de la Cour, en date du 24 décembre 1862, favorable à la commune, confirmant le jugement de première instance et déclarant sans grief le comte de Choiseul et mal fondé dans son appel.

Les principaux considérants de cet arrêt méritent d'être rapportés ; la Cour s'exprime ainsi :

« 1° Considérant qu'il est établi par les enquêtes que les parcelles litigieuses étaient vaines et vagues à la date du 28 août 1792, que deux d'entre

elles le sont encore; que les deux autres ne sont
en la possession des appelants que depuis moins
de trente ans; 2° Considérant que lesdites terres
étaient situées dans les limites d'un ancien fief
dont les auteurs des appelants étaient les seigneurs et qu'il n'y a jamais eu inféodation du
droit de communer; 3° Considérant qu'il résulte
seulement des titres produits que le territoire
dudit fief ayant été en partie baillé à domaine
congéable, les domaniers comprenaient dans
leurs déclarations la *faculté de jouir pour leur
part et portion des communs et libertés du village
avec les autres voisins...* que la propriété foncière
desdites tenues ne comprend par elle-même
aucun droit sur les terres vagues, qui n'étaient ré-
putées appartenir au seigneur qu'en vertu de la
maxime : nulle terre sans seigneur... mais qu'il
arrivait souvent que si le propriétaire du fonds
était en même temps seigneur, il accordait aux
tenanciers, pour l'utilité des tenues, la jouissance
collective des terres vaines et vagues; que, d'un
autre côté, c'était un principe consacré par
l'art. 393 de la Coutume de Bretagne; que toute
possession de ces terres caractérisée seulement
par *une longue tenue d'y aller et venir et faire pâturer*
était essentiellement précaire, et ne pouvait servir
de base à aucune action en complainte ou réin-
tégrande, ni par suite à aucune prescription;
   4° Considérant que la loi du 28 août 1792

enlève aux seigneurs le seul titre qu'ils eussent
en Bretagne à la propriété des terrains vagues;
que la loi du 27 août 1792 a donné aux colons le
fonds des terres qu'ils cultivaient, mais non
la propriété des terrains vagues avoisinants
dont ils n'ont continué à jouir qu'à titre précaire
comme autrefois; qu'enfin la loi du 28 août 1792,
en transportant du seigneur aux communes la
présomption de propriété des terres vaines et
vagues, n'a donné sur ces terres aucun droit aux
colons;

5° Considérant que c'est seulement à la date
du 9 brumaire an VI, c'est-à-dire plus de cinq
ans après la promulgation de la loi du 28 août
1792, que la loi du 27 du même mois a été abrogée et qu'on est revenu à la loi du 6 août 1791;
que, par conséquent, pendant les cinq années,
les bénéficiaires de la loi du 28 août 1792, en ce
qui concerne la propriété des terres vaines et
vagues, n'ont été placés en face d'aucune jouissance exercée en contradiction de leurs droits
d'une manière exclusive à titre de propriétaire;
que l'usage par les colons, habitants de la commune, des terres vaines et vagues appartenant
à celle-ci ne constituait que l'exercice du droit
de la commune elle-même;

6° Considérant, d'un autre côté, que, si la loi
du 28 août 1792 a soumis à la condition d'être
exercées dans les cinq ans *les actions* qu'elle accor-

dait aux communes, soit pour poursuivre dans
certains cas l'annulation des actes par lesquels'
elles auraient été dépouillées de leurs biens, soit
pour se faire adjuger les terres dont elles étaient
censées propriétaires, à défaut par les seigneurs de justifier par titres ou par possession
quadragénaire qu'ils en avaient la propriété,
elle n'a pas pu entendre et n'a pas entendu imposer la condition d'aucune action, ni par conséquent d'aucun délai à la dévolution de propriété que consommaient les dispositions de son
art. 10 ; qu'on ne concevrait pas que la condition d'une action dans le délai de cinq ans ait
été imposé aux communes bretonnes, quand la
loi et la nature des terres suffisaient à constituer
leur droit, quand toute jouissance collective,
loin de contredire leur droit, semblait le corro-
borer, et qu'un usage individuel lui-même, l'état
des terres étant maintenu, ne pouvait avoir,
d'après le statut local, qu'un caractère de précarité et de tolérance; qu'il ne se trouve aussi
dans l'art. 10, l. 1792, rien qui indique une pareille pensée ;

Considérant qu'il suit de là que, du moment
où il est établi que les terres dont la propriété
est contestée à la commune étaient, au 28 août
1792, à l'état de terres vaines et vagues, c'est
nécessairement à celui qui conteste le droit de la
commune à établir le sien, en justifiant soit

d'un état d'afféagement, d'accensement et d'arrentement, soit d'une inféodation du droit de communer, soit de titres ou de faits qui, postérieurement à ladite loi, ont un caractère translatif ou acquisitif de la propriété ; que s'il en était autrement et si l'on pouvait notamment admettre que, dans les pays à domaine congéable, il ait suffi que les tenanciers aient continué à user collectivement des vagues riverains de leurs tenues, pour que des communes aient dû revendiquer contre eux dans les cinq ans la propriété desdits vagues, il en résulterait, qu'en fait, la loi du 9 brumaire an VI aurait eu généralement pour conséquence de rétablir les anciens seigneurs dans la propriété des terres vaines et vagues dépendant des anciens fiefs ;

Considérant que les appelants, anciens seigneurs, ne justifient ni par titres, ni par prescription, que, depuis la loi de 1792, ils aient acquis la propriété des terrains litigieux..... »

A la suite de l'arrêt de la cour de Rennes, le comte de Choiseul se pourvut en cassation pour violation des art. 9 et 10 de la loi du 28 août 1792. Le pourvoi fut admis par arrêt de la chambre des requêtes, 14 décembre 1863, mais la Cour, présidée par M. Troplong, premier président, après l'avoir examiné, le rejeta définitivement par arrêt en date du 16 janvier 1865, motivé sur les attendus suivants : « Attendu en

droit que l'art. 10 de la loi du 28 août 1792,
spécial aux cinq départements de Bretagne,
dispose que les terres vaines et vagues non arrentées, afféagées ou accensées appartiendront
exclusivement soit aux communes, soit aux habitants de village, soit aux ci-devant vassaux
qui sont actuellement en droit d'y communer;
qu'il résulte du texte et de l'esprit de cet article
que ces mots « actuellement en possession du
droit d'y communer » ne s'appliquent qu'aux
ci-devant vassaux; que quant aux communes,
substituées aux anciens seigneurs, elles sont,
sans condition, de plein droit déclarées propriétaires des terres dont s'agit; attendu que l'arrêt
attaqué constate, en fait, que les terres dont les
demandeurs, comme représentants des anciens
seigneurs, contestaient la propriété à la commune de Saint-Martin, étaient vaines et vagues
au 24 août 1792, et que d'ailleurs ces mêmes demandeurs ne justifiaient ni par titres, ni par
prescription; que depuis cette époque ils en
étaient devenus propriétaires, d'où il suit que
l'arrêt attaqué ne fait qu'une juste application
de l'art. 10 de la loi du 28 août 1792...... »

47. Malgré le respect que nous avons pour
l'autorité de la Cour de cassation; malgré l'una-
nimité montrée dans ce procès par les différents
degrés de juridiction, nous ne pouvons nous
dispenser de combattre énergiquement la solution qui lui a été donnée.

La question en vaut la peine ; elle se présentera de nouveau devant les tribunaux; beaucoup de communes en Bretagne sont, en effet, vis-à-vis d'anciens propriétaires d'une partie de leur territoire, dans la situation où se trouvait la commune de Saint-Martin. Cette commune elle-même pourrait encore, croyons-nous, intenter, pour certains terrains, des instances analogues à celle dans laquelle elle a triomphé. Il est donc important d'indiquer les objections, les contradictions sérieuses que peut soulever la doctrine consacrée par les arrêts dont nous avons rapporté les considérants, doctrine qui ne nous paraît pas destinée à prévaloir dans la jurisprudence de la cour de Rennes.

Les arrêts cités semblent admettre comme principe que l'art. 9 de la loi du 28 août 1792 n'est pas opposable aux communes bretonnes, parce que, en matière de terres vaines et vagues, elles seraient régies par un droit spécial renfermé dans un article unique, l'*article dix*, article auquel on devrait uniquement s'attacher comme à une sorte de code local, abstraction faite de toutes les dispositions des lois de 1792 et 1793. Telle est la raison principale qui a déterminé la cour de Rennes et la Cour de cassation à admettre la solution dont nous contestons la justesse.

C'est se méprendre sur la pensée du législa-

teur de 1792, que de supposer qu'il a entendu
placer la Bretagne en dehors de l'application du
droit qu'il promulguait pour la France entière,
et que, dérogeant à l'idée d'unité qui dominait
à cette époque, il ait, le même jour, créé deux
législations dans une seule loi, l'une d'une application générale, l'autre réservée à une de ces
anciennes provinces dont on avait tant à cœur
d'effacer l'individualité.

La loi du 28 août 1792 a été faite pour la
France entière, seulement, on y a introduit une
disposition particulière à la Bretagne, destinée
à donner satisfaction à des droits légitimes
ayant leur origine dans une spécialité du droit
breton.

48. « L'*inféodation du droit de communer*, disait
en 1861 M. Grivart, avocat à Rennes, depuis ministre, l'inféodation du droit de communer, sorte
de droit d'usage sur les terres vaines et vagues,
était consacrée par la Coutume de la province,
tandis que, dans le reste du royaume, les usages
sur les communaux n'existaient qu'à titre de
tolérance, ou en vertu de concessions abusives
émanées de l'usurpation. En Bretagne, le com-
munage avait un principe souvent respectable ;
il reposait sur un titre formel, une concession
émanée du seigneur de fief auquel la Coutume
reconnaissait la propriété absolue des terres
vaines et vagues.

Une loi qui n'avait, ou ne proclamait d'autre but que de réprimer les abus de la puissance féodale, n'aurait pu, sans une injustice criante, envelopper dans la même proscription le droit du seigneur de fief et les concessions qui en dérivaient sans doute, mais qui avaient été, d'un côté octroyées, et de l'autre obtenues sur la garantie de la loi alors en vigueur; aussi, lorsque les députés bretons réclamèrent une exception en faveur de la province, exception motivée sur les différences profondes qui séparaient sa législation en matière de terres vaines et vagues, de celle qui avait été consacrée par les autres coutumes, leur demande fut facilement accueillie, d'autant mieux qu'elle était faite principalement dans l'intérêt d'une classe de personnes, les anciens vassaux, pour lesquels le législateur de l'époque ne dissimulait pas sa faveur.

Telle fut l'origine de l'art. 10, destiné dans la pensée de ceux qui le proposèrent, comme de l'assemblée qui le vota, à maintenir en Bretagne les concessionnaires des anciens seigneurs de fiefs dans la possession des droits qu'ils avaient acquis sur les terres vaines et vagues, conformément à la coutume. L'exception introduite par l'art. 10 n'avait pas d'autre but et elle n'a pas eu d'autre portée. »

Les mots de l'art. 10, *actuellement en posséssion du droit de communer*, s'appliquent non seulement aux vassaux, comme le prétend la Cour de cassation, mais aussi aux habitants des villages et aux communes. Cet article ne crée donc pas un droit spécial pour toutes les communes de l'ancienne Bretagne, il ne concerne que celles qui jouissaient en 1792 d'une inféodation du droit de communer. Les autres suivent la loi générale, l'art. 9 qui, en accordant aux communes de France un droit de propriété sur les terres vaines et vagues de leur territoire, en subordonne la conservation à une prise de possession *effective* dans les cinq ans.

Le système qui prétend, d'après la construction de la phrase de l'art. 10, que les mots « actuellement en possession, » ne se rapportent qu'à *vassaux* et n'ont aucune relation avec *communes* et avec *habitants des villages*, conduirait à des conséquences inadmissibles que la Cour de cassation serait, croyons-nous, la première à repousser. Il faudrait dire qu'en Bretagne la loi a attribué concurremment les terres vaines et vagues, 1° aux communes; 2° aux habitants des villages; 3° aux anciens vassaux actuellement en possession, sans établir entre eux aucun ordre de préférence. Ils posséderaient donc au même titre et seraient dans l'indivision; or, il n'y a pas d'exemple qu'on ait soutenu une pareille thèse, ni que des anciens vassaux aient jamais été contraints de partager avec des communes et des habitants de village. Mais si on n'ose prétendre qu'il y avait concurrence entre ces divers intéressés, osera-t-on davantage admettre l'ordre successif? Si la commune est appelée par préférence, indépendamment de la condition de possession, il est évident que les habitants de village et les anciens vassaux, même en possession, ne viendront jamais en ordre utile.

49. Le système de la cour se heurte à une autre conséquence qu'il est impossible de soutenir; il faudrait admettre que les habitants des villages qui ne forment pas de communes auraient, comme celles-ci, droit de prétendre sans titre ni possession aux terres vaines et vagues de leur voisinage.

La vérité, c'est qu'en Bretagne il existe des communes qui représentent d'anciennes paroisses ou communautés inféodées sur les terrains vagues d'un fief, soit d'un droit de propriété, soit d'un simple droit de communer. L'art. 10 s'applique à ces communes; les autres chercheraient en vain à vouloir se créer un titre à l'aide de cet article qui n'est pas fait pour elles; elles sont soumises à l'art. 9, dont elles peuvent invoquer les dispositions pour réclamer la présomption qu'il introduit en faveur de toutes les communes, mais à la charge d'accomplir la condition à laquelle cette présomption est subordonnée.

S'il n'en était pas ainsi, comment pourrait-on donner l'explication de ce privilège octroyé aux communes bretonnes, en vertu duquel elles auraient été dispensées d'agir dans les cinq ans? Pourquoi cette inégalité entre leur situation et celle des autres communes de France? Elles ne pouvaient pas invoquer l'existence d'un droit antérieur sanctionné par la coutume locale, car les paroisses dont elles ont pris la place qui se trouvaient privées d'un titre d'inféodation n'avaient, d'après le droit breton, aucun droit sur les terres vaines et vagues, tandis qu'en dehors de la province, il existait une présomption de propriété consacrée par la loi en faveur des communautés d'habitants. En sorte que la loi de 1792 aurait fait preuve de la plus singulière inconséquence ; elle aurait traité avec rigueur les communes qui possédaient un droit antique qu'elle n'avait qu'à confirmer, et ne se serait montrée facile que pour celles dont elle avait créé les titres.

Les deux art. 9 et 10 se concilient donc parfaitement dans notre opinion ; ils sont édictés pour des situations complètement distinctes.

Dalloz, au mot *commune*, art. 2102, consacre cette conciliation.

Enfin, à l'autorité de la Cour de cassation nous opposerons l'autorité de la Cour de cassation elle-même. Dans un arrêt du 18 janvier 1830, la chambre des requêtes a déclaré formellement que l'art. 10 n'est applicable qu'aux communes de l'ancienne province de Bretagne *qui étaient en possession de communer.*

Un décret du 25 janvier 1837, cassant un arrêt de la cour de Rennes, statue dans le même sens contre la commune de Saint-Servan.

Nous nous sommes étendu longuement sur cette question ; c'est que, nous le répétons, nous la croyons importante et douée d'intérêt pratique, puisque les faits qui y donnent lieu peuvent se présenter de nouveau à chaque instant devant les tribunaux. N'eût-elle d'ailleurs qu'un intérêt exclusif de discussion juridique, il ne nous a pas semblé inutile de l'examiner, de citer et d'exposer la jurisprudence établie par des arrêts que ne contient jusqu'à ce jour, à notre connaissance, aucun ouvrage sur la matière des domaines congéables.

DEUXIÈME PARTIE

DU DOMAINE CONGÉABLE AU POINT DE VUE JURIDIQUE

50. Nous avons dit que les caractères essentiels du domaine congéable consistaient en ce que :

1º La propriété du fonds et la propriété des édifices et superfices résident dans des mains différentes ;

2º Le foncier a le droit de *congédier* le colon en lui remboursant ses droits réparatoires.

Nous avons dit, de plus, qu'il s'établissait entre le foncier et le colon des relations analogues à celles que crée le contrat de louage entre le bailleur et le preneur, car la jouissance du fonds est abandonnée au domanier.

Tout travail sur le domaine congéable impose donc la nécessité d'étudier successivement les droits et les obligations attachés d'une part a la foncialité et à la situation de bailleur ; d'autre part à la propriété des droits superficiels et à la situation de preneur. Ce sera l'objet de deux livres distincts, les livres II et III. Le livre Ier contiendra une étude sur le domaine congéable considéré en lui-même, dans son ensemble, sur ses formes, sur ses rapports avec d'autres contrats, sur la capacité requise pour bailler ou pour prendre à convenant... etc. Enfin, dans le livre IV, nous étudierons la faculté de congédier, la procédure à suivre pour opérer le congément et les difficultés qui se sont élevées sur cette intéressante matière. A vrai dire, le congément étant un des droits inhérents à la qualité de foncier, nous aurions pu faire rentrer ce que nous aurons à en dire dans le livre II, où il est traité des prérogatives du propriétaire ; mais nous avons cru devoir donner à ce sujet, vu son importance et l'intérêt pratique qu'il présente, une place à part.

LIVRE I

DU CONTRAT DE DOMAINE CONGÉABLE

EN GÉNÉRAL

CHAPITRE I

DU BAIL A DOMAINE CONGÉABLE CONSIDÉRÉ DANS SON ESSENCE

51. De ce que, pour constituer un bail à convenant, il fallait rétention du fonds par le propriétaire et transport des superfices au domanier, on avait conclu, dans l'ancienne jurisprudence, que le contrat, fréquent dans les campagnes, par lequel le propriétaire, en vendant la foncialité d'une tenue, se réserve jusqu'au congément les droits réparatoires ainsi que la jouissance du fonds moyennant le paiement d'une redevance, ne pouvait être regardé comme un bail à convenant valáble. Baudouin adopte cette opinion et invoque à l'appui un arrêt de 1756. Il ne voit dans ce contrat, qui, suivant lui, manque des caractères essentiels au domaine congéable, qu'une constitution à prix d'argent d'une rente remboursable, et il en tire deux conséquences importantes : la première, que, « le titre créatif de cette rente n'étant pas

translatif de propriété, le créancier ne pourra, par aucun temps, prescrire le fonds, dont le débiteur, ancien propriétaire, garde la possession;» la deuxième, « que l'interversion au profit du créancier ne commencera qu'au moment de l'expulsion du prétendu superficiaire par un congément ou par un autre acte de la part du prêteur » (Baudouin, n° 34).

Nous n'avons jamais compris la subtilité de cette distinction, qui consiste à ne pas voir un bail à convenant valable dans un contrat qui, s'il ne représente pas, à la vérité, d'une part, rétention du fonds par le propriétaire, d'autre part, acquisition des superficés par le preneur, produit, bien qu'en sens inverse, des résultats identiques, donne lieu à une situation juridiquement la même. Le même cas se présente, en matière d'usufruit, lorsqu'un propriétaire aliène son fonds en en retenant la jouissance; a-t-on jamais nié qu'en ce cas l'usufruit ne fût valablement constitué? D'ailleurs, il suffit, pour montrer le peu de solidité de la raison invoquée par Baudouin, d'en appeler de Baudouin à Baudouin lui-même; quelques pages plus loin (n° 38) il donne une solution contraire dans deux cas qui ont avec le premier une analogie évidente. Il s'agit d'abord de l'aliénation du fonds avec rétention des superficés, non plus par acte à titre onéreux, mais par acte à titre gratuit; ensuite, d'un partage qui attribue à l'un des cohéritiers le fonds avec une rente convenancière, à l'autre les superficies. Quelle différence intrinsèque peut-on voir entre ces hypothèses et la première? Y a-t-il davantage ici aliénation des droits réparatoires et rétention du fonds? (Un arr. de la cour de Rennes, 30 mars 1824, a consacré cette opinion, soutenue aussi par M. Aulanier, n° 13.)

52. Une difficulté plus sérieuse s'est élevée au sujet de la faculté réservée au foncier d'expulser le preneur; cette faculté étant le second caractère essentiel du domaine congéable, on en avait conclu avec raison que, si le propriétaire renonçait, par un acte quelconque, au droit de l'exercer, le colon devenait par cela seul propriétaire du fonds, et que la rente, cessant d'être convenancière, se trouvait transformée en rente féagère si le bailleur avait principe de fief; en rente simplement foncière, dans le cas contraire.

La même solution devait être donnée, si le droit de congédier se trouvait soumis à une condition potestative de la part du preneur, par exemple, le défaut de paiement par celui-ci d'une commission périodique. Mais bien entendu, dans les deux cas, le bailleur conservait la propriété des bois fonciers qui ne sont pas visés par la convention et dont il ne peut être dépouillé incidemment.

Deux arrêts de la cour de Rennes, du 12 fév.

1827, confirmé par arr. de rejet Cass. 25 nov. 1829, et du 29 mai 1843, sont en opposition avec ces principes qui paraissent cependant découler nécessairement de la nature du domaine congéable. Ces arrêts se basent sur l'intention exprimée par le foncier de ne pas vouloir convertir son domaine en fief et de retenir son droit de propriété dont, à défaut de la faculté de congédier, il lui reste d'autres prérogatives (propriété des bois fonciers, droit de faire vendre sur simples bannies les édifices et superfices, imprescriptibilité). (En ce sens autre arrêt de rejet Cass. 5 mars 1851.) On cite à l'appui de cette doctrine ce qui se passe dans d'autres parties de la France pour d'autres conventions : bail à complant, locatairerie perpétuelle, où le détenteur, bien qu'assuré de ne pouvoir être évincé de sa jouissance, ne devient pas propriétaire. Pas n'est besoin de longues réflexions pour remarquer combien peu ces raisons sont solides : comment admettre qu'un domaine qui n'est plus susceptible d'être congédié continue cependant de constituer un domaine congéable ? Comment comprendre qu'on puisse acquérir le droit de conserver à perpétuité la jouissance d'un immeuble sans en devenir par là même propriétaire ? Les exemples cités par la cour ne sont pas d'ailleurs concluants.

53. Prenons d'abord le bail à complant. Il n'est rien moins prouvé que le bail à complant, lorsqu'il était à durée illimitée, ne fût pas translatif de propriété; nous allons plus loin, nous disons qu'il n'est pas impossible de soutenir que le preneur à complant, même si le bail n'était pas perpétuel, acquérait la propriété.

On distinguait dans l'ancien droit le bail à longues années et le bail à court terme ; tout bail d'héritage fait pour plus de neuf ans et moins de quatre-vingt-dix-neuf ans (au-dessus de ce chiffre, c'eût été un bail à durée illimitée rentrant dans le bail à rente) était un bail à longues années. Le bail à complant, spécial aux pays vignobles et qui imposait au preneur comme principale obligation celle de planter de la vigne, était le plus souvent perpétuel. Quelquefois il ne l'était pas, mais alors c'était au moins un bail à longue durée ; car il faut supposer que, si le preneur consentait à prendre à sa charge les frais considérables de plantations en vignes, c'est qu'il espérait retrouver dans l'avenir, par suite d'une jouissance assurée pendant un long espace de temps, la juste rémunération de ses dépenses premières. Or, dans l'ancien droit, les effets du contrat de bail à longue durée n'étaient pas fixés ; la doctrine et la jurisprudence étaient en désaccord. La *convention des parties* faisait la loi et le preneur devenait propriétaire des biens, *suivant que les parties l'avaient* ou *non ainsi entendu*. En l'absence de convention, *on admettait généralement* que le preneur acquérait un *droit de propriété* dans la chose. On expliquait cela de deux façons : 1° on présumait que les baux, quand ils étaient faits à longues années, étaient plutôt à rente qu'à ferme (Pothier, *Louage*, n° 27 ; *Du droit lignager*, n° 28) ; 2° plus souvent on disait que le *preneur acquérait le domaine utile*, le *domaine direct* restant au bailleur (Denisart). Plusieurs coutumes disent expressément que le seigneur, en cas de bail à longues années portant sur un fief ou une censive, avait droit aux profits. Le roi venait également percevoir le centième denier pour les baux de plus de trente ans ; le demi-centième pour les baux de moins de trente ans ; ces baux donnaient donc lieu à une mutation. Enfin l'article 149 de la coutume de Paris autorisait le retrait lignager, si les héritiers aliénaient le bail ; or, le retrait lignager ne s'appliquait en principe qu'aux droits immobiliers et non aux simples droits de créance. Cette doctrine, nous le savons, était vivement combattue : Laurière, Dumoulin, Merlin avaient fini par faire triompher le système opposé ; mais il n'en est pas moins vrai qu'elle pouvait invoquer l'autorité de jurisconsultes éminents et l'appui d'arguments sérieux.

54. Quoi qu'il en soit, la mutation de propriété ne semblait pas souffrir de contradiction quand il s'agissait de baux à durée illimitée ; et spécialement le bail à complant, s'il était perpétuel, était regardé comme transférant ce droit au preneur.

D'un arrêt de la cour de Poitiers, du 18 août 1806, il résulte que, dans le ressort de l'ancienne coutume de la Rochelle, comme dans celui de la coutume de Poitiers, le bail à complant était de sa nature translatif de propriété lorsqu'il était perpétuel et incommutable, c'est-à-dire lorsque la jouissance accordée au preneur était indéfinie quant à la durée et qu'elle n'était pas révocable par la seule volonté du bailleur. (V. Valin sur la cout. de la Rochelle, art. 62 ; Merlin, Répert., v° *Vignes*, n° 22.) Merlin a même généralisé l'arrêt de la cour de Poitiers, et prétendu que les principes qu'il consacre s'appliquent à tous les pays où le bail à complant est en usage.

Il est vrai qu'un avis du conseil d'Etat du 4 thermidor an VIII décide que le bail à complant, dans le département de la Loire-Inférieure, ne confère au preneur aucun droit de propriété. Mais cet avis signale dans les baux à complant de la Loire-Inférieure une circonstance qui prouve que *dans l'intention des parties* ces baux n'étaient pas translatifs de propriété :

c'est que les impôts fonciers ont toujours été acquittés par le bailleur. Il y avait encore d'autres circonstances indiquant la même intention.

« Pour savoir si le bail à complant est ou n'est pas translatif de propriété, dit Dalloz (*Louage à complant*, n° 5), il faut, dans chaque cas, entrer pour ainsi dire dans l'esprit de la convention et apprécier les obligations respectives du bailleur et du preneur, telles qu'elles résultent des clauses du contrat ou de l'usage des lieux. C'est là autant une question de fait qu'une question de droit. »

55. Quant à la locatairerie perpétuelle, on ne peut dire d'une façon absolue que cet abandon indéfini ne renfermait pas une translation de la propriété, car si telle était la jurisprudence incontestable du Parlement de Toulouse, en Provence, au contraire, on admettait que le preneur acquérait la propriété, sauf pour le bailleur un droit réel sur l'immeuble, droit réel destiné à assurer le paiement de la redevance, et, dans le ressort du Parlement d'Aix, la locatairerie perpétuelle produisait les mêmes effets que le bail à rente dans le Nord. Or, le bail à rente était incontestablement translatif de propriété.

Enfin, quelque respect que l'on puisse avoir pour la volonté des parties, nous ne consentirons jamais à admettre que la liberté des conventions puisse aller, tout en conservant son nom à un contrat, jusqu'à détruire l'essence de ce contrat, jusqu'à concilier en lui des choses absolument incompatibles.

56. Mais si l'on ne peut, sans dénaturer le bail à domaine congéable, abandonner la faculté de congédier, rien n'empêche d'imposer à cette faculté certaines restrictions. C'est ainsi que le bailleur s'interdit valablement le droit de congédier le colon pendant un certain temps; cette clause est même toujours sous-entendue dans le bail en premier détachement : le délai, en ce cas, est de six ans dans l'usement de Rohan, de neuf ans dans les autres usements. De même on peut stipuler que le foncier ne pourra céder à un tiers la faculté de congédier, qui est cependant cessible de sa nature.

CHAPITRE II

FORME DU BAIL A CONVENANT

57. « Tout bail à convenant ou baillée de renouvellement seront désormais rédigés par écrit », dit l'art. 14 de la loi du 6 août 1791. Ce n'est là, d'ailleurs, que la consécration de la doctrine admise dans l'ancien droit par l'use-

ment de Tréguier, où la tenue à domaine congéable ne se présumait pas de droit, et où il
fallait, pour la constituer, un contrat écrit,
quelque modique qu'en fût l'objet.

Le mot *désormais*, qu'emploie l'art. 18, nous
indique que l'obligation de constituer par écrit
le bail à convenant n'était pas universelle ; il y
avait des baux à convenant non écrits. Dans
la plupart des usements même, comme celui de
Broërec, celui de Cornouaille, et surtout celui
de Rohan, c'était le plus grand nombre, car, la
tenue à domaine congéable se présumant de
droit, il était naturel de penser qu'on négligeait souvent de recourir à l'écriture pour la
constater.

En reconnaissant l'existence de baux antérieurs à elle, faits sans écrits, la loi de 1791 en
autorise implicitement la preuve par témoins, ce
qui est de stricte justice. Mais, en les prohibant
pour l'avenir, elle rend inapplicable l'art. 1714
du Code civil, portant qu'on peut louer par écrit
ou verbalement. En effet, bien que l'art. 1714
soit postérieur à la loi de 1791, c'est un principe incontestable, dit Carré (p. 204), que les
lois spéciales dérogent aux lois générales.

Baudouin commentait l'usement de Tréguier,
qui exigeait l'écrit ; il admet cependant une différence au point de vue de la forme du contrat,
suivant qu'il s'agit d'un bail en premier déta-

chement ou d'une baillée de renouvellement :
dans ce dernier cas, il accorde qu'un acte unilatéral souscrit par le foncier seul peut suffire. La
loi de 1791 ne fait aucune distinction ; ces deux
actes sont mis sur le même rang; ils doivent
être rédigés par écrit. De plus, comme, par la
baillée de renouvellement, le colon renonce de
son côté à exiger son remboursement, ce qui
n'avait pas lieu dans l'ancien droit, l'acte qui
pouvait sembler alors unilatéral renfermant des
obligations de la part du foncier seul, est aujourd'hui synallagmatique, puisque chacune
des parties s'engage. Or, les actes synallagmatiques, lorsqu'ils sont faits sous seing privé, ne
sont valables que s'ils sont faits en autant d'o-
riginaux qu'il y a de parties ayant un intérêt
distinct. La loi spéciale de 1791 ne dérogeant
pas aux principes, nous devons appliquer l'article 1325 du Code civil.

58. L'art. 14, § 2, renferme une disposition
qui déroge à une autre règle du Code civil.
L'article 1739 de ce Code porte qu'au cas où il
y a un congé signifié, le preneur, bien qu'ayant
continué sa jouissance, ne peut invoquer la tacite reconduction. On peut conclure au contraire
des termes de l'art. 14, qui exige, pour empêcher ce résultat, non seulement une instance en
congément, mais le paiement effectif, avant la
St-Michel, du montant du prisage, que le do-

manier, malgré l'introduction de l'instance dc
congément, continuera de jouir pendant deux
ou trois années, selon que l'usage du pays est
de régler l'exploitation par deux ou trois ans,
s'il n'a pas été remboursé au plus tard le 29 septembre. Il nous semble même qu'en s'attachant
à l'esprit de la loi plutôt qu'à ses termes, et en
faisant une juste application de l'art. 1774 C. c
on devrait réduire ce délai de deux ou trois ans
à un an, ou le porter à un nombre plus considérable d'années, suivant que les terres composant la tenue seraient de nature à fournir chaque année une récolte entière, ou qu'à l'inverse,
par suite de la division en soles ou saisons, elles
exigeraient une révolution de quatre ou cinq
ans pour une exploitation complète.

L'art. 14 ne parlant pas du passé, les baux
antérieurs à la loi de 1791 restent soumis à
l'ancienne législation ; le congément peut donc
être demandé tous les ans, sauf à ne pouvoir être
exigé qu'à l'époque de la St-Michel, suivant la
prescription de l'art. 24 de cette loi, tandis qu'autrefois il pouvait être poursuivi à toute époque.

Le bail à convenant, n'étant pas un contrat
solennel, peut se constituer par acte de partage,
par donation, par testament, par échange, par
contrat de société, par contrat de mariage, et il
est susceptible, comme tout contrat, de contenir
les clauses variées qu'il a plu aux parties d'y

insérer, pourvu que ces clauses ne soient contraires ni à l'ordre public, ni aux bonnes mœurs.

CHAPITRE III

CARACTÈRES DU BAIL A DOMAINE CONGÉABLE

59. Nous avons dit que le bail à convenant
participe de la vente quand il s'agit d'un fonds
sur lequel existent déjà des bâtiments, des plantations, des clôtures. Il se produit en effet, en
ce cas, une mutation de propriété des édifices
et superfices au profit du domanier. Quant à
ces objets, nous trouvons là une véritable vente
qui produit les effets ordinaires à ce contrat et
est soumise aux règles qui lui sont propres.

Ainsi, le bailleur à convenant est tenu à la
délivrance et à la garantie de la chose qui fait
l'objet du contrat, suivant les règles du chap. IV
du titre de la Vente au Code civil, qui trouvent
ici une application parfaite. Il en est de même
de la section 2 du chapitre VI, pour ce qui est
de la rescision pour cause de lésion.

Déjà, dans l'ancien droit, on admettait en
cette matière la lésion qui était alors d'outre
moitié (Baudouin, n° 231). Aujourd'hui, la lésion de plus des sept douzièmes pourrait être
invoquée dans un bail à convenant, comme dans

V.   8

la vente, pour obtenir la rescision du contrat. Seulement, la manière d'arriver à constater la lésion subira quelques modifications, par suite des caractères spéciaux inhérents au contrat.

Pour savoir s'il y a lésion, on estime les droits superficiels, abstraction faite du fonds, puisque, pour eux seuls, il y a transport de propriété, et on compare le résultat de cette estimation avec le prix de la cession appelé *deniers d'entrée*; on n'a même pas à tenir compte, dit-on, de la valeur de la rente convenancière stipulée par le bail ; cette rente, en effet, n'est que la représentation du fermage du fonds.

Ce principe peut donner lieu à deux questions qu'il n'est pas inutile d'examiner. Un propriétaire invoque, pour arriver à la rescision du contrat, la lésion qui a eu lieu à son préjudice dans la vente des superfices, le colon pourra-t-il combattre la prétention de son vendeur en prouvant que, si l'acconvenancement lui a été consenti sans deniers d'entrée, ou moyennant des deniers d'entrée trop modiques, la raison en est qu'il s'est soumis à payer une rente plus forte que ne le comporte naturellement la tenue ?

60. Sur cette question que les auteurs anciens ne semblent pas avoir traitée, nous serions tenté avec Aulanier (n° 53) d'admettre l'affirmative. Un arrêt de la cour de Rennes, du 6 pluviôse an X, consacre, il est vrai, la néga-

tive; cette opinion se fonde sur ce que le bail à convenant renferme deux opérations juxtaposées, mais distinctes, qui doivent s'envisager indépendamment l'une de l'autre. Nous ne pouvons nous rallier à cette opinion. La rente convenancière a beau être distincte des deniers d'entrée, il n'en est pas moins vrai que l'opération ne forme qu'un seul tout, et que, si d'un côté l'on réduit la somme représentative de la valeur des superfices, pour augmenter la rente représentative du loyer du fonds, il s'établit là une compensation qui écarte toute idée de lésion. C'est un arrangement que les parties font de bonne foi dans la liberté de leurs conventions, et il y aurait injustice à permettre ensuite au bailleur de violer la loi d'un contrat qu'il s'est imposé et qui, en réalité, ne lui cause aucun préjudice (art. 1134 C. c.).

64. Il est une autre question, soulevée déjà par Baudouin et sur laquelle on donnait dans l'ancien droit une solution analogue, bien qu'en réalité la cause fût plus favorable au vendeur. La rente, au lieu d'avoir été portée à un taux exagéré, a été, au contraire, réduite à une quotité extrêmement faible; d'un autre côté, les droits réparatoires ont été aliénés moyennant une somme qui ne représente que leur valeur exacte, ou même une valeur moindre, mais supérieure cependant aux cinq douzièmes. Dans

ces circonstances, le vendeur subit évidemment une lésion, et, si nous supposons que la modicité de la rente à elle seule, ou cette modicité jointe à la perte subie par suite de la réduction des deniers d'entrée, constitue une lésion de plus des sept douzièmes, le vendeur sera-t-il recevable en sa demande en rescision? Baudouin (n° 233) résout la question négativement : « Considéré sous la qualité de détenteur précaire et passager du fonds, le domanier mérite d'être assimilé au fermier, dont le bail n'est pas rescindable par la modicité du fermage. » — Et, ajoute-t-il, « l'usage très ancien est d'ailleurs que la rente convenancière n'équipolle pas au revenu de la tenue. »

Ces raisons ont conservé aujourd'hui toute leur valeur; le foncier ne peut s'en prendre qu'à lui-même s'il n'a pas établi pour prix de la jouissance du fonds une redevance suffisante, et il devrait prouver, pour avoir chance d'être écouté, qu'il n'a consenti au contrat que par suite de la violence ou du dol.

62. Mais les créanciers d'un propriétaire qui convertit sa ferme en domaine congéable n'auraient-ils pas le droit d'invoquer le taux dérisoire de la redevance pour faire rescinder le contrat? Dans les cas où leur débiteur peut lui-même exercer l'action en rescision, nul doute qu'ils ne puisent dans l'art. 1166 la faculté

d'agir en son nom, car le droit dont il est question ne saurait rentrer dans la classe des droits exclusivement attachés à la personne. Ici, le débiteur ne peut pas agir, l'art. 1166 n'est donc pas applicable. Mais l'art. 1167 donne aux créanciers un droit que n'a pas leur débiteur, celui d'agir en leur nom personnel pour attaquer les actes faits en fraude de leurs droits. Il est facile de voir le préjudice qui a pu résulter pour eux du contrat, si, par suite d'une entente entre leur débiteur, le propriétaire vendeur d'une part, et l'acheteur d'autre part, le prix des deniers d'entrée sur lesquels ils ont, à la vérité, le droit de faire opposition, a été en partie dissimulé dans le contrat. D'ailleurs, ce contrat contiendrait-il le prix réel de cession, ce prix a pu être dissipé par le vendeur avant l'opposition des créanciers.

Enfin, ceux-ci subissent encore un préjudice, s'il a plu au propriétaire d'acconvenancer pour un prix dérisoire d'excellentes terres sur lesquelles n'existaient que {des superfices peu considérables : prairies, terres non étagères....

Les créanciers ne doivent pas être ainsi à la merci, de la part de leur débiteur, d'actes de mauvaise administration, d'une négligence qui n'est peut-être pas dénuée de mauvais vouloir, de méchanceté à leur égard. C'est pour cela qu'il ne faut pas hésiter à leur appliquer les dispositions de l'art. 1167.

63. Comme dans la rente ordinaire, la rescision pour lésion ne s'accorde pas à l'acheteur qui est ici le preneur à domaine congéable. Il en était ainsi dans l'ancien droit ; aujourd'hui nous appliquons dans le même sens l'art. 1683 C. c.

Quand il s'agit d'une rente ordinaire, pour savoir s'il y a lésion, il faut estimer l'immeuble suivant son état et sa valeur au moment de la vente (art. 1675). Cette règle, applicable en notre matière, devra se concilier avec les principes généraux qui la régissent et être complétée par eux. Comme nous le verrons plus tard, lorsque le foncier veut congédier le colon, l'estimation des superfices à rembourser se fait *par le menu*, et sans avoir égard au revenu qu'ils produisent. Pour le colon, comme pour le foncier, la valeur réelle des droits réparatoires considérés, dit Baudouin, sous cet aspect purement mobilier est donc celle qu'établirait une estimation faite dans ces conditions ; chacune des parties peut, en conséquence, exiger qu'on ait recours à ce mode d'évaluation pour décider si la lésion a eu lieu (Baudouin, n° 428). (Arrêt Rennes, 18 juill. 1752.)

64. Le preneur à domaine congéable peut, comme tout acheteur, expulser le fermier dans tous les cas où un acquéreur aurait le droit de

le faire; par exemple, si le bail n'était pas authentique et n'avait pas date certaine, ou si le bailleur, dans un bail authentique ou ayant date certaine, s'était réservé cette faculté (article 1743 C. c.).

65. Nous venons de voir les rapports qui existent entre le domaine congéable et la vente; les rapports qu'il présente avec le bail à ferme sont encore plus saillants, et, prenant dans ce contrat un rôle prépondérant, ils lui ont fait donner le nom de *bail à convenant.*

Semblable au bail à ferme, le domaine congéable donne au colon, moyennant une prestation annuelle appelée rente convenancière, la jouissance précaire du fonds; aussi doit-on lui appliquer, autant qu'on le peut sans en altérer la substance, les règles qui régissent le bail à ferme. L'art. 16 de la loi de 1791 le dit expressément.

66. De ce que le colon est détenteur précaire, nous devons conclure que ni lui, ni ses héritiers ne peuvent prescrire le fonds de la tenue (articles 2236, 2237), à moins qu'ils ne se trouvent dans un des cas où un fermier pourrait prescrire contre le propriétaire; par exemple, s'il y avait eu interversion de leur titre soit par une cause venant d'un tiers, soit par la contradiction opposée au foncier (art. 2238 C. c.). Un tiers qui aurait acheté du colon *non dominus* le fonds de

la tenue pourrait invoquer la prescription en se fondant sur l'art. 2239 C. c.

Le colon, lui, ne peut prescrire, se fût-il depuis trente, quarante, cent ans, dispensé du paiement de la redevance; bien plus, si nous supposons que pendant tout ce temps ses consorts ont acquitté la rente pour lui, il ne pourrait même pas prétendre que ces consorts doivent continuer de le libérer, en présentant sa longue possession de ne pas payer comme la preuve d'un partage ou d'un acte ancien par lequel il a été dispensé de cette obligation. Ainsi, le domanier dont il s'agit pourra être forcé, à l'avenir, de contribuer au paiement de la redevance; il faudrait un titre formel pour le dispenser de la solidarité dont il n'a pu s'affranchir en évitant le paiement. Il sera même obligé de rapporter les sommes payées à son acquit pendant les vingt-neuf dernières années. En vertu de la solidarité qui existe entre codomaniers, ses consorts sont censés avoir fait l'avance de la portion de dette qu'il devait acquitter, et, à moins d'un titre qui établisse leur intérêt exclusif, ils auront le droit d'invoquer l'article 1214 du Code civil : « Le codébiteur d'une dette solidaire qui l'a payée en entier, peut répéter contre les autres les parts et portions de chacun d'eux. »

Quant aux sommes payées depuis plus de

trente ans, mais quant à celles-là seulement, le
domanier pour lequel elles ont été acquittées
pourra invoquer la prescription libératoire basée
sur l'art. 2262 du Code civil (Baudouin, n° 479 ;
un arrêt du 30 octobre 1676, rapporté par Dufail, attestent que dans l'ancien droit ces solutions étaient admises).

67. Un colon, se qualifiant propriétaire, baille
sa tenue à domaine congéable, à la charge d'une
rente ancienne et d'une autre qu'il stipule à son
profit ; la perception de cette nouvelle rente, les
reconnaissances du preneur, si nombreuses
qu'elles soient, n'auront pas l'effet d'ôter la foncialité à ce dernier, s'il n'y a actes contradictoires avec ce dernier (Baudouin, n° 43 ; Aulanier,
n° 28). Le motif de cette décision, motif que les
auteurs précités ne donnent pas, nous semble
aujourd'hui résulter de l'art. 2240 du Code, disposant « qu'on ne peut prescrire contre son
titre, en ce sens qu'on ne peut se changer à
soi-même la cause et le principe de sa possession. »

68. Malgré les nombreuses ressemblances qui
unissent le bail à convenant et le bail à ferme,
il ne faut pas pousser trop loin cette assimilation, et, dans une question vivement controversée, nous fondons notre opinion sur ce que, précisément, le bail à convenant a ses règles spéciales
auxquelles l'art. 16 de la loi de 1791, tout en

le soumettant aux règles des baux à ferme, n'a
pas voulu déroger.

69. On s'est demandé si l'on pouvait aujour-
d'hui imposer au domanier l'obligation de fournir des déclarations ou titres récognitifs. Il arrivait souvent autrefois que l'on demeurait un
nombre d'années considérable sans renouveler
les titres d'acconvenancement ; les colons res-
taient en possession quarante, cinquante, cent
ans, sans renouveler leurs baillées. Pendant
ce temps les titres originaires disparaissaient ;
ou bien il arrivait que la tenue était modi-
fiée par suite de plantations, défrichements,
constructions qui la rendaient méconnaissable.
Pour obvier aux inconvénients que pouvait présenter cet état de choses, tous les usements,
comme nous l'atteste Baudouin (n° 117), astrei-
gnaient le colon à fournir à *chaque mutation de
propriétaire* un titre récognitif appelé en Tréguier : *déclaration notarisée* (art. 10 Usem. de
Tréguier, Rosmar), *lettres récognitoires* en Cornouaille (Us. de Cornouaille, art. 17), *reconnaissance* en Broërec (Us. de Broërec, art. 111, Commentaire), *aveu* en Rohan, expression qui,
malgré la similitude qu'elle présente avec l'aveu
exigé dans le contrat de fief, ne renfermait rien
de féodal.

Le foncier assurait ainsi le paiement de ses
droits et pouvait facilement constater si on avait

élevé sur la tenue des constructions dépassant
les limites permises. « Cette obligation du domanier rend, dit Baudouin, sa condition à cet
égard plus dure que celle du vassal de fief qui
doit un seul aveu dans sa vie » (nᵒ 117).

Les raisons qui avaient fait donner au foncier
le droit d'exiger des actes récognitifs existent
encore aujourd'hui ; l'utilité en est incontestable ; peut-on comme autrefois les exiger? Certains auteurs soutiennent la négative : les anciens usements peuvent bien être invoqués pour
régler des dispositions de détail, suppléer au silence des parties sur ce qui tient à l'essence du
domaine congéable, mais les actes récognitifs
ne tiennent pas à l'essence du domaine congéable ; le foncier, d'ailleurs, est assez protégé : il
a pu, dans le bail primitif, imposer au colon
l'obligation de fournir les aveux, il peut consentir des baillées, demander pendant trente ans
la destruction des innovations, opérer le congément ; s'il reste dans l'inaction, sa négligence
ne peut lui valoir la protection de la loi. Si vous
admettez, ajoute-t-on, que les actes récognitifs
sont encore dus, il faudra les exiger comme autrefois à chaque mutation de foncier ; or la plupart des partisans de l'affirmative reconnaissent
qu'ils doivent être fournis tous les vingt-neuf
ans, comme cela a lieu pour les rentes (art. 2263
C. c.) ; si vous appliquez les usements pour exi-

ger les déclarations, de quel droit les écartez-vous lorsqu'il s'agit de déterminer l'époque de ces mêmes déclarations? Le colon, d'ailleurs, est assimilé au fermier, la loi le dit elle-même, et on ne peut exiger du fermier des actes récogni-tifs.

70. Malgré ce que ces arguments peuvent avoir de logique apparente, nous n'hésitons pas à adopter l'opinion contraire. Le colon, suivant nous, peut être astreint à fournir des actes ré-cognitifs, et cela tous les vingt-huit ans. Le foncier, dit-on, est assez protégé, et, s'il n'exerce pas les différents droits que lui donne sa situation, qu'il subisse les conséquences de sa négligence. Mais, sous l'ancien droit, sa si-tuation n'était-elle pas identique? n'était-elle pas même plus avantageuse, puisque le colon ne pouvait jamais exiger son remboursement? On lui donnait cependant le droit d'exiger des actes récognitifs, car il ne fallait pas, lorsque, par un accord tacite entre le foncier et le colon, et pour éviter les frais et les ennuis de baillées fré-quemment renouvelées, la tenue restait pendant une longue suite d'années entre les mains de la même famille, il ne fallait pas que le domanier pût abuser de sa situation pour construire, sur le fonds, des bâtiments dont il serait devenu propriétaire par prescription et eussent rendu le congément tellement onéreux qu'il eût été à ja-

mais impossible. Aujourd'hui les mêmes raisons subsistent; elles prennent même une nouvelle vigueur dans le principe admis par la loi de 1791, en vertu duquel le colon peut désormais provoquer le remboursement de ses droits. Ne peut-on pas craindre, en effet, que celui-ci, armé de cette prérogative nouvelle, ne mette le foncier qui l'a laissé jouir pendant trente, quarante, cinquante ans, sans renouveler ses baillées, dans la dure alternative de se ruiner peut-être pour rembourser les droits réparatoires, ou, s'il est dans l'impossibilité de les rembourser, de perdre le fonds de sa tenue ?

71. Le fermier n'est pas tenu à fournir ces actes récognitifs, et les baux à convenant sont subordonnés aux règles des baux à ferme (article 16. 1. 1791). Nous l'accordons; mais, ajoute l'article, en ce *qui sera applicable à ces baux.* Or, précisément, sur ce point, nous nions la ressemblance entre la situation du colon et celle du fermier et, par suite, la nécessité d'appliquer les mêmes règles à l'un et à l'autre. Le fermier ne peut bâtir des édifices et en devenir propriétaire par prescription, le colon le peut et aurait ainsi un moyen de rendre le congément ou impossible ou désastreux pour le foncier. Un fermier est souvent changé; d'ailleurs, presque jamais il ne reste dans une ferme sans nouveau bail; les colons demeurent sur la tenue de père

en fils et, dans la plupart des cas, sans nouvelles baillées.

Nous avons montré plus haut que la loi de 1791 n'avait entendu abroger les usements qu'en ce qu'ils avaient d'incompatible avec la législation nouvelle; or, aucune des dispositions de la loi de 1791 n'a trait à la question des actes récognitoires. On nous dit : les usements sont maintenus, mais seulement pour suppléer au silence des parties sur ce qui tient à l'essence du domaine congéable ou règles des dispositions de détail; or, l'obligation de fournir des reconnaissances ne fait pas partie essentielle de ce contrat, et c'est une charge trop lourde pour rentrer dans la classe des dispositions de détail. Cette opinion ne semble établie sur aucune base solide. Nous comprenons qu'on conteste le maintien des usements, mais, du moment qu'avec nous, on admet que la loi de 1791 ne les a pas totalement abrogés, où puise-t-on, dans le silence de la loi, le droit de dire : ici vous pouvez y recourir, là ils ne sont pas applicables? Quelle raison peut-on alléguer pour soutenir une distinction manifestement arbitraire?

72. On nous attaque ici, et l'on dit : Mais vous-même, ne faites-vous pas une distinction arbitraire en invoquant les usements pour maintenir l'obligation des actes récognitifs et en ne les suivant plus quand il s'agit de la fixation du

délai? car vous voulez une reconnaissance tous
les vingt-neuf ans, tandis qu'autrefois, c'était le
changement de foncier ou de domanier qui déterminait le moment où elle devenait obligatoire. La critique serait juste si nous n'avions
dans les principes du droit nouveau d'excellentes raisons pour soutenir notre opinion. Nous
n'admettons en effet le maintien des usements
qu'autant que rien, dans ces principes, ne vient
les modifier; or, notre système n'est que l'application de cette doctrine. Aux usements nous
empruntons l'obligation des actes récognitifs,
au Code civil la détermination de l'époque à laquelle ils seront exigibles.

L'art. 2263 donne pour les rentes, au crédi-
rentier, le droit d'exiger un titre nouvel après
vingt-huit ans à partir de la date du dernier
titre. Cet article, à la vérité, ne parle pas du
domaine congéable; il est vrai encore que le
droit du foncier au paiement de la redevance
ne court aucun danger, puisque celle-ci est im-
prescriptible; mais à un autre point de vue la
situation est la même; dans le cas spécialement
prévu par l'art. 2263 on veut éviter que le débi-
rentier ne s'affranchisse par une prescription
libératoire du service de la rente; dans le domaine congéable, on contraindra le colon à
fournir des lettres récognitoires, pour éviter que
par prescription il ne s'affranchisse de l'obliga-

tion d'enlever à sa sortie les constructions nouvelles dépassant les limites dans lesquelles il
est autorisé à édifier.

Quant aux constructions nouvelles, au sujet
desquelles le foncier a intérêt à voir la prescription interrompue, le même délai ne s'adaptera-
t-il pas exactement ? Le colon, constructeur de
mauvaise foi sur le terrain d'autrui, pourra
prescrire, mais seulement par trente ans, le
droit de repousser l'action du foncier en déclaration de nouvel œuvre (art. 2262 C. civ.).
Permettre au propriétaire d'exiger avant vingt-
huit ans un acte récognitif excluant des droits
réparatoires les constructions nouvelles, ce serait imposer au colon, qui peut-être n'a pas
l'intention de frauder le propriétaire, une formalité et des frais inutiles ; ne pas lui permettre
d'agir après ce délai, ce serait lui faire courir
le risque de se voir opposer la prescription. Ces
raisons réunies nous font adopter sans hésitation le délai de vingt-huit ans comme celui après
lequel on peut exiger la déclaration.

L'opinion que nous avons soutenue sur l'o-
bligation du colon de fournir des actes récognitifs est partagée par Aulanier (n° 31) et la
jurisprudence de la cour de Rennes. La cour,
il est vrai, n'a pas toujours jugé en ce sens ; elle
avait même déclaré, par un arrêt du 11 mars
1817, que sa jurisprudence était *irrévocablement*

fixée en sens contraire. Mais elle n'a pas tardé à revenir sur cette décision; le tribunal de Guingamp, qui avait toujours jugé en faveur du fournissement des actes récognitifs, crut, après l'arrêt du 11 mars 1817, devoir s'y conformer, et il se prononça en ce sens. Son jugement fut réformé par un arrêt du 30 juin 1832, première chambre; depuis, un grand nombre d'autres arrêts maintiennent la même manière de voir. On peut donc dire que l'état de la jurisprudence actuelle est en faveur de notre système.

73. S'il arrivait que les déclarations fournies ne fussent pas conformes en tous points au bail originaire, en ce qui concerne la nature, la quotité de la redevance, le propriétaire et le colon auraient l'un et l'autre le droit de revenir au titre primitif. On appelait cela *impunir*, et l'on distinguait l'impunissement *formel*, lorsque la dernière déclaration était annulée par jugement ou par le consentement écrit des parties, et l'impunissement *tacite*, lorsque, sans annuler expressément la déclaration, on continuait de s'en tenir aux stipulations du bail en premier détachement. Lorsqu'il n'y avait pas d'impunissement, la déclaration contraire au titre primordial en prenait la place après un laps de temps de trente années (Aul., n° 39).

74. Ces règles sont applicables aujourd'hui aux déclarations contraires aux titres primitifs,

pourvu que les trente ans se soient écoulés avant
la promulgation du Code civil; un arrêt du
30 mai 1833 en a fait l'application. Mais la
question soulève plus de difficulté quand les
déclarations sont postérieures au Code, ou antérieures de moins de trente ans. On a prétendu
que les tribunaux pouvaient admettre une exception en faveur du débiteur, pour le cas où le
titre récognitif porterait moins que le titre primordial.

Nous ne pouvons admettre cela; le Code
civil contient en cette matière une législation
complète indiquée dans son art. 1337. D'après
cet article, le titre primordial doit faire seul la
loi des parties, y eût-il plus de trente ans
écoulés depuis la déclaration : « Les actes récognitifs *ne dispensent* point de la représentation
du titre primordial, à moins que sa teneur n'y
soit spécialement relatée. Ce qu'ils contiennent
de plus en ce qui s'y trouve de différent n'a aucun effet. »

Toullier combat l'opinion qu'émet Pothier
sur cette question et nous montre que le Code
civil ne l'a pas adoptée : « Tout est réciproque
entre le créancier et le débiteur d'une rente.
Si celui-ci peut prescrire le surplus de ce qu'il
n'a pas reconnu dans les actes qui ont plus de
trente ans, pourquoi celui-là ne pourrait-il pas
prescrire ce que le débiteur a volontairement

reconnu devoir de plus que ou de différent?
Dans l'un comme dans l'autre cas, n'est-il pas
à présumer qu'il a existé entre les parties une
convention dérogatoire au titre primordial? »
(Toull., *Droit civil*, t. VIII, n° 489.)

Pour soutenir que le colon doit bénéficier du
titre récognitif, il faudrait qu'il se trouvât
dans les conditions de l'exception faite par l'article même, mais alors le foncier aurait le même
droit, si, au lieu de lui être contraire, le titre lui
était favorable; il faudrait qu'il y eût : 1° plusieurs *reconnaissances conformes;* 2° qu'elles fussent *soutenues de la possession;* et 3° que l'une
eût trente ans de date, seule condition exigée
autrefois.

CHAPITRE IV

CAPACITÉ REQUISE POUR POUVOIR DONNER OU
PRENDRE UN IMMEUBLE A CONVENANT; POUR
DONNER UNE BAILLÉE D'ASSURANCE OU DE CON-
GÉMENT

75. I. *Capacité requise pour bailler à convenant.*
— Nous avons vu que, si le terrain qu'il s'agit
de bailler à domaine congéable est déjà couvert
d'édifices et de superfices, le contrat, quant à
ces objets, tient beaucoup de la vente, l'acconvenancement est une aliénation. Il en résulte
que, dans ce cas, pourra seul passer le contrat

celui qui pourrait aliéner les droits réparatoires, c'est-à-dire le propriétaire ; un simple
administrateur n'aurait pas la capacité voulue.
Si le bien appartient à un mineur, le tuteur,
pour bailler à convenant, devra remplir les formalités exigées par le Code civil pour les ventes
d'immeubles, c'est-à-dire l'autorisation du conseil de famille (art. 457) et l'homologation du
tribunal (art. 458). Il en serait de même pour
le mineur émancipé qui doit également, pour la
vente de ses immeubles, obtenir l'autorisation
de son conseil de famille et l'homologation du
tribunal (art. 484 C. c.). L'individu pourvu d'un
conseil judiciaire devra être assisté de son conseil pour passer le contrat (art. 513 C. c.). Le
mari, simple administrateur des biens de sa
femme, ne pourra, sans l'acquiescement de
celle-ci, dit Baudouin, et la règle est restée la
même, ne pourra les convertir en domaines
congéables. La femme qui est propriétaire le
pourrait, mais, bien entendu, il lui faudrait
l'autorisation de son mari : « La femme même
non commune ou séparée de biens ne peut aliéner
sans le concours de son mari dans l'acte ou
son consentement par écrit » (art. 217 C. c.). Enfin, les établissements de mainmorte, communes, hospices, bureaux de bienfaisance, devraient obtenir l'autorisation administrative.

76. Si le terrain est inculte, s'il n'existe sur

sa surface ni édifices ni superfices, il semble
suffisant, pour le bailler à convenant, qu'on ait
la faculté de l'administrer, car alors on ne rencontre aucune aliénation, aucun transport de
propriété, et la seule restriction à poser serait
celle qui défend aux simples administrateurs de
consentir un bail qui excède neuf ans (art. 481,
595, 1429 C. civ.) et de le renouveler plus de
trois ans avant son expiration (art. 1430 C. civ.)
(En ce sens Baudouin et plusieurs auteurs.)

Nous avons de la peine à nous rallier à cette
opinion. Dans le cas qui nous occupe, il n'y a,
à la vérité, aucune vente; c'est un bail, mais
c'est un bail d'une nature particulière, c'est un
contrat qui permet au colon des actes défendus au simple fermier. Or ces actes peuvent
amener des conséquences aussi graves pour le
foncier que la vente d'édifices et superfices; ne
devons-nous pas, s'il est mineur ou incapable,
exiger de l'administrateur de ses biens, dans la
passation du contrat, les mêmes garanties pour
le protéger? Ne l'oublions pas, le bail à convenant comporte l'autorisation pour le colon de
défricher, d'améliorer, de construire même, au
moins dans certaines limites; le foncier devra
rembourser ces travaux s'il veut rentrer en possession de sa terre; n'y aura-t-il pas là pour
lui une gêne, un embarras, peut-être une impossibilité? Bien plus, depuis la loi de 1791 le

colon a un droit nouveau, dangerenx pour le
foncier dans cette circonstance, celui d'exiger
son remboursement; peut-on donner à un simple
administrateur le pouvoir de préparer inconsi-
dérément au foncier pour l'avenir d'aussi sérieux embarras ? (En ce sens Aul., n° 48 ; le ré-
dacteur de la Table des arrêts pense également
qu'il faut un pouvoir spécial pour acconvenancer les terrains vagues. Un arrêt du 22 août 1822
a aussi décidé la question dans le sens de notre
opinion.)

77. II. *Capacité requise pour prendre à convenant.* — De même que pour bailler à convenant
il faut avoir le pouvoir d'aliéner un immeuble,
de même pour prendre à convenant il faut pouvoir acheter un immeuble. Mais la faculté d'a-
cheter est soumise à moins de restrictions que
celle de vendre, aussi trouverons-nous en possession de ce droit une personne qui n'aurait
pu bailler à convenant, c'est le tuteur.

Absolument libre de placer les capitaux du
mineur comme il l'entend, obligé même de faire
emploi de ceux qu'il a entre les mains dans le délai de trois mois (art. 5 et 6 de la loi du 27 février
1880), le tuteur peut évidemment acquérir sans
contrôle les droits réparatoires d'une tenue
comme tout autre immeuble; d'autre part, il
peut prendre une ferme à loyer, c'est un acte
d'administration, rien ne l'empêche donc de

passer le bail à convenant au nom de son mineur
en qualité de colon.

78. III. *Capacité requise pour consentir les
baillées d'assurance ou de renouvellement et les baillées de congément.* — Ici, il ne s'agit plus, comme
dans le bail en premier détachement, d'aliéner
les édifices et superfices. Le bail existe et les
droits réparatoires sont déjà la propriété du
colon depuis un grand nombre d'années peut-
être. Le propriétaire qui accorde une baillée d'assurance ou de congément ne fait qu'un acte de
pure administration ; les commissions ou nouveautés qu'il se fait payer en échange de la concession de la baillée font partie du revenu de
la tenue ; en les stipulant, il ne change ni la nature de son bien, ni celle de son revenu, il ne
touche pas à la qualité de la redevance ; le débiteur seulement, le colon est changé, ou, s'il
reste le même, il continue à jouir en vertu du
nouveau bail dans les mêmes conditions qu'auparavant.

En conséquence, celui-là aura le droit de
consentir une assurance ou une faculté de congédier qui aurait le droit de consentir une ferme ;
citons : le mari, la femme séparée de biens
(art. 1449, C. civ.), le tuteur, le mineur émancipé,
l'usufruitier, le receveur d'une terre, l'héritier
bénéficiaire, les communes, les établissements
publics, la douairière, en un mot, toute per-

sonne ayant l'administration. Le tuteur n'a besoin d'obtenir aucune autorisation ; l'individu
pourvu d'un conseil judiciaire, bien qu'il ne
puisse recevoir un capital mobilier, pourra toucher les commissions, car, nous l'avons dit, elles
forment une partie du revenu, elles sont *in
fructu*, suivant l'expression de Baudouin (n° 75).

Les règles imposées par le Code civil aux
administrateurs relativement aux biens à ferme
sont applicables ici, ainsi le mineur émancipé,
l'usufruitier, le mari pendant la communauté,
ne pourront accorder des baillées dépassant
neuf ans, ni les renouveler plus de trois ans
avant leur expiration (art. 491, 595, 1429, 1430
C. civ.)

79. Nous avons assimilé, sur le point qui
nous occupe, l'héritier bénéficiaire et le receveur
(on appelle en Bretagne receveur un homme
d'affaires chargé par un propriétaire d'administrer ses biens et d'en toucher les revenus) d'une
terre aux autres administrateurs. Cette solution
souffrait cependant difficulté dans l'ancien droit ;
Baudouin leur refusait le droit de céder des baillées. Il donnait pour raison qu'il fallait craindre
des abus de la part de l'héritier bénéficiaire,
les commissions étant susceptibles de plus ou
de moins ; quant aux receveurs, il invoquait
l'usage qui était d'exiger d'eux un mandat spécial, et citait Carris, sur l'art. 16 de l'usement

de Rohan : « Pour que le fermier ait la faculté de *congédier*, il faut qu'elle soit expressément portée dans l'acte de ferme. »

Remarquons d'abord sur cette citation que le mot *congédier* employé par Carris ne nous semble pas avoir trait à une baillée de congément. Baudouin fait une confusion ; le mot congédier indique en lui-même surtout le fait d'un propriétaire qui rembourse le colon, qui consolide ; or, la différence est sensible, congédier soi-même, c'est acquérir un objet immobilier, éteindre la redevance, changer la nature de son bien et de son revenu que le congément peut augmenter ou diminuer ; il n'est donc pas étonnant qu'il faille pour *congédier* un pouvoir plus étendu que pour accorder une baillée de congément.

Baudouin parle de l'abus à craindre de la part de l'héritier bénéficiaire ; nous nous demandons pourquoi on le craindrait plus de leur part que de celle des autres administrateurs pour lesquels il n'est d'ailleurs guère à redouter ; car, en leur permettant d'accorder des baillées, on ne leur donne pas le droit de diminuer la rente ou de renoncer à quelques-uns des avantages attachés à la foncialité pour augmenter en échange les commissions ; cette faculté n'appartient qu'au propriétaire, car seul il peut aliéner. D'ailleurs, si l'héritier bénéficiaire ne pouvait accorder de baillée, on l'empêcherait de perce-

voir tout le produit des biens ; ne serait-ce pas
l'hérédité qui en souffrirait le plus ? Les lenteurs
qui résulteraient de formalités à remplir lais-
seraient passer le moment d'accorder la baillée,
et il faudrait attendre, à cause de la tacite reconduction, la révolution d'une période de deux
ou trois années pour obtenir ensuite la commission. En outre, l'accord avec les créanciers que
l'on semble tant redouter est presque impossible, car, la plupart du temps, ils sont nombreux et éloignés. La vraie raison de l'exception
que l'on faisait autrefois n'est donc pas celle indiquée par Baudouin ; nous la voyons plutôt
dans la pratique de l'ancienne jurisprudence,
d'après laquelle l'héritier bénéficiaire était soumis, pour consentir des baux, à certaines formalités (Poullain-Duparc, *Principes*, t. 4, p. 86).
Mais cette jurisprudence a disparu ; nous avons,
sur les pouvoirs de l'héritier bénéficiaire, des
dispositions précises : il a le droit d'administrer ;
l'art. 803 Code civil n'y met aucune restriction
en ce qui concerne les baux, sauf bien entendu
son dol et ses fautes graves ; or, accorder une
baillée, c'est administrer.

80. Les communes et établissements peuvent,
comme nous l'avons dit, accorder des baillées,
mais ils doivent suivre les formes prescrites
pour les baux ordinaires qu'ils consentent (L.
5 nov. 1790, t. 2, art. 13 ; 11 fév. 1791. Com-

munes ;— décret 12 août 1807, hospices et établiss. de bienfaisance et instruction; 30 déc. 1809, art. 60, fabriques).

Dans l'ancien droit la douairière pouvait, comme tout usufruitier, accorder des baillées ; l'usement de Rohan toutefois faisait exception au droit commun des autres usements; la raison en était que la douairière aurait pu faire perdre au foncier l'expectative des déshérences qui formaient un des plus grands revenus de la tenue (Baud., n° 76). Cette exception a évidemment disparu par suite de la suppression du droit de réversion résultant de l'unité de législation en matière de succession.

81. Nous avons dit incidemment que les tuteurs et autres administrateurs, tout en ayant le droit de céder des baillées, ne devaient ni diminuer la redevance, ni accepter des commissions moindres que celles qu'avait coutume d'exiger le foncier à chaque renouvellement. Les baillées qu'ils consentiraient dans ces conditions n'en seraient pas moins valables respectivement aux colons, mais le foncier aurait un recours contre eux.

LIVRE II

DROITS ET OBLIGATIONS ATTACHÉS A LA PROPRIÉTÉ
DES DROITS FONCIERS

---

82. Les droits du foncier peuvent se résumer ainsi ; ils consistent :

1° Dans la propriété des bois fonciers ;

2° Dans les rentes et charges annuelles dont la tenue est grevée ;

3° Dans la faculté de vendre sur simples bannies les édifices et superfices ;

4° Dans la faculté d'exercer le congément.

Nous traiterons dans des chapitres différents de chacune des trois premières prérogatives que nous venons d'énumérer. Quant à la faculté de congédier, nous en ferons, vu son importance, comme nous l'avons déjà dit, l'objet d'un livre spécial, le livre IV.

CHAPITRE I

PROPRIÉTÉ DES BOIS FONCIERS, ET INCIDEMMENT
DES BOIS CONVENANCIERS

83. Les arbres existant sur une terre sont censés faire partie du fonds lui-même ; aussi, lorsqu'on donnait aux colons des landes, des terres incultes à défricher et, plus tard, lors-

qu'on leur transférait en outre la propriété des superfices existant sur le sol, on n'entendit jamais leur faire abandon des arbres. Cependant certaines espèces, en raison de leur peu de valeur intrinsèque, leur furent peu à peu attribuées; cela fut admis avec d'autant plus de facilité qu'on pouvait regarder ces essences comme mises par eux sur la tenue pour leur usage journalier : haies vives, taillis, arbres fruitiers.

Nous allons examiner quels sont les arbres dont la propriété appartient au foncier et, pour ne pas revenir sur la matière en parlant des prérogatives attachées à la qualité de colon, nous indiquerons quels sont, en cette matière, les droits de celui-ci.

84. *Premier principe.* — Les bois fonciers, qui appartiennent comme tels au propriétaire, sont tous les arbres propres à faire du bois d'œuvre, on les appelle *bois à merrain*. Qu'ils aient crû naturellement sur la tenue ou qu'ils aient été plantés de main d'homme, soit par le foncier, soit par le colon, la règle ne varie pas. (Baudouin, n°s 51 et suiv.) Il n'y a pas à distinguer si les arbres sont plantés en *bosquets, avenues, rabines* (on dit que les arbres sont plantés en rabines quand ils sont alignés sur un ou plusieurs rangs), s'ils sont plantés sur les clôtures ou sur le plat des champs.

Cependant les arbres fruitiers, même s'ils sont de nature à être employés en bois d'œuvre : pommiers, poiriers, cerisiers, pêchers, pruniers, etc., sont présumés être la propriété du colon. L'art. 8 de la loi du 6 août 1791 a même restreint sur ce point les droits du propriétaire, en transportant au colon, en l'absence de clause spéciale dans les baux et le silence des usements à ce sujet, la propriété des noyers et châtaigniers.

A partir de quel moment les jeunes arbres propres à faire du bois d'œuvre appartiennent-ils au foncier? Baudouin répond à cette question : « Qu'il suffit qu'ils soient assez forts pour soutenir l'échelle et n'être pas endommagés par les bestiaux; on n'exige pas qu'ils soient parvenus à une grosseur considérable et au-dessus de la grosseur des essieux de charrette. »

Hévin, il est vrai, n'oblige le colon à les mentionner dans sa déclaration qu'au-dessus de cette dernière grosseur, mais il nous en donne la raison; il ne faut pas que le colon soit responsable de jeunes arbres que le premier passant peut couper; quant à la propriété de ces jeunes arbres, si petits qu'ils soient, il ne l'enlève pas au foncier.

Lorsque les bois fonciers viennent à être renversés par le vent ou à mourir sur pied, ils ne deviennent pas pour cela la propriété du colon;

bien plus, lorsque sur la souche d'un arbre fon=
cier il pousse un rejeton, ce rejeton devenant
propre à œuvre appartient au foncier (cette
donnée a été confirmée par arrêt du 17 jan=
vier 1826, R.).

85. *Deuxième principe*. — Le domanier a droit
au bois de chauffage. Cette formule comprend
trois espèces de bois : 1° tous ceux qui sont im-
propres à faire de la planche et qu'on appelle
bois *courants* ou *puinais ;* ces bois consistent
principalement dans les neuf espèces énumérées
en l'art. 5, titre 23 de l'*Ordonnance des eaux,
bois et forêts :* saulx, morsaulx, épines, puines,
seur (sureau), aulnes, genêts, genèvres, ronces...
auxquels on peut ajouter le coudrier, le houx,
le bouleau;

2° Les bois taillis (Baudouin, n° 304) ;

3° Les émondes des bois fonciers.

Il a droit, en outre, comme nous l'avons vu,
à tous les arbres fruitiers. — Ce n'est pas seulement la coupe, mais la souche même des bois
taillis qui appartient au colon; ce principe
nous donne la solution d'une question qu'on a
soulevée autrefois et qui fut plusieurs fois portée
devant les tribunaux. Il s'agit des tiges qui,
dans un bois taillis, poussant toutes sur une
souche, deviennent bois à merrain. Quelques
propriétaires fonciers prétendirent y avoir droit
à ce titre; cette prétention était évidemment

mal fondée. D'une part, on ne peut pas donner
à des tiges éparses dans un bois taillis la qualification de futaies ; d'autre part, on n'a jamais
contesté au colon la propriété des souches ; il
est naturel qu'il jouisse de leurs fruits, quelque
forme extérieure qu'ils revêtent : nombreux rejetons ou tige unique, plus forte, il est vrai,
mais n'étant néanmoins que la résultante de la
sève d'une souche semblable aux autres. Cette
tige même fût-elle venue de graine dans le
taillis, nous donnerions la même solution, car
les bois de ce genre se repeuplent, non seulement par les rejetons qui croissent sur les souches, mais aussi par les fruits qui, tombant des
arbres, germent en terre et produisent de nouveaux plants (en ce sens, arr. R. 17 janv. 1826).

Cet arrêt admet une exception fort sensée
pour le cas où le bail réserverait expressément
les baliveaux, de même pour celui où ces baliveaux auraient été respectés pendant plusieurs
coupes consécutives.

86. Le colon a droit aux émondes des bois
fonciers, mais seulement de ceux qui, suivant
l'usage, sont susceptibles de ce genre d'exploitation ; cela s'applique aux arbres qui sont situés dans les champs ou sur les clôtures :
chênes, châtaigniers..., etc., et encore le colon
ne peut-il pas, dit Baudouin, les étêter même
sur les fossés et sur le plat des champs (n° 63).

A plus forte raison doit-il respecter ceux qui sont en bosquets, avenues, rabines; en principe, ces arbres ne sont pas destinés à être émondés. Mais le colon peut acquérir par prescription le droit de le faire. Cela était ainsi du temps de Baudouin, qui fixait la prescription à quarante ans; aujourd'hui la même décision ne saurait être rejetée, seulement nous réduirons le délai de la prescription à trente ans, délai auquel le Code civil a ramené la plus longue prescription. Ce droit aux émondes, le colon peut l'acquérir encore par le consentement tacite du propriétaire qui, à la suite d'émondages faits à sa connaissance sur des arbres plantés en rabines ou bosquets, n'aurait pas réclamé (arr. Ren., 20 nov. 1811).

Le colon peut enlever, en quelque temps que ce soit, les branches des arbres qu'il aurait eu le droit d'émonder et que le propriétaire fait abattre; mais, lorsqu'il veut émonder des arbres non abattus, il doit le faire en temps convenable, de manière à ne nuire ni au tronc, ni aux émondes futures (Aul., n° 72).

87. *Droit de planter des bois fonciers.* — Le propriétaire a-t-il le droit de faire sur la tenue de nouvelles plantations? et, s'il a ce droit, dans quelles limites peut-il l'exercer? Les usements, muets sur la question, ne peuvent nous servir à la résoudre; mais rien n'empêche d'appliquer

par analogie les principes du bail à ferme et nous pouvons, de ce silence même, conclure que le propriétaire a le droit de planter. N'est-ce pas lui qui aura intérêt à le faire, puisqu'il doit en profiter? Si donc on ne veut pas arriver à un résultat nuisible à l'intérêt public comme à l'agriculture, le déboisement des campagnes, il faudra bien permettre au foncier de planter, car le colon n'y sera certes pas porté : ce serait pour lui une dépense inutile, nuisible même, puisque les arbres peuvent gêner son exploitation; et, s'il se décide à planter, il ne mettra certainement sur la tenue que des arbres puinais ou fruitiers dont la valeur, sauf celle des châtaigniers et noyers, est fort restreinte.

Il semble qu'il faudrait une disposition expresse des usements pour enlever au foncier un droit aussi naturel que celui de planter ; le silence qu'ils gardent peut donc être considéré comme un argument en faveur de celui-ci.

Il n'en est pas moins vrai, toutefois, que l'intérêt de l'agriculture, comme celui du colon, est de ne pas voir planter sur la tenue une telle quantité d'arbres que l'exploitation dût nécessairement en souffrir. Le propriétaire doit la jouissance paisible au domanier, il ne peut pas par son fait l'empêcher de cultiver le fonds, d'en retirer les fruits qu'il est naturellement destiné à produire. De là résulte (dit Aul., n° 67)

qu'il ne peut planter que dans les endroits de
la tenue où ses plantations ne sauraient gêner
la jouissance du colon. Cela ne devrait pas aller
jusqu'à donner à celui-ci le droit de s'opposer à ce
que le propriétaire plantât sur les fossés ou talus,
sous prétexte que, dans la suite, les arbres
nuiront à ses terres. L'usage universel et immé-
morial des contrées où se pratique le domaine
congéable est que les fossés soient plantés, si
bien, dit un auteur, que les communes bien
cultivées ressemblent à des forêts. Jamais on
n'a songé à refuser au propriétaire le droit de
planter sur ses fossés, et, s'il en était ainsi jadis
alors que le colon était obligé de continuer sa
jouissance jusqu'au congément, à plus forte
raison doit-il en être de même aujourd'hui qu'il
peut demander son remboursement à l'expiration de la baillée, et éviter ainsi le tort que la
plantation ne saurait d'ailleurs lui faire éprou-
ver qu'à une époque éloignée (Pothier, *Louage*,
n° 75).

88. Le colon, par rapport aux bois fonciers,
se trouve dans la même position qu'un fermier;
jouissant précairement de la tenue, il est obligé
de veiller à sa conservation et à sa défense; c'est
à lui qu'il appartient de protéger le propriétaire
contre les usurpations qui peuvent se commettre
à son préjudice. S'il ne le fait pas, il est coupable de négligence, il est en faute; aussi ré-

pond-il des dégâts, s'il ne parvient à prouver qu'ils sont le résultat d'un cas fortuit ou d'une force majeure (Baudouin, n° 61). C'est la théorie qu'a consacrée le Code civil aux articles 1732 et 1735.

89. La solidarité qui existe entre les colons pour le paiement des prestations convenancières existe pour tous les droits et actions que le foncier peut avoir à exercer contre eux en cette qualité, et en particulier pour les dommages et intérêts résultant des dégradations commises sur les bois fonciers (Carré, p. 63-64).

90. Deux sortes d'actions peuvent être intentées contre le colon à raison des dégradations commises sur les bois fonciers, l'une *criminelle*, s'il est lui-même l'auteur du délit (art. 445 Code pénal), mais c'est au foncier à prouver qu'il est coupable; cette action se prescrit par trois ans (art. 638 Instr. crim.); l'autre *civile*, en dommages-intérêts, qui peut seule être intentée quand le dégât ne provient pas du fait délictueux du colon : cette action se prescrit par trente ans (art. 2262 C. c.).

Comment se prouvera la dégradation des bois fonciers? Il semblerait naturel de vérifier si les bois sont intacts en comparant l'énumération qu'en renferment les lettres récognitoires avec leur état actuel. Mais, comme le remarque Baudouin (n° 62), ces lettres sont peut-être ancien-

nes; depuis de nouveaux arbres ont été plantés;
peut-être sont-elles inexactes par la faute du colon, dont il ne faut pas encourager la fraude; d'un
autre côté, celui-ci ne doit pas avoir à répondre
de coupes postérieures dont le foncier a négligé
de donner des reconnaissances écrites. Toutes
ces raisons font qu'on sera obligé de recourir
aux témoignages et expertises.

91. On peut supposer que depuis les dégradations les droits réparatoires ou, à l'inverse,
les droits attachés à la foncialité ont changé de
main. Qu'en résultera-t-il au point de vue de
l'indemnité? L'ancien droit distinguait plusieurs
hypothèses, et donnait, suivant les cas, des solutions différentes. Lorsque le nouveau colon
tenait son droit d'un congément qu'il avait
exercé, ou d'une adjudication sur simples bannies, il ne pouvait être poursuivi pour les dégradations antérieures à sa jouissance. Il était
censé recevoir ses droits des mains du propriétaire, envers lequel, à moins de clause spéciale,
il n'entendait s'obliger que pour l'avenir. Cette
raison nous fait donner aujourd'hui la même
solution.

92. Mais nous nous écartons de l'ancien droit
sur le second point. Si le nouveau colon avait
succédé au colon à l'auteur du délit par un contrat d'acquêt, il n'encourrait aucune responsabilité relativement à ce délit; il est vrai qu'on

exigeait que son contrat eût été suivi d'appropriement (Baudouin, n° 64). Aujourd'hui l'ap-
proqriement a disparu ; la transcription au
bureau du conservateur des hypothèques le remplace, mais elle n'a pas pour effet de purger les
droits réels existant sur l'immeuble. Or, si le
propriétaire a un recours contre l'acquéreur à
titre particulier des édifices et superfices, ce
ne peut être qu'en vertu d'un privilège assis
sur les droits réparatoires. Il est de principe,
en effet, qu'un acquéreur, s'il n'est à titre universel, ne succède pas aux obligations de son
auteur; le colon précédent reste par conséquent
obligé, mais le nouveau colon le devient subsidiairement en qualité de tiers détenteur, sauf
son recours contre son vendeur. La prescription de dix à vingt ans le libérera seule de cette
obligation (art. 2265 C. civ.).

Quant au colon, bien qu'abandonnant la tenue, il n'en reste pas moins obligé, mais pendant combien de temps? Nous avons dit que,
s'il restait sur la tenue, le colon ne prescrivait
sa libération contre l'action civile du foncier que
par trente ans (art. 2262 C. civ.). Nous n'aper-
cevons aucune raison pour changer ce délai
lorsque le colon a quitté la tenue. M. Aulanier,
n° 90, est d'un avis contraire, et il cite, à l'appui, Baudouin, n° 64, qui limite en ce cas à un
an le temps de la prescription. Mais cela avait

une raison d'être du temps de Baudouin; la coutume de Bretagne avait, en effet, édicté cette disposition en faveur des fermiers, et on assimilait le colon au fermier. Le Code civil a supprimé toutes les anciennes prescriptions; nous devons nous en tenir à son texte.

93. Si nous supposons maintenant l'aliénation du fonds de la tenue, nous devrons dire que l'action en dommages-intérêts ne passera pas, à moins de stipulation expresse, aux mains de l'acquéreur. Celui-ci est censé acheter le fonds dans l'état où il se trouve actuellement; son prix est basé sur la valeur qu'il présente, on ne peut supposer, à moins d'indication précise, qu'il a, pour l'établir, fait entrer en compte les indemnités dues pour des dégâts qui ne lui causent aucun préjudice, et dont il n'a peut-être pas connaissance. Un arrêt de 1767 le décidait déjà dans l'ancien droit. Un arrêt de 1829 renchérit sur cette décision, en disant qu'on ne peut considérer comme renfermant cession expresse du droit à l'indemnité, la clause par laquelle le vendeur déclare transporter tous ses droits, actions et prétentions sur l'objet vendu sans aucune exception ni réserve (Sirey, t. 30, p. 14).

94. Si le colon a des obligations à remplir au sujet des bois fonciers, si le foncier peut planter sur la tenue, et, comme conséquence de son

droit de propriété, exploiter ses arbres, il ne
doit pas, en usant de ces prérogatives, aggraver
les obligations de son domanier.

Son premier devoir consiste évidemment en
ce qu'il doit donner, pour les arbres abattus,
une décharge au colon, afin que celui-ci ne soit
pas, dans l'avenir, inquiété par suite de leur
disparition. En second lieu, il doit réparer le
préjudice qu'a pu causer l'exploitation des arbres aux récoltes, clôtures, bâtiments du domanier. On avait prétendu, à ce sujet, dans l'ancien droit que, non seulement le foncier devait
indemniser le colon des dégâts matériels sur-
venus aux superfices par la chute des arbres,
mais encore du préjudice résultant pour celui-ci
de la privation des émondes futures quand ces
arbres étaient émondables. Baudouin fait justice
de cette prétention; le foncier cède les émondes
même futures, mais il ne garantit pas que le
colon en jouira à perpétuité. En retenant la propriété des troncs il manifeste l'intention de se
réserver le droit, en exploitant ses arbres, de
réduire au néant les émondes futures, d'en priver par suite le colon, et cela sans indemnité, car
l'exercice d'un droit légitime ne soumet celui qui
l'exerce à aucun recours.

M. Aulanier invoque une autre raison : le colon ne profite des émondes qu'à titre de dédommagement pour le tort que cause à ses récoltes

l'ombre projetée par les branches ; ce préjudice cessant avec la chute de l'arbre, il n'a plus à réclamer aucune indemnité (Aul., n° 79).

95. Compétence du juge de paix en matière d'indemnités à réclamer au sujet des bois fonciers, soit par le colon, soit par le propriétaire. — D'après l'art. 4, § 1, de la loi du 25 mai 1838, le juge de paix connaît en dernier ressort jusqu'à 100 fr. et en premier ressort jusqu'à 1,500 fr. des indemnités pour non-jouissance provenant du fait du propriétaire, lorsque le droit à une indemnité n'est pas contesté. Cette disposition est applicable au colon qui réclame une indemnité.

Les mots : lorsque le droit à une indemnité n'est pas contesté, n'autoriseraient pas à soutenir l'incompétence du juge de paix si le foncier se bornait à nier le *préjudice* allégué par le colon ; ils ne s'appliquent qu'au cas où le foncier s'appuierait sur les baux ou baillées pour contester le droit à l'indemnité (Henrion de Pansey, *Compétence des juges de paix*, p. 336).

D'après le § 2 de ce même article 4, le juge de paix est autorisé à connaître jusqu'à 100 fr. en dernier ressort, jusqu'à 1,500 fr. en premier ressort des dégradations et pertes dans les cas prévus par les articles 1732 et 1735 du C. civil. Cette disposition est évidemment applicable aux demandes civiles en dommages-intérêts formées par le propriétaire pour coupe et dégradation de bois fonciers. Mais il n'en est pas moins certain que, si le colon contestait la nature foncière des bois en litige, comme il s'agirait d'une question de propriété, le juge de paix deviendrait incompétent, et il faudrait porter le débat devant le tribunal civil.

CHAPITRE II

RENTES ET CHARGES ANNUELLES DUES SUR LA TENUE

Ces prestations sont le prix de la jouissance du fonds.

TITRE I

RENTES CONVENANCIÈRES

96. Le paiement de la rente ou redevance convenancière est la principale obligation du colon; cette rente consistait généralement autrefois en denrées, grains, beurre, etc.; aujourd'hui, elle se paie presque partout en argent, sauf parfois, comme accessoire, une prestation en nature de peu d'importance. Quelle que soit sa nature, la redevance est loin d'égaler la valeur locative du fonds, aussi avons-nous vu,

dans ces dernières années, nombre de propriétaires opérer des congéments et trouver avantage à louer leurs terres à des fermiers, malgré
les sommes parfois importantes dont ils avaient
dû faire l'avance pour rembourser aux colons
leurs édifices et superfices.

97. Le foncier peut poursuivre le paiement
de la redevance, non seulement contre le colon,
mais encore contre tout détenteur de la tenue.
Cela était admis autrefois et on ne trouve aucune
disposition législative qui ait changé cette pratique. Le foncier, en effet, a, comme par le passé,
pour le recouvrement de la redevance un privilège sur les droits réparatoires, c'est un droit
réel qu'il exerce contre la tenue même, et le détenteur actuel, s'il ne doit rien en qualité de
colon, est au moins, en tant que tiers détenteur,
obligé d'acquitter la redevance, sous peine de
voir vendre les édifices et superfices sur simples
bannies.

97. *Solidarité*. — Ce n'est pas la seule prérogative qu'ait le foncier en cette matière ; s'il
existe plusieurs colons, la loi de 1791, art. 3,
conforme aux anciens usements, lui accorde une
action solidaire qui lui permet de demander à
chacun d'eux le paiement total de la redevance.
Cette solidarité entre codomaniers est de la nature du domaine congéable, elle n'est pas de
son essence ; le foncier peut y renoncer soit ex-

pressément, soit tacitement, ce qui arrive dans quatre cas :

1° S'il a consenti ou a concouru à un partage de la tenue entre les colons ;

2° Si, cohéritier d'une portion de la tenue, il a pris droit au partage (Carré, p. 66) ;

3° S'il a consenti aux codomaniers des baillées distinctes (Aul., n° 99) ;

4° Enfin, si, pendant dix ans consécutifs, il a reçu, sans faire de réserve, la part de chaque colon dans la redevance : c'est l'application de l'art. 1212 du Code civil.

D'ailleurs la solidarité existe en général pour les droits et actions qui compètent au propriétaire. (Baudouin, n° 61 ; Carré, p. 63 ; Aul., p. 61.)

99. Sous l'ancien droit la redevance en nature était portable ; le colon devait la livrer au domicile du foncier ou, dispose l'usement de Cornouaille : « Au prochain port de mer ou ville marchande », pourvu toutefois que le lieu indiqué par le foncier, domicile, port de mer ou ville marchande, ne fût pas à plus de trois lieues de la tenue ; la jurisprudence avait admis partout ce tempérament. La loi de 1791, art. 5, a maintenu expressément cette règle ; il renvoie aux usements.

C'est là la seule corvée qui soit exigible au-

jourd'hui sans stipulation ; l'art. 4 de la loi du
6 août a aboli les nombreuses corvées qu'impo-
saient les usements aux domaniers. D'ailleurs,
cette corvée n'est due qu'en nature et ne s'arré-
rage pas ; l'art. 129 Proc. civ. dispose en effet
que les juges, en condamnant à une restitution
de fruits, devront ordonner qu'elle sera faite en
nature pour la dernière année, et, pour les années précédentes, en espèces, suivant les mercuriales.

Dans le silence des usements et de la loi de
1791, on s'est demandé si, lorsque la rente consistait en une somme d'argent, le domanier devait également la porter à la distance de trois
lieues. Nous ne voyons aucune bonne raison
pour repousser l'affirmative ; l'usage des pays de
domaine congéable est que la rente soit portable
quand elle est en denrées, à plus forte raison doit-
il en être de même dans l'intention des parties
et d'après l'esprit de la loi quand elle est en argent ; le transport en est d'autant plus facile et
moins onéreux. La seule objection est que
l'art. 1247 C. c. veut que le paiement d'une
somme d'argent, à défaut de lieu désigné par
la convention, se fasse au domicile du débiteur.
Vous vous écartez du droit commun, nous dit-on ;
c'est vrai, mais nous avons montré la raison spéciale qui nous y autorise.

Le domanier ne peut pas, après l'acconvenancement, voir augmenter ses charges ; aussi n'est-il pas obligé de payer la rente en plusieurs endroits, si elle s'est divisée depuis entre plusieurs propriétaires. (Baudouin, n° 153.)

100. Le fonds et le droit à la redevance sont parfaitement distincts et peuvent être séparés. Ce n'est donc pas aliéner le fonds que de vendre la rente. Il en résulte que si c'est le colon auquel elle a été vendue, celui-ci n'est pas devenu propriétaire du fonds ; le paiement de la rente n'est que suspendu, parce qu'il s'opère une confusion des qualités de débiteur et de créancier en la personne du colon, or, *nemo potest quidquid exigere a semetipsum.*

Mais la confusion n'est que provisoire, il n'y a pas extinction de la rente, mais impossibilité de l'exiger ; aussi revivra-t-elle si le colon quitte la tenue par congément, remboursement ou expense, il acquerra le droit de se la faire payer par le foncier ou ses représentants. (Baudouin, n° 149 ; Aul., n° 95.)

L'art. 2277 C. c. est venu modifier l'ancien droit quant à la prescription des arrérages de la rente convenancière : le délai, autrefois de trente ans, est aujourd'hui ramené à cinq ans.

101. *Compétence :* 1° *du juge de paix.* — De l'assimilation qui existe sur tant de points entre le fermier et le colon résulte que la demande en paiement de la rente convenancière est,

comme la demande en paiement des fermages, dispensée du préliminaire de conciliation (art. 49 Pr. civ.; arr. 17 févr. 1842 R.).

Lorsque la rente annuelle n'excède pas 200 fr., le juge de paix est compétent pour régler les difficultés relatives à son paiement (art. 3 l. 1838) ; mais si la nature ou la quotité de la redevance sont contestées, il est tenu de renvoyer immédiatement devant le tribunal.

102. 2° *Du tribunal*. — L'affaire étant portée devant le tribunal de première instance, celui-ci jugera en dernier ressort si la demande n'excède pas 1,500 fr. et si le fonds n'est pas contesté. En l'absence de l'une de ces conditions, il ne connaîtra de la cause qu'en premier ressort.

TITRE II

RENTES QUE LE COLON S'EST ENGAGÉ A PAYER A DES TIERS

109. Dans l'ancien droit, il n'y avait point ou presque point de propriétés pleines et libres, et on rencontrait une multiplicité de droits réels fonciers ayant un tout autre caractère qu'aujourd'hui. Il y avait d'abord tous les droits réels que nous connaissons aujourd'hui et que l'influence romaine avait fait admettre au quatorzième siècle. Il y avait

en outre un droit réel résultant de la division
de la propriété en fief ou censive, enfin les
rentes foncières avec leurs diverses variétés,
l'emphytéose et ses différents types, les droits
de dîmes, de justice, de banalités, de corvées...
La notion des droits réels était dans l'ancien
droit beaucoup plus large qu'aujourd'hui ; tout
droit qui portait sur un fonds était un droit réel
foncier, bien que souvent il aboutît à des obligations personnelles.

104. Ces données connues, si l'on considère
en outre que, le prêt à intérêt étant prohibé, on
cherchait à obvier aux inconvénients de cette
prohibition et qu'on multipliait pour cette raison
les rentes foncières et autres droits réels,
on ne saurait être étonné qu'un propriétaire
dont la terre était grevée d'un grand nombre de
charges diverses voulût, en baillant cette terre
à domaine congéable, transmettre au colon l'o-
bligation de les acquitter. En fait, il n'existait
guère de tenues dans lesquelles le colon ne fût
obligé de payer ainsi des arrérages de diverses
sortes en l'acquit du foncier, et il devait le faire
sans déduction de la rente convenancière stipulée. Toutefois, le colon n'était astreint à cette
obligation que si le bail indiquait explicitement
ces rentes en les comprenant au moins sous la
stipulation de payer *toutes autres charges* en sus
de la rente convenancière. Cette expression

même n'aurait pas suffi pour mettre à sa charge les rentes constituées et *volantes*, suivant l'expression de Baudouin ; il fallait pour celles-ci une indication formelle (Baud., n°s 157 et 158).

105. Aujourd'hui les terres sont affranchies de la plupart des droits réels qui les grevaient autrefois ; cependant elles peuvent encore servir d'assiette à des rentes foncières ou à des hypothèques garantissant des rentes constituées. Pour les charges qui existent encore sur les tenues, les principes sont les mêmes qu'autrefois, les règles n'ont pas varié.

106. Les rentes que le colon paie à des tiers forment, pour ainsi dire, une partie de la rente convenancière relativement à lui (Baud., n° 159) ; car elles sont dues en vertu du titre convenancier ; d'où il résulte : 1° qu'il appartient au foncier seul de les rembourser, après quoi le colon devra lui en payer les arrérages ; 2° que le colon ne peut en opposer la prescription (D'Argentré sur l'art. 266 de l'ancienne Coutume) ; 3° que ces rentes doivent augmenter la masse sur laquelle on établira la portion de l'impôt à supporter par le propriétaire (Baud., n°s 159, 160 ; Aulanier, n° 109) ; 4° enfin que le colon est aujourd'hui obligé de payer au foncier lui-même les anciennes rentes féodales, supprimées par la loi du 17 juillet 1793, qu'il était obligé d'acquitter pour lui.

V. 11

107. Bien qu'il appartienne surtout au propriétaire de donner des titres nouveaux, le colon délégué par lui pour le service des redevances peut, sur la demande du créancier, en fournir des reconnaissances qui en empêcheront la prescription, pourvu que l'existence de ces redevances soit prouvée par des actes émanant du foncier (Baud., nº 125; Hévin, consult. 55). Quant au paiement de la rente, il est évident que l'action en sera valablement dirigée contre le colon (arrêt R. 6 mars 1808).

TITRE III

DIMES

108. La dîme consiste en une quote-part de la récolte d'un fonds; on distinguait quatre sortes de dîmes qui existaient souvent simultanément sur une tenue convenancière :

1º La dîme *ecclésiastique*, due à l'Église;

2º La dîme *inféodée*, due à des laïques, souvent par suite de cession faite par l'Église;

3º La dîme *féodale*, stipulée par le seigneur de fief, lors de l'inféodation;

4º La dîme *convenancière*, spéciale aux terres données à convenant. Cette dîme n'avait rien de féodal; c'était la représentation du fermage

dû pour la jouissance du fonds, l'équivalent de
la rente convenancière qu'elle remplaçait souvent. Elle différait de celle-ci en ce sens qu'au
lieu d'être, comme la rente, une redevance invariable en denrées ou en argent, elle variait
suivant que la récolte était abondante ou mauvaise.

109. *Lois de l'époque intermédiaire.* — Un
décret du 1er décembre 1790 supprima les dîmes
ecclésiastiques et inféodées ; un autre décret du
17 juillet 1793, les dîmes féodales. A qui cette
suppression doit-elle profiter ? L'art. 10 loi
du 6 août 1791 répond à cette question : « Les
domaniers, dit-il, profiteront de l'exemption
de la dîme. » Cet article dérogeait à une disposition de la loi du 1er décembre 1790, en
vertu de laquelle les fermiers et colons de
fonds assujettis à la dîme ecclésiastique devaient
en payer le montant à leurs propriétaire ; son
but était de faire cesser les contestations nombreuses qui s'élevaient entre les fonciers et les
domaniers ; mais il n'empêchait en rien qu'à
l'expiration des baillées alors en cours, le foncier,
en accordant une baillée nouvelle, ne tînt
compte, pour obtenir une augmentation, de la
suppression de la dîme. C'est là le sens des mots :
pendant la *durée des baillées actuelles*; ils signifient : jusqu'au renouvellement de ces baillées
dont la tacite reconduction a pu perpétuer les

obligations (arrêt R. 29 br. an X). (Carré, p. 111.)

Quant aux dîmes féodales, on peut se demander aussi si elles ont été supprimées au profit des colons ou au profit des fonciers qui les devaient au seigneur féodal, mais avaient imposé aux colons l'obligation de les acquitter. Bien qu'on ait voulu les assimiler aux rentes ecclésiastiques pour faire bénéficier le colon de leur suppression, nous donnerions à leur égard une décision contraire. Il ne faut pas oublier que l'art. 10 l. 1791 ne peut ici être invoqué, car, lorsqu'il a été rédigé, les rentes féodales n'étaient pas encore abolies (le décret de suppression est du 17 juillet 1793). Cet article consacrant une dérogation aux principes, nous devons rentrer dans la règle dès qu'un texte ne nous force pas à en sortir. Or, toutes les charges que les colons paient à l'acquit des fonciers font partie de la redevance convenancière (Baud., n° 159); si donc une portion de la redevance due par le foncier, mais acquittée pour lui par le domanier, vient à s'éteindre, il est en droit de se la faire payer à lui-même. Les décrets suppressifs des dîmes ont confirmé ces principes, en disposant que les propriétaires des fonds pourraient les exiger des fermiers chargés auparavant de les payer en leur nom aux seigneurs ou ecclésiastiques (Table des arrêts de Ren. v° *Dom. cong.*, n° 341).

110. Abusant des décrets abolitifs de la féodalité, des domaniers, dont le propriétaire foncier était en même temps seigneur de fief par rapport à l'immeuble donné à convenant, ont voulu tirer parti de cette circonstance pour prétendre que la dîme convenancière stipulée par ce foncier devait être supprimée à leur profit en tant que féodale. C'était là une prétention injuste ; le foncier, s'il était en même temps seigneur, percevait deux dîmes, l'une féodale, l'autre convenancière. Ces deux dîmes étaient parfaitement distinctes. La première a disparu (décret du 17 juillet 1793) ; la seconde, qui n'était pas le prix d'un afféagement, mais la représentation du fermage du fonds, l'équivalent de la rente convenancière, n'a pas été abolie plus que cette rente elle-même. Que le foncier fût seigneur ou non, peu importe ; c'était en tant que propriétaire, non en vertu de son titre féodal, qu'il l'avait stipulée.

La cour de Rennes a toujours confirmé cette manière de voir (arr. 28 niv., 13 floréal an X ; 28 niv. an XI, rendu dans l'intérêt des héritiers Kergus ; arrêt du 23 février 1809 pour la famille de Choiseul-Praslin ; arr. 25 janv. 1820 confirmé en cassation, 13 févr. 1823).

Les dîmes ne s'arréragent pas ; cette règle, la même que pour les corvées, a toujours été admise. Cependant, si le colon a refusé de les ac-

quitter, ou si elles ont été abonnées pour une
prestation fixe, elles ne sont sujettes qu'à la
prescription de cinq ans (Aul., n° 123), on les
assimile à un prix de fermage.

CONTRIBUTION FONCIÈRE. — DANS QUELLE MESURE ELLE DOIT ÊTRE SUPPORTÉE PAR LE PROPRIÉTAIRE FONCIER ET PAR LE COLON

111. Le propriétaire du sol doit contribuer, à
raison de ce sol, au paiement de l'impôt foncier.

Le domanier, propriétaire des édifices et superfices qui sont immeubles à son égard comme
à l'égard de tous, excepté le foncier, doit y contribuer également. Il devra même, dans quelques cas, la majeure partie de l'impôt auquel
sera soumise la tenue dans son entier, car ses
édifices peuvent avoir plus de valeur que le fonds
lui-même.

Aussi l'art. 10 loi du 6 août 1791 lui impose-
t-il l'obligation d'acquitter seul la totalité des
impositions foncières, sauf, bien entendu, à retenir sur la redevance convenancière une partie
de cet impôt proportionnellement à ladite redevance. Le colon doit donc faire l'avance, puis
retenir ce qu'il a payé pour le compte du foncier :
la disposition est précise. Mais quand il s'agit

de déterminer exactement la part du foncier
dans l'impôt, la somme que le colon devra dis-
traire, les difficultés s'élèvent.

Une seule cote existe en effet sur la matrice
des rôles pour les droits fonciers et les droits
réparatoires de chaque tenue, comment arriver
à la répartition entre les parties?

L'art. 10 ne nous en donne pas le moyen ; en
parlant d'une retenue *proportionnelle à la redevance*, il n'indique qu'un des termes de la comparaison et laisse l'autre terme dans l'incertitude. Il faut cependant arriver à établir la
proportion. Deux solutions ont été proposées à
cet effet, l'une admise par la jurisprudence,
l'autre bien plus juste et bien plus rationnelle,
soutenue par la doctrine.

112. Se basant sur ce que la redevance ne
saurait être considérée ni comme une rente foncière, ni comme une rente constituée, et, inter-
prétant faussement l'art. 10, la jurisprudence
décide que, lorsque les parties ne s'accordent pas,
il doit être fait entre elles, par experts, une
répartition de l'impôt foncier ayant pour base,
d'un côté la redevance convenancière, de l'autre,
le revenu au denier 20 de la valeur du capital
des édifices et superfices estimés par le menu,
comme pour le congément (arr. R., 29 brum.,
28 nivôse, 13 floréal an X, 28 niv. an XI). En
supposant par exemple une rente convenancière

de 100 francs, les édifices estimés 10,000 francs, somme qui, au denier 20, devrait produire 500 francs, le colon paierait les 5/6 de l'impôt et le foncier 1/6.

Ce mode de répartition est évidemment injuste ; la contribution, en effet, n'est pas assise sur le capital, mais sur le revenu ; or, pas plus que tout autre propriété foncière, les droits réparatoires ne sauraient donner 5 0/0 de revenu.

D'ailleurs, la rente convenancière est souvent d'autant plus modique que le foncier a exigé, en la fixant, une commission plus considérable. Les bois fonciers peuvent aussi avoir une grande valeur ; si donc on ne considère que la redevance pour la comparer avec l'intérêt au denier 20 du capital de la valeur estimative des droits réparatoires, on n'observera pas l'égalité proportionnelle, et le colon sera incontestablement lésé.

113. Les auteurs, en particulier Carré, p. 115 et suivantes, Aulanier, n° 126, ont combattu la jurisprudence et proposé une solution qui, concordant aussi bien que la première avec l'art. 10, a sur elle l'avantage de ne pas blesser la justice, d'éviter des frais d'expertise considérables, ruineux même si l'expertise doit se renouveler souvent, ce qui est inévitable, vu l'état changeant et instable des droits réparatoires, tantôt augmentant et tantôt diminuant d'importance.

On soutient avec raison que si, à la vérité, les rentes convenancières diffèrent essentiellement des rentes foncières et des rentes constituées, il n'y a cependant aucune raison de ne pas les assimiler à ces rentes sur le point qui nous occupe. Pour ces rentes, la règle est contenue dans la loi du 1er décembre 1790 ; cette loi décide que les propriétaires dont les fonds sont grevés de rentes foncières, de champarts, etc... feront une retenue *proportionnelle à la contribution*, que les débiteurs d'intérêts de rentes perpétuelles constituées, s'ils sont autorisés à faire la retenue, la feront dans la proportion de la contribution foncière, enfin que les débiteurs de rentes viagères la feront dans la proportion de l'intérêt que le capital, *s'il est connu, eût porté en rentes perpétuelles* au denier 20.

114. Ces dernières expressions sont remarquables. « Elles ne signifient pas, dit Carré, p. 121, que, pour déterminer la retenue, on doive comparer l'intérêt que le capital produirait au denier 20 avec l'évaluation du produit annuel et présumé des propriétés du débiteur de la rente », mais, ainsi que l'explique la loi du 7-10 juin 1791, que la retenue se fera proportionnellement à la *contribution* foncière et au revenu que le capital de la rente viagère, s'il est connu, produirait au denier 20. Ce mode de retenue, consacré par l'Assemblée constituante, a été

confirmé par plusieurs lois postérieures, notamment la loi du 3 frim. an VII, art. 98 et suivants.

Prenons un exemple :

Soit une rente viagère de 80 francs, le capital de cette rente est, nous le supposons, de 1,200 francs. Au denier 20, ce capital produirait 60 francs de revenu. Ces données connues, si nous supposons, d'autre part, la contribution foncière fixée à 1/5 du revenu imposable, le débiteur retiendra sur la rente de 80 francs le 1/5 de 60, c'est-à-dire 12 francs.

Les mots *proportionnellement à la redevance* qui se trouvent dans notre art. 10, doivent avoir le même sens que les expressions analogues employées dans toutes les hypothèses par la loi de 1791. On ne peut supposer que l'Assemblée nationale, à un intervalle si court, ait attribué à des termes presque identiques un sens tout différent. Elle n'a pas, suivant nous, ordonné l'expertise ; elle a voulu dire que les domaniers, dont plusieurs étaient aussi débiteurs de champarts et de dîmes, feraient la retenue suivant le mode général établi pour les débiteurs de rentes foncières, d'agriers, de champarts, etc...

« Elle a voulu, dit Carré, que les domaniers fissent la retenue *proportionnellement* à leurs redevances et à la contribution foncière ; qu'ils retinssent le cinquième, le sixième, selon que la contribution foncière serait fixée au cinquième, au sixième du revenu imposable... »

Ce mode, qui n'entraîne aucuns frais, aura pour effet de faire supporter l'imposition au propriétaire et au colon dans la proportion de ce que chacun d'eux retire de la tenue. Un inconvénient existe cependant en certains cas à fixer d'une manière générale la retenue à telle ou telle quotité de la rente, parce que l'impôt n'est pas toujours égal à la même fraction du revenu, mais cet inconvénient est léger en comparaison de celui qui résulte de l'obligation de recourir à l'expertise, et est largement compensé par l'avantage d'une règle commune par laquelle cette expertise est écartée.

115. Avant de terminer sur ce sujet, disons qu'il existerait un autre moyen de répartir équitablement la contribution foncière entre le colon et le propriétaire, ce serait d'évaluer le revenu que la tenue est susceptible de produire en la considérant comme un héritage ordinaire que l'on donnerait à ferme, et d'établir ensuite la répartition sur cette base. Exemple :

Une tenue vaut de fermage 500 francs,

La redevance convenancière est de 200 francs,

L'impôt, de 100 francs.

Le colon devrait retenir les deux cinquièmes de l'impôt, car, dans le loyer de la tenue, les édifices comptent, par hypothèse, pour trois cinquièmes ; il retiendrait donc 40 francs et pour son propre compte paierait 60 francs.

Il est évident que, pour rester dans la stricte égalité, on devrait, à l'égard des tenues pour lesquelles le foncier exige des commissions, faire entrer en compte ces commissions en les répartissant entre toutes les années de la baillée, de manière à donner à la redevance sa valeur annuelle véritable.

116. Dans le département des Côtes-du-Nord, des fonciers ont quelquefois invoqué des arrêtés du conseil de préfecture, fixant à un dixième la retenue que le colon doit faire pour l'imposition sur les rentes convenancières dues à l'administration des domaines. Cette fixation n'a aucune valeur juridique (Carré, p. 116); les conseils de préfecture sont évidemment incompétents sur ce point.

Il n'en est pas moins vrai, comme le remarque Aulanier, n° 127, que cette base, si défavorable qu'elle soit aux colons, a été adoptée par un grand nombre de tribunaux auxquels il serait difficile de faire modifier leur jurisprudence. Cependant nous croyons que la loi de 1831 donne sur ce point des indications précises; elle semble trancher la question et par suite s'imposer à l'autorité judiciaire.

117. Avant 1830 les propriétaires fonciers étaient, en matière de cens électoral, présumés payer pour impôts le cinquième de leurs rentes

en argent et le quart de leurs rentes en grains. Cette présomption était contraire à la vérité; introduite dans un but politique, elle portait fictivement au double la somme que le propriétaire payait en réalité. L'art. 9 de la loi du 19 avril 1831 a établi une autre proportion qui se rapproche davantage de la vérité; voici les règles qu'il donne :

Pour les tenues composées uniquement de maisons ou usines, six huitièmes de l'impôt seront comptés au colon, deux huitièmes au foncier; pour les tenues composées d'édifices et terres labourables, et formant un corps d'exploitation rurale, cinq huitièmes au foncier, trois huitièmes au colon; pour les tenues sans édifices, dites sans étages, six huitièmes au foncier, deux huitièmes au colon.

Adoptant le système de la jurisprudence pour le cas où les parties ne s'en rapporteraient pas à ses dispositions, la loi de 1831 leur permet de faire procéder à une expertise.

118. Le colon peut contracter l'obligation de payer les impôts sans retenue; c'est une augmentation indirecte de la redevance, mais, en présence de l'art. 10 de la loi de 1791, il faut que le bail contienne expressément cette obligation. Une exception cependant existe pour les baux faits sur l'ancien usement de Cornouaille; un article spécial de cet usement, l'art. 17, char-

geait le colon du paiement de toutes les impositions, sans diminution de rente ; ce statut vaut
encore, pour les baux contractés sous son empire, stipulation expresse de non-retenue. (En
ce sens arr. R., 11 mars 1817 ; Aul., n° 128,
et jurisprud. de la Cour de cass.) Mais, sans
aucun doute, la clause de non-retenue devrait
se trouver dans les baux faits dans le ressort de
l'usement de Cornouaille postérieurement à la
loi de 1791, car cette loi statue d'une façon générale et, traitant ce point particulier, elle abolit les usements dont nous ne réservons le maintien que sur les matières dont la loi ne s'est pas
occupée.

119. Les impôts fonciers actuels remplacent
les anciennes taxes réelles et, en particulier, les
tailles et fouages. Aussi doit-on sans hésitation déclarer dénuée de fondement la prétention
de certains fonciers voulant se faire tenir compte
par leurs colons de la valeur de ces impôts. Ces
impôts n'étaient pas une charge du fonds, mais
bien des édifices et superfices ; la preuve en est
que les colons les devaient, dit Carré (p. 110),
même dans le cas où leurs bailleurs et le fonds
de leur tenue étaient nobles et par suite exempts
de pareilles contributions. Elles ont donc été
supprimées en faveur des colons qui, d'ailleurs,
paient en échange une quote-part de l'impôt
foncier.

CHAPITRE III

VENTE SUR SIMPLES BANNIES

—

§ 1. — *Ce que c'est que la vente sur simples bannies.*

120. La vente sur simples bannies est une
procédure toute spéciale à la matière du domaine congéable ; elle est le résultat de cette
règle importante qui donne aux édifices et superficies une nature particulière suivant les personnes à l'égard desquelles on les envisage ;
meubles par rapport au propriétaire foncier, ils
sont immeubles à l'égard du colon comme de
toute autre personne. On eût pu soutenir que,
les droits réparatoires étant meubles par rapport à lui, le foncier pouvait les vendre comme
tels d'après les formes prescrites pour la vente
de meubles ; mais l'importance de ces objets et
leur nature immobilière, à l'encontre des colons
et des tiers, a fait introduire pour eux une procédure moins sommaire, sans arriver toutefois
aux formalités de la saisie immobilière.

Le foncier ne peut procéder à la vente sur
simples bannies des édifices que si le mobilier
du colon est insuffisant pour solder ce qui lui

est dû (Art. 24 de la loi de 1791). La vente
sur simples bannies ne s'applique qu'aux droits
réparatoires et aux fruits pendants par racines,
fruits qui, dans le silence du cahier des charges, sont même compris de droit dans la vente
et deviennent la propriété de l'adjudicataire
(Baud., n° 102, Aul., n° 133).

Le mobilier du colon sera donc vendu suivant
les formes prescrites par le Code de pr., tit. 8,
l. 5; cela résulte de l'art. 25 loi 6 août 1791, qui
ordonne, pour cette vente, de se conformer à
l'ordonnance de 1667 que le Code de pr. est
venu remplacer en 1806.

121. D'après l'art. 24 l. 1791, si le bail à convenant est un acte notarié, revêtu de la formule
exécutoire, il n'est pas nécessaire d'obtenir un
jugement pour faire vendre les meubles. Si
l'huissier ne trouve pas de mobilier, il rapporte
un procès-verbal de carence, et le foncier poursuit la vente sur simples bannies; il en est de
même si, la saisie ayant eu lieu, le produit en a
été insuffisant pour éteindre la créance.

§ 2. — *Procédure.*

122. La vente sur simples bannies est autorisée par les art. 24 et 25 l. 6 août 1791, mais
ces articles nous donnent peu d'indications sur
la procédure à suivre : « A l'égard des édifices

et superfices, ils seront vendus sur trois publications, en l'auditoire du tribunal de district du ressort. »

Suivant Baudouin, le jugement préalable n'était pas nécessaire lorsque le foncier avait des titres récognitoires, un bail notarié, ou toute autre obligation en forme authentique ; seulement, ajoute cet auteur, si, depuis la date de ces actes, il y avait eu mutation entière du colon, un jugement devenait indispensable, puisqu'à ne considérer la saisie des droits que comme saisie-exécution d'un meuble ordinaire, il fallait un titre exécutoire contre le débiteur. Aujourd'hui, et suivant l'art. 24, à l'inverse de ce qui a lieu pour les meubles, il faut toujours un jugement pour procéder à la vente sur simples bannies ; souvent il arrive que cette vente est ordonnée subsidiairement par le jugement que, faute de titre exécutoire, on a sollicité du tribunal pour faire condamner le domanier au paiement des arrérages et pouvoir procéder à la saisie mobilière.

123. Supposons que le foncier, en assignant le colon pour le faire condamner au paiement des levées échues, néglige de demander subsidiairement l'autorisation de faire vendre sur simples bannies, devra-t-il obtenir un second jugement ? L'art. 24 répond négativement à cette question, il exige un jugement de condamnation *ou* de résiliation de bail.

V.

Les termes de l'art. 25 que nous avons cités plus haut, relativement aux trois publications, ne sont pas très clairs et ont donné lieu à discussion. « Seront vendus sur trois publications en l'auditoire du tribunal : » cela veut-il dire que les publications auront lieu dans l'auditoire? Mais alors la publicité devient illusoire ! Force est donc d'interpréter ces mots en les rapportant à la vente.

Quant aux publications, d'après l'usage général, approuvé par les auteurs, ce n'est pas à l'audience qu'on doit les faire (Aul., n° 150; Carré, p. 312). Voici, suivant ces autorités, les formalités à remplir, mais remarquons que, l'usage et l'analogie en étant la base, l'omission de l'une d'entre elles n'entraînerait pas la nullité de la procédure, qui varie, d'ailleurs, sur quelques points suivant les tribunaux; il faudrait, pour qu'on attachât cette sanction à l'irrégularité, un préjudice sensible subi par le débiteur.

124. Quand le jugement autorisant la vente est devenu exécutoire, on procède ainsi : 1° rédaction d'une affiche contenant les noms, demeure, domicile du foncier et du colon, le titre sur lequel est basée la demande, le tribunal, le jour de l'adjudication, les conditions de la vente, la description des édifices; 2° lecture de cette affiche par huissier à l'issue de la messe paroissiale de la commune où les biens sont situés;

3° affichage à la porte de la mairie, aux portes des bâtiments à vendre, à la porte extérieure du tribunal; 4° insertion d'un extrait de l'affiche dans un journal du département, une seule fois; 5° procès-verbal, visé par le maire, relatant l'exécution de ces formalités; on y joint un exemplaire de l'affiche; 6° notification au colon; 7° répétition des bannies, apposition, visa, procès-verbal, pendant les deux dimanches qui suivent, sans nouvelle notification au colon; 8° communication au tribunal des formalités accomplies, des motifs et conditions de la vente; 9° conclusions tendant à la vente des objets désignés; 10° enfin, vente à l'audience, à éteinte de feux, comme pour les autres ventes en justice (art. 705 et suiv. Pr.; Carré, p. 325 et suivantes; Aul., n° 151).

125. On pouvait autrefois demander que le tribunal ordonnât que le colon fût contraint par corps à délaisser; cette faculté a été supprimée par la loi du 22 juillet 1867, qui abolit la contrainte par corps en matière commerciale, civile et contre les étrangers (art. 1).

Remarquons que, si le domanier a fait des innovations, le placard doit faire connaître qu'on n'entend pas les approuver ni en poursuivre la vente, l'acquéreur pourrait, en effet, en demander plus tard le remboursement, car il n'a peut-être mis son prix qu'en vue de ces innovations, et il serait lésé si le propriétaire pouvait les faire disparaître sans indemnité.

Il est bien évident que le foncier ne peut, dans les conditions de la vente augmenter les charges de la tenue : ce serait causer un préjudice au colon, dont les droits se vendraient moins cher (Aul., n° 455).

§ III. *Dans quels cas peut être poursuivie la vente sur simples bannies ; par qui et contre qui elle peut l'être.*

126. I. *Dans quels cas peut être poursuivie la vente sur simples bannies.* — Le principal objet de cette vente est le paiement de la redevance convenancière dont font partie, ainsi que nous l'avons vu plus haut, les prestations auxquelles le colon s'est accessoirement engagé ; rentes qu'il paie à l'acquit du foncier, dîmes, corvées conventionnelles.

La loi du 6 août, art. 24, ne parle pas de la vente sur simples bannies pour obtenir le paiement des indemnités dues pour dégradations commises sur le fonds ou les bois fonciers ; Baudouin ne disait pas expressément qu'on pût y recourir en ce cas, mais il semble le supposer, car il dit que le foncier peut faire vendre les droits pour le paiement de ses *frais et arrérages* (Baud., n° 95), parmi lesquels il range plus loin (n° 97) « les frais dits d'éligement, ceux faits pour obtenir des condamnations au paiement d'arrérages, fournissement de déclarations, dédommagement de bois abattus. »

Il n'y a aucune raison de ne pas admettre aujourd'hui encore la vente sur simples bannies dans le cas qui nous occupe; il existe même un argument *à fortiori* : on autorise cette vente en cas d'un simple retard du colon dans le paiement des redevances, pourquoi la refuser lorsque le colon est en faute, lorsqu'il est coupable de dégradations?

La saisie réelle des édifices par un créancier du colon, la circonstance que les droits dépendent d'une succession acceptée sous bénéfice d'inventaire, où que l'assurance du colon n'est par terminée, ne peuvent faire obstacle à la vente sur simples bannies (Aul., n° 136).

Le propriétaire qui a aliéné le fonds de sa tenue peut-il encore faire vendre les édifices sur simples bannies pour le paiement des levées arréragées de la redevance? Evidemment, la vente du fonds est un fait étranger au domanier dont il ne peut se prévaloir; l'acquéreur ne peut s'y opposer davantage, on ne touche pas à son fonds; le possesseur change, mais ses droits restent les mêmes sur les édifices, et, d'ailleurs, s'il a déjà quelques réclamations à faire, il est préféré à l'ancien propriétaire.

127. II. *Par qui elle peut être poursuivie.* — La vente sur simples bannies peut être poursuivie par tous ceux qui ont le droit d'exiger le paiement de la redevance : tuteur, usufruitier, héritier bénéficiaire, receveur, communes, établissements publics.

En vertu du principe de l'indivisibilité de la tenue convenancière, l'un des copropriétaires du fonds peut faire vendre la totalité des édifices, mais, lorsque le fonds est divisé, chacun des copartageants ne peut plus vendre que les droits superficiels qui se trouvent sur sa portion.

Baudouin nous apprend qu'on a toujours accordé au colon qui a payé la totalité de la redevance, en acquit de ses cotenanciers, le droit de faire vendre sur simples bannies les édifices et superfices de ceux-ci, pourvu qu'il s'y soit fait autoriser par un jugement. Mais il faut concilier cette disposition avec les principes du Code civil sur la solidarité.

Lorsqu'un débiteur solidaire a payé toute la dette, il peut bien recourir contre ses codébiteurs, mais il n'acquiert pas la solidarité qu'avait le créancier, il ne peut les poursuivre que pour leur part et portion (art. 1214 C. civ.) ; donc, le codomanier qui a payé pour ses consorts devra, en assignant nommément chacun d'eux, détailler dans les bannies et dans l'adjudication la portion de chacun.

Un individu a acheté la rente convenancière sans acquérir le fonds, il ne pourra, faute de paiement des arrérages, faire vendre les édifices sur simples bannies. Le privilège de cette vente est réservé au propriétaire du fonds; elle ne peut avoir lieu qu'entre personnes entre lesquelles existent les rapports de foncier à domanier; or, ici le foncier n'a pas aliéné tout son droit, il a gardé le fonds et la rente, qui de convenancière est devenue foncière. Le crédi-rentier ne peut prétendre à un des attributs de la propriété du fonds.

128. III. *Contre qui elle peut être poursuivie.* — Baudouin, n° 335, nous indique contre qui peut être poursuivie la vente sur simples bannies; il nous dit que les usements constituent en faute le domanier qui omet de payer les rentes, qu'il possède ou non; il autorise le seigneur à vendre sans entrer dans la discussion de savoir quelle est positivement la personne qui doit. On peut donc dire que le foncier a le droit de poursuivre la vente contre tout détenteur, un fermier, par exemple, un codomanier qui possède seul la tenue.

Lorsque le colon n'a pas de consorts, ou lorsque la tenue est indivise entre les codomaniers, le fermier, en vertu du principe de l'indivisibilité, est obligé de vendre tous les édifices et superfices; c'est l'application de l'art. 2214 Code civil. Mais le principe de l'indivisibilité ne va pas jusqu'à faire admettre la nullité de la procédure, si dans les publications on a omis une partie des édifices du colon ; les droits de celui= ci seront sauvegardés s'il indique les objets omis et exige qu'ils soient vendus avec les autres. Lorsque la tenue a été partagée entre les colons, le foncier peut se borner à vendre la part de l'un d'eux. Ce sont les mêmes principes que pour le congément (V. *infrà, congément*).

129. IV. *Conséquences de la vente sur simples bannies.* — A l'égard du colon, les conséquences de cette vente sont identiques à celles du congément : obligation de se retirer dès le lendemain du jour où le jugement d'adjudication lui est signifié, mais remarquons qu'en cas de congément l'expulsion ne peut avoir lieu qu'à la Saint-Michel, tandis qu'ici elle est possible à toute époque ; résolution du bail qu'il a consenti à un fermier, et, par suite, obligation pour lui d'indemniser ce fermier, affranchissement des droits réparatoires de toutes les charges auxquelles le colon les avait assujettis. La vente sur simples bannies rompt les rapports, les obligations existant entre le foncier et le colon, mais seulement pour l'avenir ; elle ne libère pas celui-ci pour le passé. C'est que le colon n'était pas seulement tenu *propter rem*, il avait contracté une obligation, celle de *fournir* la redevance ; si donc la

vente des meubles, puis celle des édifices n'a pas suffi pour désintéresser le foncier, il n'est pas libéré, et le foncier pourra le poursuivre, par toutes les voies de droit, jusqu'à paiement complet du reliquat. Qu'il ne se plaigne pas de son sort, il avait un moyen de se libérer complètement dès le principe, que n'a-t-il fait l'abandon des droits réparatoires, le déguerpissement? Il a préféré obliger le foncier à accomplir une procédure dont les frais diminuent la valeur des édifices, qu'il supporte la peine de sa négligence, peut-être de son mauvais vouloir.

130. Il est rare qu'en cas de vente sur simples bannies le cahier des charges ne promette pas à l'adjudicataire une assurance de neuf ans; aucune difficulté ne s'élève alors : celui-ci ne pourra pendant ce temps être congédié. Mais, à défaut d'une clause spéciale, la vente sur simples bannies renferme-t-elle en elle-même, par sa nature, une pareille prérogative? Si nous nous en rapportions à Baudouin, dont l'opinion est conforme à ce qui était d'après lui la règle générale admise par l'ancien droit, nous répondrions affirmativement : « Un seul des cofonciers peut discuter les droits de la tenue, faute de paiement de la partie qui lui revient de la rente totale..... *certat de damno vitando*; ses consorts, dont il conservera tous les droits par l'adjudication, ne sauraient le priver d'une res-

source permise par l'usement. Ainsi la vente
sera valable de la totalité des superfices, mais
l'adjudicataire *n'aura point l'assurance de jouir
pendant neuf années, si ce n'est au plus pour l'intérêt* proportionnel du poursuivant dans la foncialité. Au moins plusieurs admettent cette exception *à la règle générale sur la durée des baux* »
(Baud., n° 89).

On a prétendu que cette donnée était exacte
et qu'elle devait encore s'appliquer aujour-
d'hui.

131. Nous sommes d'un avis contraire; nous
croyons que Baudouin et l'ancien droit faisaient
à la vente sur simples bannies une fausse application de la règle suivie en matière de bail en
premier détachement, de baillée de renouvellement, de concession d'un pouvoir de congédier.
L'assimilation ne doit pas avoir lieu, et voici
pourquoi : dans les trois cas cités, on doit présumer que le colon a entendu s'assurer une
jouissance qui ne fût pas éphémère; il est naturel de penser que le foncier lui a tacitement
promis de ne pas l'expulser quelques jours
après avoir reçu les deniers d'entrée, les deniers
de la baillée d'assurance ou de congément. Ici,
l'adjudicataire n'entre pas en arrangement
avec le foncier, il n'en est pas le cessionnaire.
Ses droits, il les tient du colon qui a été forcé
de les vendre, ou plutôt de les laisser vendre, il

les acquiert tels que ce colon les avait; les résultats de l'opération sont les mêmes que ceux d'une vente volontaire. Il en résulte que l'adjudicataire, comme l'acquéreur, pourra être congédié à l'époque à laquelle son auteur aurait pu l'être. Qu'on n'objecte pas le préjudice que lui fera subir le congément, il n'a pas manqué, pour établir son prix, de calculer les chances d'expulsion. Mais le domanier va être sacrifié, car, nous dit-on, si le prix est moins élevé, c'est sur lui que retombera la perte? Nous ne le nions pas; mais en quoi cela est-il injuste? n'est-ce pas lui, en définitive, qui est en faute? Il ne s'est pas libéré à l'époque où il aurait dû le faire, il a forcé le propriétaire à opérer la vente sur simples bannies, il serait étrange que son retard enlevât à celui-ci le droit naturel qu'il avait de se faire payer une commission, par exemple dans deux ou trois ans, et d'attendre, pour l'exiger, une nouvelle période de neuf années.

Au reste, s'il y avait dans la vente sur simples bannies une assurance en faveur de l'adjudicataire, peut-être cela ne serait-il pas aussi avantageux au colon qu'on veut bien le dire: l'assurance, en effet, est réciproque; si le colon ne peut être expulsé pendant neuf ans, il ne peu demander par contre son remboursement pendant le même espace de temps, or, cela est pour lui une entrave, car peut-être ne s'est-il décidé à surenchérir que dans l'intention de provoquer bientôt le remboursement. L'impossibilité où il serait de le demander le conduira certainement en ce cas à diminuer ses offres, le détournera-peut-être complètement de l'acquisition.

CHAPITRE V

QUESTIONS ET OPÉRATIONS JURIDIQUES AUXQUELLES PEUVENT DONNER LIEU LES DROITS FONCIERS, ABSTRACTION FAITE DE LA PERSONNE DU COLON

132. Nous venons de voir les rapports qui existent dans le domaine congéable, entre le propriétaire et le colon ; nous allons examiner les droits fonciers dans les rapports des propriétaires entre eux ou avec les tiers. Le principe qui sert de base à la plupart des décisions en cette matière est que les droits fonciers sont toujours immeubles et traités comme tels, sauf disposition contraire.

TITRE I

ALIÉNATION DES DROITS FONCIERS

133. Qu'il s'agisse d'une vente volontaire ou d'une vente forcée, les règles sont les mêmes

que pour les ventes immobilières. Les obligations
du vendeur sont toujours : 1° la délivrance; 2° la
garantie.

Cette obligation de garantie est ici d'une application plus fréquente qu'en toute autre matière,
et cela, bien que la foncialité ne soit pas contestée. C'est que le colon d'une tenue a souvent
acquis du foncier la propriété des bois fonciers,
le droit de bois. Or, les bois forment, dans la
plupart des cas, en pays de domaine congéable,
la principale valeur d'une terre, et dans le
cas qui nous occupe, non seulement le fonds
est dépouillé de cette valeur, mais lors du congément, le colon sera autorisé à exiger qu'on
lui en tienne compte, qu'on la lui rembourse
(Baudouin, n° 487) : droit d'autant plus lourd
pour le foncier ou l'acquéreur qui en tient la
place, que la loi de 1791 a donné au domanier
la faculté de provoquer son remboursement.
L'abandon du fonds sera souvent ainsi pour le
propriétaire qui n'a pas de capitaux importants
à sa disposition, la conséquence forcée de la
perte ou de la cession du droit de bois.

Souvent encore le propriétaire a renoncé à la
faculté d'exercer le congément par un conces-
sionnaire. Il est évident qu'alors le colon peut
demander une indemnité ou même la résiliation
de la vente; les art. 1626 et suiv. du Code civil
trouvent ici leur application.

Mais si l'acquéreur auquel le colon oppose le droit de bois peut recourir contre son vendeur, il peut aussi, si la concession dont on se prévaut n'a pas date certaine antérieure à la transcription de la vente, la tenir pour non avenue et demander le maintien de son contrat (Baudouin, n° 488; arrêt R., 11 mai 1850). Les principes du Code civil sont parfaitement d'accord avec cette décision; les actes sous seing privé non enregistrés n'ont pas d'effet à l'égard des tiers (art. 1322 Code civ.); seulement, comme ils sont valables entre les parties, le domanier pourra se faire indemniser par son ancien propriétaire de la perte qu'il subit.

134. Nous avons vu que le propriétaire pouvait aliéner simultanément la rente et le fonds; c'est le cas le plus ordinaire. Mais il peut aussi se réserver l'un de ces biens en aliénant l'autre (Baudouin, n° 185). Il est évident que si les termes du contrat sont explicites, aucune difficulté ne peut s'élever; de même il semble naturel de penser que, si on a parlé seulement de la rente, on n'a pas vendu le fonds, car il n'est pas nécessaire en droit de faire une réserve expresse de ce qu'on ne vend pas, ici de la foncialité : « Toute chose est invendue, dit Baudouin, n° 187, dont le transport n'est pas fait par un contrat aliénatif. »

Il arrive souvent dans la pratique que les

mots : rente convenancière, comprennent dans l'intention des contractants et le fonds et la rente ; alors, lorsqu'on rencontre ces expressions, on peut se demander ce que le propriétaire a entendu vendre. Nécessité est de rechercher l'intention des parties, c'est le devoir des tribunaux qui s'inspireront des règles tracées dans les art. 1156 et suiv. du Code civil.

La question s'est présentée devant le conseil d'Etat au sujet d'une terre vendue par l'administration du Morbihan le 24 thermidor an VI : un tiers, argumentant des termes vagues du contrat, prétendait que le fonds n'avait pas été aliéné avec la rente et lui appartenait. Le conseil d'Etat, confirmant un arrêté du conseil de préfecture du Morbihan du 15 février 1814, décida, le 15 novembre 1815, qu'il résultait des termes de l'adjudication que c'était bien la tenue elle-même, avec toutes ses dépendances, et non pas seulement la rente, qui avait été vendue.

135. La question se résoudrait de la même façon, si c'était le colon qui avait racheté la rente du foncier ; les circonstances devraient servir à découvrir l'intention des parties, à déterminer si le foncier a entendu aliéner en même temps le fonds lui-même. Une présomption existe cependant dans un cas en faveur du foncier contre le colon ; ce point se rattache à une question transitoire résultant de ce que la législation a

varié, à l'époque intermédiaire, sur le domaine congéable. La loi du 27 août 1792 enlevait au foncier sa propriété pour la transmettre au colon, la loi du 9 brumaire an VI la lui a rendue; si dans l'intervalle compris entre ces deux lois le foncier avait accepté le remboursement, on devrait présumer que la somme offerte par le colon n'était que la valeur représentative de la rente, puisqu'il n'avait pas besoin de racheter le fonds ; en sorte que le foncier, à partir de l'an VI, malgré le remboursement, a pu exercer les prérogatives attachées à sa propriété (arrêt 6 mai 1865 formel en ce sens).

Toutefois, cette présomption peut être combattue par la preuve contraire résultant d'une intention manifeste ; on pourrait trouver la preuve de cette intention dans le chiffre de la somme remboursée ; son importance prouverait qu'on n'avait pas en vue la rente seule, mais bien aussi le fonds. Il n'y aurait eu à cela rien d'extraordinaire, parce que, lors de la publication de la loi du 9 brumaire an VI, on prévoyait depuis longtemps l'abrogation de celle de 1792 et on pouvait traiter dans cette prévision (Aul., n° 432).

137. Comme dans toute vente immobilière, le vendeur d'un fonds à domaine congéable doit la remise des titres (art. 1605 C. civ.)

Cependant, un arrêt du 10 mars 1821 a jugé

que le vendeur des droits fonciers, bien que s'étant soumis formellement à remettre *les titres de propriété*, n'était pas obligé d'en fournir au soutien de tous les articles composant la tenue.

138. L'aliénation de la rente n'empêche pas le propriétaire d'exercer le congément ou d'accorder une baillée à cet effet. Dans le premier cas, devenant aussi propriétaire des édifices et superfices, il devra servir la rente à la place du colon. Le colon pourra être congédié, bien qu'il ait lui-même acquis la rente ; cette rente, éteinte par confusion, revivra alors à son profit, et sera payée par le propriétaire ou par le nouveau colon en son acquit ; mais, comme toute rente foncière est aujourd'hui rachetable (1. 25 août 1792), le foncier pourra, quand il le voudra, exercer le remboursement, il le fera alors suivant le mode prescrit par le décret du 18 décembre 1790 (Carré, p. 298 ; arrêt R., 13 thermidor an IX, 11 prairial an X ; Baudouin, n° 149).

TITRE II

PARTAGE DES DROITS FONCIERS

139. Les règles sont les mêmes que pour les partages d'immeubles ordinaires. Mais Baudouin nous fait observer, n° 174, que souvent,

dans les actes de partage, on attribue aux cofonciers des redevances de différentes espèces
avec le *fonds en proportion*, par exemple, à l'un
telle somme, à l'autre telle quantité de denrées.
Lorsqu'un temps assez long s'est écoulé depuis
le partage, et qu'on veut se rendre compte de
la portion du fonds qui appartient à chacun, le
cas ne laisse pas que d'être embarrassant. Le
cours des denrées, si variable de sa nature, n'est
évidemment plus le même qu'à l'époque de
l'opération, et on ne peut recourir aux *apprécis*
des dix dernières années (aujourd'hui, nous dirions *mercuriales*).

Il n'est pas d'autre moyen pour se rendre
compte de la valeur qui a été attribuée à chaque
copartageant que de remonter à l'époque primitive de la division de la tenue, ou du moins, si
cette époque est inconnue, à l'époque de l'acte le
plus ancien relatant ce partage.

Le partage du fonds est un acte auquel le
colon reste étranger, aussi ne peut-on le lui opposer; les copropriétaires de la tenue n'acquièrent
donc pas le droit de congédier séparément les
portions des édifices correspondant à leur part
dans le fonds : le principe de l'indivisibilité de
la tenue est réciproque, le colon peut l'invoquer
aussi bien que le foncier.

A part cette restriction, chacun des copartageants dispose comme il l'entend et divisément

de tous les droits fonciers, dont l'exercice ainsi divisé ne doit pas nuire à l'unité des superfices possédés par le même colon ; ses arbres, sa rente, etc., il peut les aliéner en toute liberté.

140. Les rentes foncières s'estimaient dans l'ancien droit au denier 20 ; or, ainsi que nous l'atteste Baudouin, n° 165, il était d'usage dans les pays de domaine congéable, en matière de partages, rescisions pour lésion, etc., d'estimer les rentes et charges convenancières au denier 25 ; on ne tenait pas compte alors des commissions, du fonds, des bois fonciers, cela eût fait double emploi, car c'était en vue de ces avantages attachés à la foncialité qu'on avait porté à ce taux spécial la valeur des rentes convenancières. Les rentes que le colon payait à des tiers en l'acquit du foncier s'estimaient au même taux, elles étaient censées faire partie de la redevance. Ainsi la valeur des droits fonciers, indépendamment de la rente, était estimée 1/5 de la valeur totale des avantages attachés à la foncialité, ou 1/4 du capital de la rente aliénée estimée au denier 20. Voilà pourquoi, quand une rente convenancière était aliénée par le propriétaire qui retenait le fonds, cette rente, devenant foncière, était évaluée comme telle au denier 20. Si une partie seulement de la rente était aliénée, on multipliait par 25 la portion re-

tenue et on y ajoutait le quart de la portion aliénée estimée au denier 20.

Exemple : rente de 100 francs.

Vente de la moitié..... 50 francs avec rétention du fonds. Pour estimer ce qui restait au propriétaire, on disait :

$$50 \times 25 = \ldots \ldots \ldots \ldots \quad 1,250$$
$$50 \times 20 = 1,000 \text{ dont le } 1/4. \quad 250$$

$$\text{Total.} \ldots \ldots \quad 1,500$$

(Baudouin, nos 165 et suiv.; 170 et suiv.; Aul., n° 439.)

En théorie, ce calcul semble irréprochable, et il a l'avantage d'être simple et peu coûteux, mais en pratique il conduit, par son inexactitude, aux plus grandes injustices; il ne fait pas connaître la valeur réelle des objets estimés, et, comme il est encore quelquefois pratiqué aujourd'hui, on ne saurait le combattre avec trop d'énergie.

141. Le rapport qui existe entre la redevance convenancière et la véritable valeur des droits fonciers est loin d'être toujours la même, d'être toujours dans la proportion de 4 à 1; la plus ou moins grande quantité de bois fonciers qui existent sur la tenue, l'avantage qu'il y aurait à provoquer le congément, ou au contraire le désavantage que l'on éprouverait si l'on était contraint

au remboursement, le font varier sans cesse.
Une tenue est couverte de bois valant 10,000 fr. ;
la rente est de 100 fr. ; une autre ne possède de
bois que pour 1,000 fr., la rente est de 1,200 fr. ;
le rapport est-il le même ? Evidemment non.
Le moyen employé aboutit aux chiffres suivants :

1er cas : $100 \times 25 = 2,500$, soit 2,000 francs
pour le capital de la rente, 500 francs pour le
fonds.

2e cas : $1,200 \times 25 = 30,000$ francs, soit
24,000 francs pour le capital de la rente, 6,000 fr.
pour le fonds.

Si l'on met dans le lot de l'un des cohéritiers
une tenue ainsi estimée ou beaucoup au-dessous
de sa valeur, ou beaucoup au-dessus, quelle
injustice ne va-t-on pas consacrer en sa faveur
ou contre lui, alors qu'un héritage ordinaire
est attribué aux autres cohéritiers ! D'ailleurs, il
ne faut pas oublier que le colon peut provoquer
son remboursement, et que si les édifices ont
une valeur considérable, le foncier, bien que la
tenue lui ait été comptée pour une somme importante à cause du taux élevé de la redevance,
se trouvera dans l'embarras et obligé peut-être
d'abandonner ses droits.

Dans la plupart des cas, il est vrai, on met
dans chaque lot la même quantité de tenues

de valeur à peu près égale, suivant les principes du Code civil, art. 832, et il s'opère une compensation qui rétablit l'équilibre. Mais il faut supposer pour cela l'héritage considérable. Or, souvent il ne l'est pas, et il est nécessaire de trouver un moyen d'arriver dans tous les cas à un résultat équitable et qui puisse parer à toutes les éventualités.

142. Le moyen existe, il est plus long, plus dispendieux que le précédent, mais nous ne devons pas hésiter à l'employer, car seul il fait connaître la vraie valeur des droits fonciers. Il consiste à évaluer ce que la tenue rapporterait comme ferme ordinaire, à estimer ce qu'elle vaudrait si elle était à héritage. Cela fait, on calcule ce qu'il faudrait débourser pour opérer le congément, on déduit cette seconde partie de la première, la différence est la valeur exacte des droits fonciers.

Ex. : la tenue, si elle était à héritage, serait affermée 500 fr. ; au denier 20, elle vaut 10.000 francs ; les droits à rembourser valent 450 fr. En retranchant ces 450 fr. du prix de la tenue au denier 20, on obtient pour la valeur des droits fonciers 9,550 francs.

Lorsqu'il s'agit d'opérer la division des droits fonciers d'une seule tenue, il existe un autre moyen employé par quelques tribunaux, en particulier, celui de Lannion, et qui, conforme

aux dispositions de l'art, 827 du Code civil, établit une égalité parfaite entre les copartageants :
au lieu d'ordonner le partage en nature, on
ordonne la licitation. Mais pour beaucoup de
propriétaires, il est dur de voir passer en des
mains étrangères des biens auxquels ils sont
attachés ; aussi préfèrent-ils généralement le
partage en nature, malgré les inégalités qu'il
présente parfois, inégalités dont ne sont pas
d'ailleurs exempts les partages d'immeubles ordinaires et, en général, les partages de toute
nature.

TITRE III

DROITS FONCIERS EN MATIÈRE DE CONTRAT DE MARIAGE

143. Les droits fonciers sont encore en cette
matière soumis aux mêmes règles que les immeubles. Si nous supposons les époux mariés
sous le régime de la communauté, ce qui arrive
le plus souvent dans les pays de domaine congéable, les droits dont nous traitons resteront
propres à celui des époux qui en était propriétaire avant le mariage. Bien plus, si pendant la
durée de la communauté un congément, un
remboursement, une acquisition réunit aux
droits fonciers les édifices et superfices, ceux-ci

ne deviendront pas acquêts, ils seront propres à l'époux propriétaire de la foncialité, sauf, bien entendu, récompense envers la communauté. Baudouin cite à ce sujet l'autorité de Rosmar, à l'opinion duquel il adhère. Les édifices, en effet, ne sont que l'accessoire des droits fonciers, ils en sont un démembrement, l'acquisition prend sa source dans les droits inhérents à la foncialité, la consolidation les rattache à l'objet principal dont ils dépendent et ils en suivent le sort.

144. Nous disons qu'il est dû récompense à la communauté ; cependant il y a une distinction à faire suivant que les droits fonciers appartiennent au mari ou à la femme. Au premier cas, pas de difficulté, mais au second cas, on ne saurait imposer à la femme l'opération qui peut avoir été désavantageuse ; elle est donc libre de renoncer à l'acquisition des superfices pour s'en tenir à son fonds ; elle se soustrait ainsi à l'obligation de payer une récompense : c'est l'application de l'article 1435. Mais pour cela il faut que la consolidation soit l'œuvre du mari seul ; si la femme y avait concouru, elle ne serait plus fondée à réprouver l'opération. Il en serait de même si le colon avait demandé le remboursement. En ce cas, l'acquisition est forcée ; on ne saurait reprocher au mari un fait qu'il n'avait pas le droit d'empêcher ; la femme n'aurait qu'une ressource pour se soustraire au

paiement de la récompense ; de même qu'elle aurait pu abandonner au colon, lors de sa demande, le fonds de la tenue, elle peut faire cet abandon à la communauté, qui est subrogée aux droits du colon (Aul., n° 445).

145. De ce que les superfices deviennent propres à l'époux propriétaire du fonds, il n'en faut pas conclure que si, à l'inverse, l'époux est propriétaire des édifices avant le mariage et que le mari acquière les droits fonciers, ces droits deviendront également un propre. Les édifices sont l'accessoire du fonds, mais le fonds n'est pas l'accessoire des édifices. Dans cette acquisition de la foncialité, il faudra voir un acquêt de communauté qui suivra, à la dissolution de la communauté, les règles des acquêts. C'est la décision que l'on donnait dans l'ancien droit pour un cas où se présentait une question analogue. Le retrait lignager était admis en cas de vente des droits fonciers ou domaniers, il ne l'était pas au cas de vente des superfices au foncier. (V. Baudouin, n°s 450 et s.) (En ce sens arr. 31 déc. 1841.)

On peut supposer que la propriété de l'un des époux est donnée à convenant pendant le mariage ; *quid* de la somme payée comme deniers d'entrée? Cette somme est tombée dans la communauté, mais comme, en définitive, c'est la représentation de la valeur des édifices

qui dès maintenant vont appartenir au colon,
comme c'est le prix d'un immeuble propre, la
communauté en devra récompense à l'époux.
Les art. 1433, 1478 du Code civil consacrent
cette manière de voir.

TITRE IV

HYPOTHÈQUE DES DROITS FONCIERS

146. Deux hypothèses peuvent en cette matière présenter quelque difficulté. — I. Le propriétaire d'un immeuble a grevé son bien d'hypothèques; il le baille ensuite à convenant. Les
créanciers poursuivent, quelle sera la situation
du colon? Il nous semble qu'il sera dans la position de tout tiers détenteur; il devra donc
choisir entre les divers partis que le Code civil
laisse au tiers détenteur qui n'est tenu à la
dette que *propter rem:* il pourra payer les créanciers hypothécaires, délaisser l'immeuble.

Mais il pourra évidemment aussi faire la
purge des hypothèques et se borner à offrir et
à payer la somme stipulée pour le prix des
édifices, sauf le droit qu'auront alors les créanciers de surenchérir. Les art. 2167 et 2168 sont
formels en ce sens : « Le tiers détenteur est
tenu, s'il ne remplit pas les formalités établies
pour la purge, ou de payer tous les intérêts et

capitaux exigibles, à quelque somme qu'ils puissent monter, ou de délaisser l'immeuble hypothéqué sans aucune réserve. » En un mot, le chapitre 6 du titre XVIII, livre III, C. civ., trouve pleinement ici son application.

147. II. Le fonds et les superfices sont en des mains différentes, le propriétaire consolide ; l'hypothèque qu'il avait consentie sur les droits fonciers va-t-elle s'étendre aux édifices ? Pour répondre à cette question il faut distinguer. La consolidation est-elle le résultat d'un congément, d'un remboursement, d'une vente sur simples bannies, d'un déguerpissement, en un mot, d'un acte inhérent à la nature du domaine congéable et qui en est une conséquence ordinaire, l'hypothèque frappera l'accessoire, qui se réunit ainsi au principal en vertu d'une cause préexistante, c'est une amélioration, et nous pouvons appliquer les dispositions de l'art. 2133 du Code civil.

Est-elle le résultat d'une vente conventionnelle entre le colon et le foncier, alors l'hypothèque ne frappera pas les édifices ; ce n'est plus en vertu du contrat de domaine congéable que les droits réparatoires se réunissent à la foncialité, c'est une vente d'immeuble identique à celle que consentirait le colon à un tiers ; on ne peut voir dans l'acte du foncier que l'acquisition d'un immeuble distinct auquel l'hypothèque

assise sur le fonds ne pourra s'étendre. Cette
décision est conforme aux anciens principes
qui distinguent en toute matière la vente volontaire des autres modes de consolidation.
(Baudouin, n°s 274, 319, 394, 395; Le Guével,
p. 96.)

Il est évident toutefois qu'en vertu de l'article 2211 du Code civil, le créancier poursuivant
pourrait être tenu, sur la requête du foncier, de
faire vendre le domaine en entier.

TITRE V

PRESCRIPTION DES DROITS FONCIERS

148. Sous l'ancien droit, le colon, possesseur
précaire, ne pouvait jamais prescrire les droits
fonciers contre le propriétaire; les tiers le pouvaient par la prescription de quarante ans
(Baudouin, n° 202), à condition toutefois qu'ils ne
tinssent pas leur possession du colon, car le vice
de précarité dont elle était entachée entre ses
mains l'aurait suivie entre les leurs. (Baudouin,
n° 43 ; Duparc-Poullain, t. 6, *Principes du droit*,
p. 255 : arrêt de 1747.) De plus, dans le ressort
des usements où existait la présomption de tenue à domaine congéable, les tiers ne pouvaient,
s'ils n'avaient un titre, invoquer la prescrip-

tion ; ils devaient fournir une preuve contre la présomption *par un acte au contraire*.

Aujourd'hui les règles de l'ancienne jurisprudence doivent encore être appliquées pour les prescriptions commencées avant la promulgation du Code civil (art. 2281 C. civ. ; arr. R. 1er août 1817).

149. Quant aux droits fonciers sur lesquels on invoque une prescription dont l'origine est postérieure au Code, tous les principes de la législation actuelle leur sont parfaitement applicables. S'il y a juste titre et bonne foi, la prescription sera de dix à vingt ans (art. 2265 C. civ.); s'il n'y a pas de titre, de trente ans (art. 2262 C. civ.).

L'ancienne règle qui faisait passer du colon au tiers le vice de précarité est abrogée expressément par l'art. 2239 ; enfin la prescription devra remplir les conditions exigées par l'art. 2229 : être continue, non interrompue, paisible, publique, non équivoque, et à titre de propriétaire.

Le colon est obligé de veiller aux droits du propriétaire, de lui dénoncer les empiétements que des tiers tendent à opérer sur son fonds ; or, si un tiers peut prescrire le fonds, *à fortiori* pourra-t-il prescrire une servitude sur ce fonds. Si donc le colon a laissé le propriétaire d'un terrain voisin acquérir par la possession une servitude continue et apparente, il devra une indemnité au foncier.

En vertu de la maxime : *per colonos et inquilinos nostros possidemus*, le propriétaire de la tenue peut acquérir par la possession de son colon une servitude continue et apparente sur un fonds voisin.

150. Une question intéressante peut se présenter au sujet de la prescription. Le colon prescrit une partie des édifices sur un colon voisin, un fossé, une grange, le fonds sera-t-il prescrit au profit du propriétaire ? Il ne le sera pas par le fait même de la prescription des superfices ; le foncier aura simplement, quant à ces objets, changé de colon, et il pourra exiger du nouveau les prestations ordinaires. Mais si ce colon, au lieu de fournir les déclarations, les prestations au vrai foncier des objets usurpés, les fournit au foncier de sa tenue à lui, et cela pendant trente ans (quarante ans autrefois), celui-ci aura acquis le fonds par prescription et la partie usurpée s'adjoindra par accession à sa propriété. Baudouin donnait cette solution, et il n'y a pas de bonne raison pour la repousser aujourd'hui.

LIVRE III

DROITS DU COLON SUR LA TENUE
SES OBLIGATIONS

CHAPITRE I

JOUISSANCE DU FONDS

151. Nous mettons en première ligne parmi les droits du colon la jouissance du fonds, parce que c'est là le droit principal qui résulte pour lui du bail à convenant. Il acquiert bien aussi, en vertu de ce contrat, la propriété des édifices, le droit de faire des améliorations... etc., mais il n'en est pas moins vrai que le résultat essentiel de l'opération est de créer entre le foncier et le colon des rapports analogues à ceux qui existent entre un propriétaire et son fermier; le but primordial est l'exploitation du fonds, les autres éléments du bail à domaine congéable ne sont que des accessoires par rapport à son premier effet, la jouissance du fonds transférée au domanier.

Puisque nous assimilons, au point de vue de la jouissance, le colon à un fermier, nous lui appliquerons les règles que trace le Code civil pour le bail à ferme (art. 1728 et suiv.).

1° Il doit user de la chose en bon père de famille et suivant la destination qui lui a été donnée par le bail. Baudouin (n° 251) faisait déjà l'application de ce principe : « Il ne peut dégrader le fonds, soit en creusant des carrières, fût-ce pour réparer les édifices de sa tenue, soit en arrachant un bois taillis, ou en retirant, par une culture extraordinaire et à la veille du remboursement, les sucs destinés par la nature aux productions successives de plusieurs années. »

Ce que dit Baudouin pour les taillis est d'autant plus remarquable que ces bois appartiennent au colon, branches et souches, et qu'en général, comme nous le verrons, le colon peut disposer comme il l'entend de ses édifices et superfices : il a le *jus abutendi*. Pourquoi cette exception pour les taillis ? C'est que la terre que l'on consacre à ce genre de productions est presque toujours impropre à une autre culture, et que, si le colon défrichait ses bois, il en résulterait le plus souvent que le terrain redeviendrait inculte. Mais cette raison n'est qu'accessoire; le colon ne peut changer la destination du fonds, voilà le motif principal qui sert de base à la défense de défricher les taillis.

2° Il répond des dégradations provenant de son fait (art. 1732 C. c.), ou du fait de ceux qui sont à son service ou de ses sous-locataires (art. 1735 C. c.) (Carré, p. 231).

3° Il ne peut anticiper l'époque des coupes,
des émondes et des taillis. Cela résulte et de
l'obligation générale de ne commettre aucune
dégradation, et des diverses lois qui ont eu pour
but de protéger les bois contre des coupes pré-
cipitées (Ordonn. des eaux et forêts, 1669,
tit. 16, art. 1 ; décret Assemblée const. 18 mars
1790 ; Jurisp. de Bretagne, attestée par Poul.-
Duparc, *Princip.*, t. 5, p. 329 ; enfin Code civil,
art. 590).

CHAPITRE II

PROPRIÉTÉ DES ÉDIFICES ET SUPERFICES

152. Les édifices et superfices qui deviennent
par le contrat la propriété du colon ou qui, in-
existants à cette époque, sont créés par lui et
lui demeurent propres, sont, d'une façon générale, tout ce qui est le résultat du travail de
l'homme. Par le bail à convenant, la propriété
est ainsi divisée : au foncier, le sol nu et le produit naturel du sol, les arbres fonciers, par
exemple, qu'on lui attribue pour cette raison ;
d'ailleurs, les tenues sont généralement boisées
lors de l'acconvenancement ; au colon, tout ce
qui est le résultat de l'activité humaine et
n'existerait pas dans un terrain laissé aux seules

forces de la nature : constructions de toute espèce, maisons, fossés, talus, puits, barrières,
etc., améliorations apportées à la culture et au
service des terres, défrichements, labours, engrais, tissu des prairies, drainages, etc.

On attribue encore au colon certains bois dont
la valeur est relativement peu considérable : arbres fruitiers, bois puinais, bois taillis avec
leurs souches, émondes des bois qui sont susceptibles de ce genre d'exploitation.

Lors du congément, on doit au colon le prix
de tout ce qui lui appartient ; on doit, par conséquent, lui rembourser le tissu des prairies
comme toute autre amélioration due à son travail. Poussant encore plus loin leurs revendica-
tions, certains domaniers, se basant sur le
même principe, ont voulu réclamer sur toutes
les terres le prix du premier défrichement ; c'é-
tait là une prétention injuste et qui, si elle avait
triomphé, eût rendu tout congément impossible. Si l'on rembourse le tissu des prairies, c'est
que, pour le créer, il a fallu des frais considérables et d'une nature spéciale ; il a fallu nive-
ler le terrain, le drainer, y mettre certaines
espèces d'engrais d'un prix de revient plus
élevé, l'ensemencer, etc. Pour tout cela, il a
fallu une main-d'œuvre fort dispendieuse ; on
admet donc facilement, si rien n'indique le contraire, que ces frais ont été faits postérieure-

ment au bail à convenant, par conséquent par le colon, et on lui en devra le remboursement intégral. Mais, pour soutenir que lors du congément on doit estimer les frais de premier défrichement de toutes les terres productives, il faudrait supposer qu'il n'existe que des concessions en premier détachement, et que toutes les terres étaient incultes au moment de l'acconvenancement. L'art. 27, Us. de Corn., dit, il est vrai, que le colon doit être réparé des prairies et autres améliorations utiles faites sur le fonds; mais on voit, en rapprochant ce texte de l'article 9, qu'il s'agit là de haies, fossés, vergers jardins et des édifices nécessaires ou utiles que le colon est autorisé à faire par l'usement sans la permission du foncier. Baudouin lui-même se borne à parler des prairies, en disant qu'on commettrait une injustice si l'on ne remboursait pas le colon de ses défrichements. (En ce sens, arrêt 29 août 1839.)

Les genêts et ajoncs font partie des bois puinais; cependant, ils ne sont présumés avoir une valeur appréciable qu'après un an; aussi n'entrent-ils pas dans l'estimation s'ils n'ont qu'une existence moindre (art. 21, Rosmar, Us. de Tréguier; art. 26 Us. de Cornouaille).

153. *Pailles et engrais.* — Les pailles et engrais font-ils partie des droits réparatoires? doivent-ils être compris dans le prisage?

Il y a d'abord à faire une distinction entre les engrais déjà enfouis dans le sol, ou au moins étendus sur sa surface, et ceux qui sont encore amoncelés. Les premiers, sans difficulté, doivent entrer dans le prisage des droits réparatoires (Baudouin, n° 300), et les dispositions exceptionnelles des usements de Broërec et de Rohan, art. 14, qui ne donnaient au colon que le droit de se faire rembourser les trois quarts seulement de ses pailles et engrais, ont été supprimés par la loi du 6 août 1791 ; la règle est uniforme pour tous les pays où le domaine congéable est usité.

Pour les pailles, ce qui comprend les foins et fourrages nécessaires à la nourriture des bestiaux jusqu'à la prochaine récolte, et pour les engrais non encore employés, une réponse affirmative est plus douteuse. Les uns veulent les faire rentrer dans les droits réparatoires, les autres soutiennent qu'ils appartiennent au colon comme meubles et qu'il peut en disposer à son gré. Cette solution était celle de l'ancienne jurisprudence, comme l'attestent Baudouin (n° 301); Le Guével (p. 125); Carris sur Rohan (p. 8).

Carré combat cette idée; elle pouvait être soutenue dans l'ancien droit, dit-il, mais l'article 14 l. 1791 soumet les domaniers aux lois générales établies ou à établir dans l'intérêt de l'agriculture relativement aux baux à ferme, et, par conséquent, leur rend applicable l'art. 1778 C. c. L'art. 19 d'ailleurs est formel, il ordonne le remboursement des labours et engrais; or, tout ce qui est destiné à fertiliser les terres, à en assurer la bonne et sûre exploitation, conséquemment les pailles et fourrages rentrent dans la qualification d'engrais. Quant aux engrais, peu importe l'endroit où ils se trouvent, qu'ils soient en monceaux ou déjà étendus sur la surface du sol, l'art. 19 ne distingue pas; un arrêt antérieur au Code, 26 thermider an X, avait déjà décidé la question en ce sens.

Nous croyons que la doctrine de l'ancien droit doit encore être suivie aujourd'hui. L'argument tiré de l'art. 19 l. 1791 n'a pas une grande valeur, car rien n'indique que cet article soit général comme on le prétend. Dans le doute, il est plus naturel de penser qu'il avait en vue, en parlant des engrais à rembourser, ce qu'on comprenait alors sous cette dénomination, et il est certain que les engrais déjà employés étaient seuls remboursables. La corrélation qui existe entre les mots *labours* et *engrais* employés conjointement en est un indice. Et si l'article a jugé utile de consigner la règle qui ne pouvait faire aucun doute, à savoir que les engrais étaient remboursables, c'était moins pour étendre le remboursement aux pailles et engrais non employés, que pour supprimer l'exception des usements de Broërec et Rohan, en vertu desquels, comme nous l'avons dit, on ne prisait que les trois quarts des engrais même enfouis dans la terre.

159. Ce n'est pas à dire que nous entendions violer l'art. 16, qui renvoie aux lois favorables à l'agriculture, et l'art. 1778 C. c. qui permet au propriétaire de garder les pailles et engrais de l'année ; cet article est, suivant nous, applicable au domanier sortant, et l'art. 16 l. 1791 se trouve ainsi respecté ; ce que nous soutenons, c'est que si le propriétaire garde les pailles et engrais, ce ne sera pas en qualité de foncier d'une tenue à domaine congéable, mais en qualité de propriétaire d'une ferme. Quel intérêt, dira-t-on, y a-t-il à distinguer ? Si le résultat est le même, peu importe que ce soit l'art. 1778 C. c., ou la législation spéciale au domaine congéable, qui le fasse obtenir. L'intérêt existe cependant, il est double, et peut se résumer ainsi :

1° Si les pailles et engrais ne sont pas des droits réparatoires, il n'est pas indispensable qu'ils soient prisés avant la Saint-Michel, résultat fort appréciable, vu qu'il est souvent difficile d'estimer la valeur de récoltes à peine terminées.

2° Le colon ne pourra pas exiger que le propriétaire lui rembourse les pailles et engrais, car l'art. 1778 lui laisse la faculté de le faire, mais ne lui en impose pas l'obligation.

Nous pouvons d'ailleurs opposer à la cour la cour elle-même, et citer un arrêt du 31 juillet 1834 dans le sens de cette opinion, à l'encontre de l'arrêt de l'an X.

155. Propriétaire des édifices et superfices, le colon peut, conformément à l'art. 544 du Code civil, en disposer de la manière la plus absolue : il a le *jus utendi*, le *jus fruendi*, le *jus abutendi*. Il peut les affermer, les hypothéquer, les aliéner. Ces facultés sont même tellement inhérentes à la nature du domaine congéable que le colon ne saurait valablement y renoncer : « Pourront, les domaniers, nonobstant tous usements et stipulations contraires, aliéner les édifices et superfices de leurs tenues » (art. 3 1. 1791).

« Il y aurait nullité de la clause par laquelle le domanier se serait engagé à ne pouvoir affermer sa tenue qu'en vertu d'une permission du propriétaire » (Carré, p. 192). Le foncier n'imposera jamais la clause de renonciation à hypothéquer les superfices, l'hypothèque consentie sur ces objets ne lui est pas opposable.

De ce que le colon a le *jus abutendi*, nous concluons qu'il peut anéantir ses droits, abandonner, détruire ses fossés, talus, clôtures, et laisser ses champs en friche (arr. 29 juillet 1759 ; Baudouin, n° 247). « Si, néanmoins, ajoute

Baudouin, n° 247, le délabrement des choses
était poussé à un tel excès qu'il ne restât plus
au foncier une hypothèque capable de lui répondre du service de sa rente, il aurait l'action qui
compète vers tout preneur à rente pour l'obliger à l'entretien de l'héritage en état suffisant. »

L'art. 13 de l'Usem. de Cornouaille impose
expressément cette obligation au domanier *pour
la sûreté de la prestation*, et Carris sur Rohan,
art. 12, dit : « Le vassal ne peut, sans la permission expresse du seigneur, détruire ni démolir les anciens bâtiments, ni en vendre les matériaux, parce qu'ils tiennent lieu d'hypothèque
aux rentes du seigneur. Mais si ces bâtiments
tombent en ruine par vétusté, le seigneur ne
peut contraindre le vassal de réédifier, sauf à
lui à exercer le droit de congément. »

Les consorts du domanier qui dégrade les
droits réparatoires seraient autorisés à agir contre lui, pour le forcer à les rétablir en état suffisant pour le service de la rente; ils y ont un
intérêt marqué, car ils sont solidairement res-
ponsables de ce service, et leur intérêt serait
compromis si on ne leur accordait pas « la ressource précautionnelle, suivant les termes de
Baudouin, n° 472, d'exiger la conservation de la
portion codébitrice. »

156. Une fois assigné en congément, le colon
voit restreindre son droit de propriété, il ne

peut plus détériorer les édifices et superfices ;
à partir de ce moment, le foncier a un droit
acquis à retenir les constructions et plantations
faites sur son fonds (Baudouin, nos 248 et suiv.).
En effet, il est de principe qu'un propriétaire
qui évince un possesseur, a toujours le droit
de prendre pour son compte les améliorations
faites par celui-ci (Pothier, *Traité des retraits*,
partie 1, ch. 9, n° 3321). Cela s'applique avec
d'autant plus de justesse au cas de congément,
que le bail à domaine congéable a eu précisément pour but l'amélioration de l'immeuble.

Quant aux innovations que le domanier aurait faites, aux édifices nouveaux dépassant les
limites dans lesquelles il peut construire, l'article 555 du Code civil donne au propriétaire
du fonds le droit de les retenir ou d'obliger le
constructeur à les enlever.

CHAPITRE III

AMÉLIORATIONS. — INNOVATIONS

157. Nous avons dit que l'amélioration de la
tenue était une des causes génératrices du bail
à domaine congéable. Le colon a donc le droit
de créer des superfices nouveaux, qui lui appartiendront et dont il pourra exiger le remboursement. A ce droit, cependant, on devait

imposer des limites, sans lesquelles le congément fût devenu la plupart du temps, sinon
toujours, impossible. Ces limites sont établies,
soit par les clauses du bail, soit par l'usage, et
on appelle *innovations* ou *novalités* les améliorations défendues : *grever* le fonds, c'est créer ces
innovations.

I. *Améliorations permises.* — Ce sont toutes
celles qui ont pour objet la culture, l'entretien,
le progrès agricole de la tenue : création de
vergers, semis, prairies, jardins ; plantations
d'arbres fruitiers ; ensemencement, etc.

II. *Améliorations prohibées ou innovations.* —
Est défendue toute construction nouvelle qui
n'a trait qu'indirectement au progrès, à la fer-
tilisation, à la culture du sol : édifier de nouveaux bâtiments, agrandir ceux qui existent.
Mais le colon peut reconstruire les bâtiments
qui sont tombés en ruine, pourvu qu'il ne leur
donne pas des dimensions plus considérables et
une forme qui en rende l'entretien plus dispendieux. Est-ce à dire qu'il devra employer des
matériaux identiques aux anciens, bâtir sur les
mêmes fondements ? Rosmar, art. 15, et Baudouin, n° 260, répondent affirmativement, et
l'art. 12 de l'Us. de Rohan l'ordonne expressément. Cependant on n'applique plus ce principe dans toute sa rigueur ; notamment on admet, contre les termes de Rosmar, qu'un

domanier peut convertir en ardoises une toiture en chaume. C'est que, par suite de la création en Bretagne de nombreuses usines, où l'on transforme la paille en papier, par suite aussi de l'extension donnée à la culture d'autres produits, cette matière, universellement employée autrefois pour les couvertures des bâtiments, a subi un renchérissement considérable ; par contre, l'ardoise est devenue plus commune et moins chère qu'elle ne l'était autrefois ; il en résulte que la différence de prix de revient et d'entretien entre les deux modes de couvertures n'est plus sensible, peut-être même est-elle en faveur de l'ardoise.

De même on n'exige plus que les constructions soient rétablies exactement sur les mêmes fondements ; pourvu qu'elles aient les mêmes dimensions, le foncier n'a pas intérêt à réclamer (Le Guével, p. 114 ; Aul., n° 353).

158. Les mêmes principes s'appliquent aux murs et talus ; le colon ne peut en créer de nouveaux.

Quid des fossés et clôtures d'une valeur moins considérable ? La question est controversée.

Première opinion. — Le colon ne peut en élever indéfiniment ; il pourrait morceler la tenue en un grand nombre de parcelles, ce qui serait inutile, peut-être nuisible au fonds, et forcerait le propriétaire à rembourser en pure perte, sans plus-value pour la tenue, une somme considérable (Gatechair, Carris.; arrêt de 1649).

Deuxième opinion. — Le principe invoqué par le précédent système est vrai; mais on y fait les exceptions commandées par la nature du domaine congéable et l'intention présumée des parties. Le colon ne devra pas diviser les champs déjà entourés de clôtures; mais, si l'on a acconvenancé un terrain déclos, il y aura présomption légale qu'il est autorisé à se clore, et lorsqu'il défrichera des landes, des terrains vagues qui font partie d'une tenue close par ailleurs, il pourra les entourer de fossés. En effet, si défricher est un des droits du domanier, comment lui refuser le moyen de défendre contre les incursions étrangères, les agressions du dehors, le fruit de son labeur? Au reste, cet argument suppose tranchée une question qui est fort débattue, celle de savoir si le colon a le droit de faire sur la tenue, *en dehors de la permission du foncier,* des défrichements et des desséchements.

159. A la fin du siècle dernier, on soutint énergiquement que le colon n'avait pas ce droit. Lorsqu'il fut question de réformer la législation concernant le bail à convenant, Le Quinio, dans un pamphlet intitulé : *Elixir du régime féodal,* concluait à la suppression de ce contrat, par le

seul motif qu'en refusant aux colons le droit de faire des défrichements dont les dépenses n'entraient pas en prisage lors du congément, on nuisait à l'intérêt de l'agriculture.

M. Desnoës, jurisconsulte versé dans la jurisprudence du domaine congéable et propriétaire de convenants, dans un mémoire qu'il écrivit pour répondre à la pétition du corps électoral du Morbihan, ne reconnaissait pas non plus aux colons, détenteurs précaires du fonds, le droit de défricher. Plusieurs jurisconsultes de Rennes, dans une consultation datée du 12 janvier 1791, se prononcèrent dans le même sens, en motivant leur opinion sur les frais considérables qu'entraînait ce genre de travaux, frais rarement en rapport avec la plus-value donnée au fonds, et sur la déclaration du 6 juin 1768, interdisant aux fermiers tout desséchement sans l'autorisation du foncier. Quelques années auparavant Girard, dans son traité intitulé : *Usements ruraux de Basse-Bretagne*, émettait partout la même doctrine (p. 42 et 87, p. 8 du discours prélim.).

Cette opinion était loin cependant d'être unanime. Baudouin nous dit que « le bail convenancier renferme pour cette entreprise un consentement suffisant du foncier.» Le Guével, *Commentaire sur l'Usement de Rohan*, et Carris, sur le même usement, émettent le même sentiment que Baudouin. Enfin, dans la définition que donne Gatechair du bail à convenant, on lit que c'est un bail emphytéotique, dans le but d'exciter les laboureurs à entreprendre les défrichements.

160. La question est encore controversée aujourd'hui. Aulanier opte pour l'opinion de Baudouin : le but principal du bail à convenant est l'amélioration des terres. Le colon n'a qu'une possession précaire ; mais sa position diffère cependant de celle du fermier : il est propriétaire des édifices et peut se faire rembourser sans conteste certaines améliorations. Les défrichements augmentent la somme à rembourser ; mais ils augmentent aussi la valeur du fonds. L'intérêt de l'agriculture demande cette solution, car le propriétaire ne fera que bien rarement des améliorations pour augmenter la valeur du fonds, il en retirerait trop peu d'avantages.

161. Il nous semble que ce système, qui permet d'une façon générale les défrichements, est trop absolu. Aulanier nous a montré que la question était controversée dans l'ancien droit ; en étudiant avec soin les auteurs, on voit que chacun d'eux présente son opinion comme certaine, comme le reflet de l'usage du pays sur l'usement duquel il écrit. Qu'en peut-on conclure, sinon que les usements différaient

entre eux sur ce point, et que de là vient la di-
versité d'opinion entre les auteurs qui n'ont
pas défendu tel ou tel système, mais relaté
l'usage qu'ils voyaient pratiquer autour d'eux.
Si cette donnée est certaine, il faudrait encore
aujourd'hui non plus choisir entre deux systèmes absolus, mais les appliquer alternative-
ment, suivant que l'on se trouverait dans le
ressort des usements qui admettaient ou n'admettaient pas le droit de défricher. La loi
de 1791 n'est pas contraire à cette solution ;
elle renvoie aux usements sur les points qu'elle
n'a pas traités (art. 7). Les usements, il est
vrai, sauf celui de Cornouaille, art. 27, ne
contiennent pas de dispositions explicites à ce
sujet ; mais il est facile, par les ouvrages même
écrits sur la matière dans le ressort de chaque
usement, de constater quel principe y avait
prévalu.

Ainsi nous dirions : Les défrichements étaient
permis en Rohan, en Goëllo et Tréguier, cela
nous est attesté par Carris et Le Guével pour le
premier de ces usements ; par Baudouin pour le
second ; ils étaient défendus en Broërec et
Cornouaille, nous en voyons la preuve dans
Desnoës pour le premier, dans Girard pour le
second ; permettons-les ou défendons-les aujourd'hui, suivant que nous sommes dans le
ressort des usements de Rohan, de Goëllo et

Tréguier, ou au contraire dans celui des usements de Brôërec, de Cornouaille.

162. Il n'y a aucune raison pour distinguer
entre les défrichements et les desséchements,
bien que ceux-ci exigent plus de frais ; les anciens auteurs assimilent les deux cas ; aussi
peut-on se demander pourquoi Aulanier fait
une différence entre eux. Il n'émet d'ailleurs
cet avis qu'avec hésitation, et n'ose pas soumettre toujours le desséchement à une autorisation préalable du foncier ; il se contente de
dire que les desséchements seraient plus facilement contestables, — cela dépendrait donc des
circonstances.

163. Nous avons dit que le colon avait incontestablement le droit de planter des arbres
fruitiers, de faire des prairies et des jardins, il
ne faut pas exagérer ce principe ; s'il trans-
formait toute la tenue en prairies, en vergers,
il changerait la destination de la chose, et l'article 1728 C. civ. viendrait décider qu'il a
outrepassé son droit.

De ce que le colon peut créer des vergers,
des jardins, faire des semis qui seront compris
dans les droits réparatoires, on a admis comme
conséquence qu'il pouvait créer des pépinières.
Ces pépinières, en effet, ont pour but de préparer des plants qui resteront sur la tenue ; or,
si la fin est permise, les moyens doivent l'être

également : le foncier en devra le remboursement, et le colon ne serait pas autorisé à les enlever. Mais s'il est prouvé que les plants dont
se compose la pépinière n'ont pas été destinés
à la tenue elle-même, qu'ils n'y ont été placés
que dans un intérêt commercial, ils ne font pas
partie de la tenue ; le propriétaire n'y a aucun
droit ; réciproquement le colon a l'obligation
de les enlever ; il ne peut forcer le propriétaire
à les rembourser ; ce ne sont point des immeubles, ils ne font pas plus partie des droits réparatoires que les autres effets mobiliers du colon.
Desgodets, sur l'art. 90 de la *Cout. de Paris*,
donnait ces décisions pour le fermier ; elles
sont applicables au domanier (Carré, p. 240)
(V. Pothier, *Commun.*, t. 1, p. 34 ; Duparc-
Poull., *Princip.*, t. 2, p. 67).

164. Mais, lorsque le domanier devra enlever
les plants, ne pourra-t-il pas au moins obtenir
le temps nécessaire pour les retirer sans qu'ils
aient à souffrir de la transplantation? La demande
en congément devant être introduite six mois
avant la Saint-Michel, il semble que le colon a,
dans cet intervalle, le temps suffisant pour
les déplacer, d'ailleurs la loi est formelle, tout
droit du colon sur la tenue cesse le 29 septembre, si le remboursement a eu lieu. Aussi les
tribunaux doivent-ils refuser toute prolongation
de délai. Carré admet cette opinion, mais il y

apporté aussitôt un tempérament : si l'on prou-
vait que la plantation de la pépinière a été faite
au vu et au su du propriétaire sans protestation
de sa part, il serait censé l'avoir tacitement
approuvée, et le colon pourrait obtenir judiciairement la permission de retarder le déplacement
de ses arbres. Carré met en avant l'intérêt de
l'agriculture et l'équité.

165. Nous ne pouvons admettre ce tempérament. Si l'époque qui s'écoule entre le 29 mars
et le 29 septembre n'est pas favorable évidemment à la transplantation des arbres, ce n'est pas
une raison pour repousser l'application de la
loi. Quand Carré dit que sa solution concilie
l'intérêt de l'agriculture et l'équité avec la rigueur des principes, nous croyons qu'il se
trompe ; l'argument qu'il emploie est mauvais,
le foncier a vu la plantation et n'a pas protesté,
mais a-t-il eu le moyen de le faire ? Le colon
exerçait un droit, le propriétaire n'avait pas à
s'en plaindre ; à son tour il vient exercer son
droit lors du congément, le colon ne doit pas y
apporter d'entraves, il devait prévoir que le
congément pouvait être demandé ; c'était à lui
à prendre ses précautions, et, en l'absence d'un
renouvellement de baillée, à dégarnir sa pépinière pendant l'hiver précédent, le dernier de sa
baillée actuelle.

166. Le colon a construit sur la tenue des

édifices et superfices qui constituent une nova-
lité, comment se réglera la difficulté lors du
congément? Le colon se trouve dans la situation d'un possesseur de mauvaise foi qui a bâti
sur le terrain d'autrui; le Code civil nous donne,
dans l'art. 555, les règles à appliquer dans ce
cas. Le foncier a le droit d'exiger la destruction
de toutes les innovations aux frais du colon qui
peut même, s'il a causé un préjudice au propriétaire, être condamné à des dommages et
intérêts. Il a aussi le droit de conserver les constructions, mais il doit alors rembourser la valeur des matériaux et le prix de la main-d'œuvre,
c'est-à-dire qu'il les rembourse sur le même
pied que les autres superfices. Cette disposition
de l'art. 555 a fait disparaître une injustice consacrée par l'ancien droit et rapportée par d'Argentré et Baudouin : le propriétaire pouvait se
contenter de payer les matériaux comme matières brutes, sans faire entrer en compte la
main-d'œuvre.

167. Non seulement le foncier n'est pas obligé
de faire entrer les innovations dans le prisage,
il peut encore, avant que l'époque du congément ne soit arrivée, forcer le colon à les enlever,
car, dit Baudouin, tout propriétaire a le droit
d'abattre ce qui a été édifié contre son gré sur
son terrain. Pour empêcher ce résultat le colon
offrira de donner une reconnaissance consta-

tant qu'il a construit en dehors des conditions permises. Ces reconnaissances, appelées lettres de non-préjudice, se rencontrent fréquemment dans la pratique, elles garantissent le proprié-taire contre le danger de la prescription, mais il n'est pas obligé de les accepter et peut user de la rigueur de son droit qui est d'exiger l'en-lèvement des innovations : « superficies conge-diales, nisi dominus velit, imponi non possunt et impositæ nequeunt et auferenda sunt. » (D'Argentré sur l'art. 408 de l'anc. Cout. gl., 2, n° 10.) Gatechair, Hévin, Consult. 10 ad cal-cem des Quest. féod. ; Poull.-Duparc, tome III, ch. 159, donnent la même solution. Le proprié-taire a un intérêt marqué à exiger l'enlèvement, parce que la vue d'édifices considérables écarte ceux qui viendraient demander le pouvoir de congédier la tenue s'ils la croyaient peu chargée de bâtiments ; ils ignorent en effet que telle construction n'entrera pas dans le prisage (Baudouin, n° 265).

168. Le délai de la prescription qui donne au colon le droit de se faire rembourser les innovations au même titre que les améliorations permises et les superfices est de trente ans. L'ancien droit l'avait fixé à quarante ans, mais l'art. 2262 du Code civil est venu changer cette règle. La prescription peut être interrompue soit par une citation en justice (art. 2244 C. c.)

soit par la reconnaissance que le colon fait du droit du foncier (art. 2248 C. c.), c'est-à-dire par les lettres de non-préjudice qu'il donne.

Le foncier qui a remboursé les innovations est censé par là même les avoir approuvées, mais, jusqu'à ce moment, il peut réclamer contre elles ; au reste, cette présomption n'a lieu que s'il exerce lui-même le congément. Supposons, en effet, qu'un tiers a acheté une baillée de congément et rembourse des objets qui n'auraient pas dû être compris dans l'estimation, lorsque, à son tour, le foncier voudra exercer le congément, que va-t-il se passer ? Le cessionnaire de la baillée, colon actuel, dira-t-il au foncier : Tel édifice est une innovation de mon prédécesseur, mais je la lui ai remboursée, vous m'en devez également le prix ? Le foncier sera fondé à lui répondre : Je vous ai donné seulement le pouvoir de rembourser ce qui devait l'être, vous êtes en faute d'avoir laissé comprendre parmi les droits réparatoires des choses qui n'en faisaient pas partie, c'était à vous à vous asurer de la qualité des objets ; peut-être d'ailleurs y a-t-il eu à ce sujet collusion entre vous et le congédié. Seulement le nouveau colon pourra invoquer la prescription et joindre à sa possession, pour la compléter, la possession du précédent colon. Il aura aussi, suivant Baudouin (n° 334), un recours en garantie contre le domanier

expulsé pour les innovations qu'il lui a remboursées.

CHAPITRE IV

169. Nous venons de voir les droits qui sont
le partage du colon, reste à déterminer par
quelle voie il pourra les défendre s'ils se trouvent compromis.

Au point de vue des droits réparatoires, le
colon qui en est propriétaire absolu a toutes les
actions réelles possessoires et pétitoires qui in-
combent à tout propriétaire. Le foncier n'a pas
à s'interposer ; ainsi, lorsqu'un tiers lui conteste la propriété ou la possession d'un puits,
d'un mur, d'un fossé, si la propriété du fonds
n'est pas en question, il intentera les actions
réelles qui compéteraient au propriétaire lui-
même : « Les domaniers peuvent revendiquer
les édifices et superfices à présent réputés immeubles, dit Bélordeau (observations forenses,
lett. D, art. 31), si quelques autres s'en étaient
à leur préjudice emparés. » (*Ibid.* lett. N, art. 12.)

Mais il en est différemment quand les intérêts
du foncier se trouvent liés à ceux du colon; c'est
ce qui arrive le plus souvent, car la plupart des
actions réelles intentées contre le colon ou par

lui mettent également en jeu la question de propriété du fonds de la tenue. Qu'un colon re- vendique contre un tiers la jouissance exclusive d'un fossé, qu'il prétende reculer les bornes d'un de ses champs sur lequel il accuse le voisin d'avoir empiété, le jugement qui interviendra décidera en même temps que le fossé, que la parcelle de terrain appartient ou non au fermier. En ce cas, le foncier aura le droit d'intervenir. Le tiers qui plaide contre le colon sera même en droit de demander qu'il soit mis en cause pour qu'il ne se voie pas opposer plus tard la maxime : *res inter alios judicata*, et par suite dans la néces- sité de recommencer l'instance. La discussion a pu s'agiter même entre le tiers et le foncier seul ; le jugement rendu sera valable et, rendu contre le foncier sans collusion avec le tiers, il sera opposable au colon, car : *ædificium solo cedit*, l'accessoire suit le principal. La seule ressource du colon serait alors, s'il est évincé d'un objet que le propriétaire lui a concédé, d'exercer contre lui un recours en garantie ou une action en indemnité.

Enfin, lorsque la contestation a pour objet le fonds lui-même sans mettre en question les su- perfices, lorsqu'il s'agit d'un bornage, d'une action en revendication d'une partie du fonds sur laquelle il n'y a pas de superfices, le pro- priétaire seul a qualité pour agir Le colon qui n'est que fermier par rapport au fonds ne peut ici exercer aucune action réelle. (En ce sens arr. 18 janv. 1819, 21 juil. 1823.)

170. Il est un genre de contestation dans laquelle le foncier n'aura jamais à intervenir, c'est lorsque les difficultés s'élèvent entre codomaniers. L'un des colons conteste à l'autre la propriété d'un édifice, d'un fossé, d'une servitude créée en faveur d'une partie de la tenue sur l'autre, il veut lui faire supporter une part plus grande de la redevance... tout cela est indifférent au foncier. Le partage de la tenue lui est étranger; la solidarité existe entre les colons à son égard, que tel édifice appartienne à l'un plutôt qu'à l'autre, que l'un doive contribuer plus que l'autre à la redevance, peu lui importe; il peut demander à chacun le paiement total, exercer contre chacun les droits que lui confère sa qualité de foncier; n'ayant aucun intérêt dans la contestation, il ne peut intervenir.

Baudouin, au n° 468, se demande si le domanier peut intenter une action contre le foncier qui usurpe ses droits, et il répond négativement; il n'a qu'une détention précaire relativement au foncier, il ne peut donc agir contre lui par l'action possessoire; mais s'il est dépouillé par voie de fait, il a l'action de spoliation équivalente à cette action vers le foncier spoliateur, et, après l'an de dépossession, il a l'action de revendication. Aulanier fait remarquer avec raison que cette opinion est dénuée de fondement. Les édifices sont meubles à l'égard du foncier, c'est vrai, mais seulement lorsqu'il agit en qualité de foncier; ici il ne se présente pas comme foncier, il est usurpateur, il ne peut se prévaloir de son titre pour exercer une action déloyale. D'ailleurs, la détention du colon n'est précaire qu'en ce qui regarde le fonds, elle ne l'est pas quant aux droits réparatoires. Ajoutons que c'est pure subtilité que de refuser au colon l'action possessoire, lorsqu'on lui accorde une action de spoliation qui n'en diffère que de nom. En résumé, nous donnerons aujourd'hui au colon l'action possessoire, s'il se trouve encore dans l'année de l'usurpation; la revendication, si ce délai est passé (Aul., n°s 377 et suiv.).

171. Mais si nous adoptons sur ce point l'opinion d'Aulanier à l'encontre de celle de Baudouin, il est une autre question sur laquelle nous ne sommes plus d'accord avec lui. Lorsqu'il s'agit de servitudes que le colon prétend avoir sur les terres d'un tiers, Baudouin ne lui reconnaît pas le droit d'agir; il peut, au contraire, défendre à une action qu'un tiers intente contre lui pour le forcer à souffrir telle servitude sur la tenue. Il y a là contradiction, dit Aulanier; l'intérêt du colon est le même, qu'il

s'agisse de demander une servitude dont il bé-
néficiera ou de s'opposer à une autre qu'on veut
exercer à son préjudice. La servitude, d'ailleurs,
est une charge du fonds, comme elle en est un
privilège; or, « ubi eadem ratio, ibi idem jus
dicendum est. »

172. Malgré cette argumentation, nous pré-
férons l'opinion de Baudouin; la contradiction
qu'on lui reproche est plus apparente que réelle,
les cas ne sont pas absolument identiques, et on
ne peut l'accuser de violer la maxime : « ubi
eadem ratio. » Baudouin avoue que la servitude
est parfaitement distincte de la superficie, qui
seule appartient au foncier; c'est pour cela qu'il
donne au foncier seul le droit de la revendiquer, et ordonne au colon de le mettre en cause
dès que la contestation s'élèvera sur le fonds du
droit, sauf à lui à demander indemnité à son
propriétaire; pourquoi ne réserve-t-il pas également au foncier le droit de défendre à l'action
par laquelle on réclame une servitude sur le
fonds? va-t-il se contredire et prétendre à présent que la servitude n'est pas distincte de la
superficie? Il n'a garde! il ne nie pas le principe,
mais il trouve une raison spéciale de permettre
au colon ce qu'il lui refusait tout à l'heure, et il
l'expose en ces termes : « Il peut défendre à
l'action qui lui serait intentée pour souffrir telle
servitude, parce que cette charge affecte direc-

tement les fruits et les superfices dont il est
propriétaire, et que la faculté naturelle de se
défendre est toujours favorable. Il en est ainsi
d'une nouvelle rente censive ou féodale prétendue contre lui. » C'est donc en qualité de
propriétaire qu'il aura le droit d'agir.

CHAPITRE V

DE L'EXPONSE OU DU DÉGUERPISSEMENT

173. On appelait autrefois exponse ou déguerpissement le droit qu'avait le colon de se
soustraire à l'obligation de continuer son exploitation, et de se libérer ainsi des arrérages à
échoir en faisant au foncier l'abandon de ses
droits convenanciers. Cette faculté avait constamment été reconnue aux domaniers (art. 21
Us. de Corn.; 20 Us. de Tréguier; jurisprud.
attestée par Baud., n° 252; Carré, p. 328).

La loi de 1791 a maintenu ce droit et lui a
même donné une portée qu'il n'avait pas autrefois ; l'exponse ne libère pas seulement le colon
des levées à échoir, mais aussi des levées
échues. Elle offre encore au colon l'avantage
d'éviter la vente de ses meubles et subsidiairement la vente de ses édifices et superfices
(L. 1791, art. 26).

174. A quelle époque le colon peut-il faire

exponse ? Depuis longtemps l'usage a prévalu
de permettre au colon d'abandonner ses édifices
à toute époque de l'année et quelle que soit
l'année, c'est-à-dire en dépit d'une baillée d'assurance en cours. L'usement de Cornouaille,
art. 21, disposait que le bail devait être fini :
« Les tenanciers, trouvant leurs tenues trop
arrentées et chargées, les peuvent déguerpir
en appelant le seigneur foncier pour lui déclarer
judiciellement qu'ils n'entendent plus icelles profiter, ni lui payer la rente accoutumée de sa
terre, renonçant à leurs droits convenanciers ;
moyennant que le dernier bail soit fini et non
autrement. » Baudouin combat cette distinction,
attestant qu'elle n'était pas appliquée de son
temps, il cite à ce sujet l'opinion de Furic : « La
pratique est aujourd'hui au contraire, car même
pendant le bail on reçoit le foncier à déguerpir,
en fournissant déclaration et payant les arrérages. » Il nous en donne la raison en ces
termes : « Le déguerpissement est une ressource
permise *toties quoties ;* la renonciation la plus
formelle ne ferait point obstacle à son exercice,
par conséquent, la baillée n'empêche pas le
convenancier de déguerpir ; son effet se bornait
à lui assurer la jouissance pendant quelques
années, mais il peut renoncer à cette assurance,
comme le censivier et l'afféagiste renoncent à la
certitude qu'ils avaient de jouir perpétuelle-

ment ; l'unique peine qu'encourt le convenancier est la perte de la commission qu'il paya
pour prix de sa baillée » (Baud., n° 252).

175. De même Rosmar admettait le déguerpissement avant la fin du bail, mais il voulait
(art. 20) que le colon le fît à la Saint-Michel :
« Déguerpissant incontinent à la Saint-Michel. »
Baudouin combat cette dernière proposition.
Cela ne voulait pas dire que le colon ne pût
quitter qu'à la Saint-Michel, mais seulement
qu'il devait payer les arrérages échus et la redevance entière de l'année entamée, même s'il
finissait sa jouissance avant le 29 septembre.
Mais cette opinion, même avec ce tempérament,
est repoussée par la plupart des auteurs : « La
liberté de l'exponse étant indéfinie et le bail à
rente, avec ses profits et charges, pleinement
résolu par l'exponse, le cours des redevances
finit à l'instant où elle se fait : il suffit de payer
le prorata jusqu'au moment de sa sortie. »
(Baud., n° 252) (Poth., *Bail. à r.*, n° 137.) La
dernière phrase de Baudouin : « Il suffit de
payer le prorata.... » nous indique l'intérêt
que présentait alors la question : le colon n'étant
pas libéré des intérêts échus, il fallait déterminer à partir de quel moment il obtenait sa
libération ; l'art. 26 l. 1791 a fait disparaître
cet intérêt. La question ne se pose aujourd'hui
qu'au point de vue des dommages-intérêts ; il

est évident, dit-on, que si le colon quitte avant la Saint-Michel, bien qu'il ne dût le faire qu'à cette époque, il devra indemniser le foncier de la perte qu'il subira faute de trouver, vu la saison défavorable, un fermier ou un autre colon qui prenne la suite de l'exploitation. Pour nous, nous ne voyons pas que le droit du foncier d'exiger une indemnité soit tellement évident, et nous croyons applicable encore aujourd'hui la décision de Baudouin ; le colon pourra, sans devoir des dommages-intérêts, déguerpir à quelque époque de l'année que ce soit, car en agissant ainsi il ne fait qu'user de son droit.

176. Du principe de l'indivisibilité de la tenue par rapport au foncier, il résulte que le colon ne peut en abandonner une partie ; s'il y a plusieurs colons, ils doivent s'entendre pour faire l'exponse (Baud., n° 253 ; Poull.-Dup., *Principes*, t. 2, p. 107 ; Poth., *Bail à r.*, n°s 129 et suiv.).

Si les autres colons refusaient de faire exponse, on devrait appliquer les règles que Pothier, n° 177, donnait pour le bail à rente : le créancier dénonce le déguerpissement aux autres possesseurs, le refus qu'il fait de l'accepter, et leur déclare qu'il les subroge en ses droits pour se mettre en possession de la partie déguerpie, dans laquelle chacun d'eux aura une part proportionnelle à la part qu'ils paient dans la rente. L'ancienne jurisprudence ne faisait aucune dif-

ficulté pour appliquer ces principes au bail à
convenant. Reste à savoir si la loi de 1791 apporte quelque modification à cette jurisprudence.
Au moins ne l'a-t-elle pas fait explicitement;
l'on pourrait au contraire induire de ses dispositions qu'elle entend respecter l'ancienne règle,
car, loin de restreindre la faculté de faire exponse,
elle accorde à cet acte un effet qu'il n'avait jamais eu. La loi n'a parlé de la faculté de déguerpir que pour l'étendre en permettant aux domaniers de se libérer par là, même des arrérages
échus. La généralité des expressions prouve
bien qu'on a voulu conserver la faculté de déguerpir, même à ceux qui, propriétaires d'une
portion, ne pourraient faire exponse pour le
tout.

Pour les concessions antérieures à la loi de
1791 et qui n'ont pas été renouvelées, le déguerpissement partiel se réglera donc d'après
les anciens principes. Mais pour les concessions
postérieures à cette loi en sera-t-il de même?
Si l'esprit de la loi et les considérations que nous
faisions valoir tout à l'heure nous autorisent à
donner ici la même solution, les conséquences
qu'entraîne l'une de ses dispositions nous portent à faire, avec Carré, une distinction. N'oublions pas que l'art. 26 a donné à l'exponse un
effet qu'elle n'avait pas, elle libère le domanier
des arrérages échus, pourvu qu'ils ne le soient

pas antérieurement à 1791. Or, si dans l'ancien droit, et encore sous la loi nouvelle, les codomaniers subrogés aux droits du déguerpissant et au service de la portion de rente qu'il payait ne souffrent pas de l'opération, il n'en est plus de même quand le portionnaire déguerpissant était débiteur d'arrérages échus; en vertu de la solidarité le foncier pourrait poursuivre contre les consorts le paiement de ces arrérages, et ils seraient ruinés contre toute justice, forcés ainsi de payer pour leur consort qui a joui pendant plusieurs années sans s'acquitter de la redevance en la laissant s'arrérager. Les codomaniers restants peuvent donc invoquer contre celui qui veut faire exponse et qui avait pris l'engagement de contribuer au service de la rente, la loi de son contrat, l'équité, le droit commun, s'opposer enfin à ce qu'il accomplisse le déguerpissement, jusqu'à sa libération envers le foncier pour les arrérages échus. L'art. 26 n'est pas en opposition avec ces principes, car, en autorisant le domanier à se libérer par le déguerpissement des arrérages échus, il n'entend pas que des tiers subissent par ce fait un préjudice. C'est seulement contre le foncier et dans le cas de l'exponse de toute la tenue qu'il déroge au droit commun.

177. En résumé, nos solutions sur l'exponse seraient aujourd'hui celles-ci : s'agit-il simple-

ment d'intérêts à échoir, le portionnaire déguerpissant ne devant rien pour le passé : application des anciens principes ; s'agit-il pour le codomanier de se libérer à la fois des arrérages échus et de la rente à venir, s'il se contente de demander à être déchargé de la redevance future, pas de difficulté, application de la doctrine de Pothier, les arrérages échus restent dus au foncier. Mais le colon veut-il se rendre par l'exponse complètement indemne pour le passé comme pour l'avenir, refuse-t-il en un mot de diviser sa prétention, alors il devra être repoussé pour le tout. Puisqu'il lie ces deux conditions, les juges ne pourront les diviser, ou du moins ne seront pas obligés de les faire et rejetteront l'exponse dès lors qu'elle est faite sous une condition inadmissible. Donc pas d'abandon partiel si le codomanier ne fournit pas garantie pour les arrérages échus (Carré, p. 333 et s.).

Baudouin (n° 255) nous apprend que, suivant Rosmar et l'art. 22 Us. de Corn., le colon devait fournir, en déguerpissant, une déclaration servant à constater par la comparaison avec le titre de concession qu'il ne retenait aucune parcelle du fonds. Aulanier nous dit que cet usage est tombé en désuétude (n° 385).

178. *Procédure de l'exponse.* — Aucune indication dans les lois nouvelles ; nous devons donc recourir aux anciens principes : si le foncier y

consent, l'exponse se·fait à l'amiable par acte
authentique ou sous seing privé; s'il n'y consent
pas, le colon lui notifie le déguerpissement par
un acte d'huissier signé de lui ou d'un mandataire spécial; le foncier peut alors assigner le
colon devant le tribunal pour faire constater
judiciairement le déguerpissement; il acquiert
ainsi la garantie que procure une minute con-
servée dans un dépôt public. Aussi, pour éviter
les frais de l'assignation devant le tribunal, le
colon peut-il, au lieu de notifier le déguerpissement par un simple exploit, faire rapporter acte
de sa déclaration devant un notaire et la faire
ensuite signifier. Les frais du déguerpissement
sont supportés par le colon (Duparc-Poull.,
Princip., t. II, p. 105, art. 1248 C. c.); les droits
de mutation par le foncier.

CHAPITRE VI

DROITS CONVENANCIERS, ABSTRACTION FAITE DE LA PERSONNE DU FONCIER

179. Comme pour les droits fonciers, nous
examinerons les différents actes auxquels les
droits convenanciers peuvent donner lieu, en
dehors des rapports spéciaux que le domaine
congéable crée entre le foncier et le colon. Les
plus importants de ces actes sont le partage, la
vente, le contrat de mariage, l'usufruit.

TITRE I

PARTAGE

180. — Le principe est que, à l'égard de toute autre personne que le foncier, les droits réparatoires sont immeubles. « En général, dit Baudouin, les droits convenanciers se régissent en succession par les règles communes aux immeubles prédiaux » (n° 338).

D'Argentré s'exprimait ainsi sur ces droits : « Ulteriores quidem Britanni vere Armorici pro immobili utuntur, quia nec ut mobile id in communibus matrimoniorum partiuntur, nec in hereditatibus dividunt (d'Arg., Anc. Cout., art. 299).

Aux droits réparatoires s'appliquent donc les règles établies pour les immeubles, à ce point de vue, pas de difficulté; mais quand il s'agit d'estimer les superfices, la question devient embarrassante. *A priori* on peut concevoir deux manières de les estimer, l'une en ne considérant que le revenu qu'ils produisent, l'autre en les estimant par le menu, comme pour un congément. Ces deux méthodes qui, à première vue, semblent aussi justes l'une que l'autre, peuvent conduire, en fait, à des résultats absolument différents, en sorte que l'égalité entre copartageants ne sera pas respectée.

Exemple : *Première méthode.* — On n'a égard qu'au revenu des droits réparatoires ; dans le lot de l'un des copartageants on met un moulin qui rapporte 100 francs de loyer, dans le lot d'un autre copartageant on met une prairie qui se loue également 100 francs. Tant que le congément n'a pas lieu, la solution paraît irréprochable, mais le foncier congédie, et le colon propriétaire du moulin reçoit 800 francs, le colon propriétaire de la prairie n'en reçoit que 500.

Autre exemple : *Deuxième méthode.* — A un des lots on attribue une maison, à l'autre un verger. L'estimation faite par le menu donne aux deux lots une valeur égale : 500 fr., mais le congément n'est opéré qu'au bout de dix ans ; or la maison ne rapportait que 50 fr., tandis que le verger rapportait 500 fr.

On voit que, d'après l'une et l'autre de ces méthodes, l'égalité ne sera jamais respectée. A coup sûr, l'un des copartageants sera favorisé, on ne sait pas dès maintenant lequel aura l'avantage, tout dépendra des circonstances, de la hâte plus ou moins grande que mettra le foncier à congédier.

Baudouin que la question embarrassait ne voyait qu'un moyen de se tirer d'affaire : « Un tempérament mitoyen est le seul remède à ces inconvénients, c'est de combiner ensemble, et le revenu annuel des droits convénanciers et leur prix en congément, afin de former les *plus grands lods et les plus profitables* qu'ils se pourraient faire, suivant le précepte de la Coutume, art. 591. » (Baud., n° 340.)

Au moyen de ce tempérament indiqué par Baudouin, l'inégalité sera amoindrie, mais elle ne sera pas complètement détruite; car il y aura toujours à compter avec l'avenir et suivant que le congément s'exercera ou ne s'exercera pas dans un temps donné, telle portion sera plus ou moins avantageuse. Au reste, on devra faire entrer dans le calcul l'aléa plus ou moins grand qui existe d'un remboursement prochain.

181. La difficulté s'accroît si l'on suppose que l'on a à partager des biens dont les uns sont à héritage, et les autres sont des droits convenanciers; il s'agit en effet d'établir une valeur proportionnelle entre des objets d'une nature complètement différente. Il est impossible de les estimer d'après les mêmes bases; indépendamment même de la rente assise sur les droits réparatoires, des héritages dont on a la pleine propriété ont toujours une valeur supérieure à des édifices et superfices dont on peut être évincé par congément, pour lesquels il faut payer une commission si l'on veut en conserver la possession.

Ce n'est pas une raison pour les estimer toujours, comme le voulait Baudouin, sur le pied invariable du denier 15, alors que les autres immeubles s'estiment au denier 20, c'est-à-dire en multipliant par 15 leur revenu annuel alors qu'on multiplie par 20 celui des biens à héritage. Baudouin était arrivé à établir ce chiffre 15 par le raisonnement suivant : les rentes foncières s'estimaient au denier 20, les rentes convenancières, au denier 25. La raison de cette différence était que le foncier avait sur le simple crédi-rentier les avantages résultant de la propriété des bois fonciers, du droit d'exercer le congément... etc. Mais, si sa rente avait plus de valeur qu'une rente ordinaire, cela supposait à l'inverse que les droits convenanciers avaient une valeur inférieure à celle de biens de même nature possédés à héritage, car, considéré dans son ensemble, un domaine congéable ne diffère pas d'un autre héritage. Si donc, pour avoir la valeur des droits fonciers, on augmentait de 5 la proportion, il fallait la diminuer d'autant pour avoir la valeur réelle des droits convenanciers, ce qui donne 25 d'un côté, 15 de l'autre : « Ce sont, dit Baudouin, deux bassins d'une balance : l'un ne peut s'élever au-dessus du plan horizontal que l'autre ne s'abaisse au-dessous. »

Le coefficient 15, indiqué par Baudouin, sera trop faible ou trop fort suivant qu'il y aura sur la tenue beaucoup ou peu d'édifices.

Exemple: métairie à héritage, revenu 300 fr.;

métairie tenue à convenant, couverte d'arbres
fruitiers, revenu 500 fr., chargée d'une redevance
de 100 fr., ce qui réduit le revenu à 400 fr.

La première, estimée au denier 20 = 6,000

La seconde, estimée au denier 15 = 6,000

Mais le propriétaire de la maison tenue à convenant demande le remboursement par lequel
il obtient 12,000 fr., ou, si le propriétaire ne veut
pas payer ce prix, le fonds de la tenue sans
bourse délier, car on lui en fait abandon. Il
aura donc désormais ou 12,000 fr. dont le revenu sera de 600 fr., ou une terre à héritage
qui lui rapportera 500 fr., tandis que le propriétaire de la maison à héritage sera resté avec sa
maison rapportant 300 fr.

182. Le seul moyen ici, comme dans le cas
précédent, sera de composer les lots de manière
que, tout en donnant un revenu égal, ils soient
de nature à donner une somme égale en congément, en ayant soin de tenir compte encore du
caractère aléatoire que présente la chance plus
ou moins prochaine de remboursement.

Il arrive quelquefois qu'en acconvenançant un
héritage, le propriétaire se réserve, sur les droits
en nature *de souche*, une somme déterminée
qu'il se fera payer lors du congément. En ce
cas les colons dans leurs partages (et dans leurs
contrats de vente) doivent exprimer et rabattre
sur le prix la somme appartenant au foncier.

TITRE II

183. Sauf dans l'usement de Rohan, où, en certains cas, comme nous l'avons vu dans l'historique, il y avait quelques restrictions à cet égard (Us. de R., art. 28 et 29), le colon avait autrefois le droit absolu d'aliéner ses édifices et superfices. La loi de 1791 a consacré ce droit et supprimé en même temps les entraves que portait au principe l'us. de Rohan : « Pourront les domaniers, nonobstant tous usements ou stipulations contraires, aliéner les édifices et superfices de leurs tenues *pendant la durée du bail*, sans le consentement du propriétaire foncier. » Il ne faut pas, comme le fait remarquer Carré, attribuer à ces mots : pendant la durée du bail, le sens restrictif qu'ils semblent comporter, le législateur les a employés comme synonymes de ceux-ci : tant qu'ils en demeurent propriétaires en vertu d'un bail à convenant, c'est-à-dire jusqu'au congément; « ce n'est pas seulement pendant la durée du bail que les domaniers peuvent aliéner leurs édifices et superfices; ils ont la même faculté après l'expiration de leurs baux, baillées ou assurances, et jusqu'à ce qu'ils soient congédiés. » (Carré, p. 61.)

184. Les droits convenanciers étant immeubles, les règles établies pour la vente de ces biens leur sont applicables :

1° La vente sera rescindable pour cause de lésion ; 2° elle sera annulable si elle est consentie par un mineur en dehors de l'autorisation du conseil de famille et de l'homologation du tribunal. Cette solution, suivant Baud., ne varierait pas, quand bien même la vente serait consentie au foncier. Car si, par rapport au foncier, les droits réparatoires sont meubles, ce n'est que quand il agit en sa qualité de foncier et met en œuvre les droits inhérents au bail à convenant ; la vente volontaire que lui consent le domanier est un acte de droit commun, c'est un acte qui ne découle pas nécessairement des principes spéciaux de la matière ; ici, peut-on dire, il n'est plus foncier, il est un simple acheteur, aucune différence à cet égard entre lui et un tiers. « La minorité du colon est un moyen de rescision contre l'aliénation conventionnelle de ses droits réparatoires, quand même elle serait consentie au foncier. Le mineur y perd des superfices fructueux qui lui tenaient lieu d'immeubles, il les perd par la seule convention, sans y être forcé par la loi, il est censé lésé, il est donc restituable. »

3° Le colon vendeur des droits convenanciers doit garantie à l'acheteur ; supposons qu'il les

ait présentés comme tenue à héritage, l'acheteur
pourra à son choix faire valoir ses droits soit à
la résolution de la vente (art. 1636 C. c.), soit
au remboursement de la valeur du fonds dont il
est évincé, suivant l'estimation à l'époque de
l'éviction, et non proportionnellement au prix
total de la vente (art. 1637 C. c.). En ce cas le
colon pourrait même être poursuivi comme stel-
lionataire pour avoir vendu la chose d'autrui
(Aul., n° 482).

185. Mais ces solutions ne sont applicables
que s'il est prouvé que les parties ont bien entendu vendre et acheter la tenue comme héritage;
il arrive souvent dans la pratique que les termes
du contrat sont ambigus et qu'on ne sait pas
si on a eu en vue la propriété pleine ou seulement les droits convenanciers, c'est une question de fait que les tribunaux décident en re-
cherchant l'intention présumée des parties
d'après les circonstances et les termes du contrat (art. 1156 et s. C. c.)

Toutefois, il existe une présomption pour le cas
où l'on a bien spécifié que l'on vendait des droits
convenanciers, c'est quand l'acheteur prend à
sa charge la rente dont ils se trouvent grevés,
bien que le contrat garde le silence sur ce point.
Telle fraction des droits réparatoires a pu être
dispensée du service de la rente par suite d'un
partage ou d'un arrangement entre colons,

mais cela est un cas tellement rare, il est tellement de la nature des tenues à convenant d'être
chargées de rentes, qu'un acquéreur ne serait
pas fondé à soutenir l'ignorance dans laquelle
il aurait été à cet égard. Achetant des droits
convenanciers, il n'a pas dû compter sur leur
franchise, il a dû prévoir qu'ils étaient soumis
au paiement d'une rente, et s'il n'a pas fait insérer au contrat une clause qui l'en décharge,
c'est qu'il a consenti à faire sienne l'obligation
de payer la rente. D'ailleurs cette clause exis-
tât-elle, elle ne serait pas opposable au foncier
qui a une action solidaire contre tout détenteur
de la tenue, sauf en ce cas la possibilité pour
l'acquéreur de recourir contre son vendeur.

186. La garantie n'a donc pas lieu pour le
service de la redevance que l'acquéreur sera tenu
de fournir sans indemnité; il en serait autrement dans le cas d'une éviction de toute autre
nature, qu'elle vienne de la part d'un tiers, ou
qu'elle vienne de la part du foncier. Celui-ci,
par exemple, formule des réclamations pour dégradations commises avant la vente, il prétend
faire démolir un édifice, un mur qualifié par lui
d'innovation. Il y aurait encore lieu à garantie
pour les clauses insolites et que, par suite,
l'acquéreur n'a pu prévoir, passées avec le foncier, par lesquelles le colon aurait amoindri ses
droits; exemple : il a renoncé à la faculté de

provoquer le remboursement, il a consenti à ce que le congément ait lieu pour une somme fixe inférieure à la valeur réelle des droits.

187. Quand toutes les formalités du congément ont été observées, la *revue* est la seule ressource du colon qui se prétend lésé, mais nous avons dit que la vente volontaire des droits superficiels était susceptible d'être rescindée pour cause de lésion, Nous avons besoin de revenir sur cette idée pour bien déterminer comment on arrivera à apprécier la lésion. Cette question n'est pas facile à résoudre, parce que l'on peut concevoir deux façons d'estimer les droits réparatoires; on peut, en effet, calculer leur valeur d'après le revenu qu'ils produisent, on le peut aussi en faisant le prisage par le menu comme en congément. Laquelle de ces deux méthodes devra-t-on employer?

Il n'est pas inutile de remarquer que l'on a fait rentrer dans la vente volontaire des droits réparatoires susceptibles d'être rescindés pour lésion l'acte par lequel le colon cède ses droits au foncier ou au cessionnaire d'une faculté de congédier, sans attendre que le congément demandé soit ordonné par jugement et suivi d'une estimation par experts. Le jugement eût-il eu lieu, il en serait encore de même si l'on n'avait pas attendu l'expertise, car si, dans ce cas comme dans le précédent, la vente est forcée par rapport au colon en ce sens qu'il ne peut pas l'éluder, la fixation de la somme à payer est volontaire, puisque l'expertise, moyen légal de la déterminer, n'a pas eu lieu. C'est pour cela qu'on a appelé cette sorte de transaction entre le colon et le foncier *congément conventionnel*.

188. Baudouin (n° 428) nous indique comment doit s'établir en ce cas la lésion qui permettra au colon de faire résoudre la vente : « On prise les superfices-remboursés par le menu, c'est sous cet aspect purement mobilier qu'ils se considèrent entre le foncier et le colon ; celui-ci devait, pour son remboursement, recevoir telle somme par l'estimation minutieuse des droits, un acte qui le congédie pour un capital moindre lui cause donc tant de perte. » (En ce sens, arr. 15 juill. 1752.)

Cette solution est admise par tous les auteurs, mais ne pourrait-on pas faire l'objection suivante : si vous estimez les édifices par le menu pour apprécier la lésion, c'est parce qu'il s'agit de rapports entre colon et foncier, or, entre ces personnes les édifices sont meubles. Baud. vient lui-même de nous le dire : on les considère sous un aspect purement mobilier ; or, dans une vente de meubles, pas de rescision pour lésion. On irait ainsi jusqu'à refuser au colon l'action en rescision. Cette objection ne saurait nous embarrasser ; les édifices sont meubles à l'égard du foncier, mais, nous l'avons dit plus haut, quand il poursuit l'exécution du bail à convenant, quand il agit en vertu du titre convenancier. Ici il s'agit d'une vente volontaire qui ne découle pas des clauses du bail, les édifices seront donc des immeubles à l'égard du foncier comme de toute autre personne, seulement, pour observer l'équité, on devra les estimer comme en congément où ils sont meubles, parce que la vente que le colon en a consentie n'a eu pour but que d'éviter des frais de jugement et d'expertise ; s'il avait laissé poursuivre la procédure, l'estimation eût été faite par le menu, il est juste que la transaction qui la remplace soit établie sur les mêmes bases.

189. Mais si cette manière d'apprécier la lésion ne soulève pas de controverse quand il s'agit d'une vente consentie au foncier, il en est différemment lorsque le colon vend à un tiers ses droits réparatoires. Deux systèmes également défendus avec chaleur se trouvent en présence.

Premier système. — On doit, comme dans le cas précédent, faire l'estimation par le menu ; l'arrêt de 1752, bien que rendu pour un cas différent, s'applique à notre hypothèse, car la valeur intrinsèque d'une chose est une, elle ne varie pas avec la qualité des acquéreurs ; en matière de rescision, on ne considère que la personne

et la perte du vendeur. La propriété du colon
consiste dans les édifices, fossés, talus, émondes,
ce sont ces choses qu'il faut priser en détail. Le
revenu du convenant est le produit du fonds qui
appartient au bailleur, le colon ne le perçoit
qu'en qualité de locataire, il ne saurait par suite
servir de base : la détention du colon est précaire, il peut être congédié à chaque moment, et
alors ses droits lui seront remboursés par le
menu. (V. Baud., n° 429, § 2.)

Second système. — La vente volontaire consentie
par le colon est une vente d'immeuble, la preuve,
c'est qu'autrefois on y appliquait le retrait lignager, l'appropriement, il faut donc lui appliquer aujourd'hui les règles établies pour les immeubles ; c'est seulement dans les rapports
entre colon et foncier que les superfices s'estiment en nature de meubles. Le revenu du convenant est connu, le congément est incertain,
il vaut mieux s'en tenir à ce qui ne reste pas
dans de pures possibilités. (Baud., *ibid;* Le
Guével, p. 205, adopte ce système ; en ce sens
2 arr. 25 octobre 1645, 10 fév. 1764.) Aulanier
(n° 490) pense que l'opinion de Le Guével était
la plus conforme aux principes ; le colon n'ayant
pas le droit de provoquer son remboursement,
et le congément pouvant n'avoir jamais lieu, le
revenu des édifices et superfices devait seul être
pris en considération ; mais il croit qu'aujour-

d'hui la solution inverse est préférable : « Mais aujourd'hui que les domaniers peuvent obliger le foncier à rembourser leurs droits, nous pensons que l'on doit décider autrement, et qu'il y a lésion toutes les fois que la vente a été consentie pour une somme qui n'égale pas les sept douzièmes de celle à laquelle les droits seraient estimés en cas de remboursement. »

Dans ce système on n'aurait pas égard aux charges qui grèvent la tenue et diminuent le revenu des droits sans diminuer leur valeur capitale ; d'ailleurs ce système ne serait pas applicable au cas où le domanier aurait renoncé indéfiniment à la faculté de provoquer le remboursement, si, comme nous l'avons admis, cette renonciation est valable.

Pour nous, nous nous rallions à l'opinion que Baudouin adopte après avoir présenté les arguments invoqués par chacun des deux systèmes opposés. Cette opinion nous semble parfaitement juridique et équitable ; « il est néanmoins sur cette question, l'une des plus importantes du domaine congéable, un parti mitoyen qui rapproche les précédents et que je crois le plus plausible. C'est d'admettre la légitimité de la vente volontaire, toutes les fois que l'acquéreur paie le juste prix, soit sur le pied du revenu, soit à raison de la valeur en congément. »

L'ancienne jurisprudence était favorable à ce

tempérament. (Jug. du trib. de Lannion, 20 octobre 1759; arr. du Parlement qui confirme ce jug., 10 fév. 1764.)

Au reste, nous empruntons au système admis par Aulanier une idée qui nous servira à compléter celui de Baudouin que nous avons fait nôtre.

Aujourd'hui le colon peut provoquer son remboursement, il y a donc beaucoup plus de probabilités qu'autrefois pour que le prisage par le menu ait lieu; il en résulte que, si l'on doit prendre en considération le revenu de la tenue, l'estimation par le menu devra néanmoins avoir sur l'appréciation finale une influence beaucoup plus considérable qu'autrefois.

190. Nous avons vu, au commencement de ce travail, que le bail à domaine congéable avait de grandes affinités avec le bail à ferme; nous avons vu aussi qu'il en différait profondément à certains points de vue, et spécialement en ce que le colon devenait acquéreur des édifices et superfices. Ce caractère spécial du domaine congéable, nous le retrouvons ici, cela nous donne la raison d'une différence profonde qui existe entre les obligations du colon et les obligations du fermier. Lorsque le locataire d'un immeuble quelconque cède ses droits à un autre, il reste tenu de ses obligations jusqu'à la fin du bail envers le bailleur qui ne connaît pas le

sous-locataire ; le colon au contraire, lorsqu'il vend ses droits, est libéré pour l'avenir de toute obligation envers le foncier, il ne peut plus être poursuivi que pour les arrérages ou les dégradations antérieures à l'aliénation : « Cette différence naît, dit Baud., n° 408, de ce que l'obligation du dernier est purement réelle, à moins que dans le bail à domaine congéable on n'ait *expressément stipulé* vers lui l'obligation personnelle, qui, en ce cas, ne laisserait pas de subsister contre le vendeur et ses héritiers, jusqu'à l'exponse ou le congément, suivant l'arrêt du 13 août 1735 ; décision rigoureuse, mais juste, qui s'appliquerait spécialement au colon qui, en prenant un terrain inculte, ou des terres même déjà cultivées à domaine congéable, ne stipule pas simplement la *faculté*, mais *s'oblige expressément de faire* telles clôtures ou améliorations ; c'est alors un engagement de la personne même du preneur, dont l'obligation directe ne cesse point par la vente des superfices à autrui. »

191. Un cas particulier se présente quelquefois. Le colon avait affermé la tenue ; il vend ses droits ; à la fin du bail, le fermier devra laisser un *renable* (art. 1778 C. c.) ; ce renable appartiendra-t-il au colon vendeur ou à l'acquéreur ? Le principe a toujours été que les objets mobiliers n'étaient pas censés compris dans la vente et que le colon pouvait les retirer ; or, d'après la

coutume de Bretagne, les pailles, foins, fumiers, bestiaux, étaient des objets mobiliers (Poull.- Dup., *Princip.*, tome II, p. 68); les auteurs en concluaient que le colon pouvait les garder lorsqu'il vendait sa tenue précédemment affermée (Baud., n° 437). L'art. 524 C. c. a changé la règle donnée par la Coutume de Bretagne : ces objets sont immeubles par destination, il en résulte que l'acquéreur est fondé à en revendiquer la propriété, ce sont des accessoires de l'immeuble.

TITRE III

CONVENTIONS MATRIMONIALES

192. Les édifices et superfices sont immeubles; on leur appliquera ici, comme en toute matière, les règles prescrites pour les immeubles. De cette règle, la principale conséquence est qu'ils restent propres à chacun des époux mariés sous le régime de communauté; par suite, si les droits sont congédiés, remboursés, vendus volontairement, judiciairement ou sur simples bannies, abandonnés par suite d'expense, la communauté dans laquelle le prix est tombé devra récompense à l'époux (art. 1436 C. c.). Il n'y a pas à distinguer, comme le voulait Rosmar (art. 12), si l'aliénation a été volon-

taire ou si elle a été forcée et se trouve la suite de l'exécution du contrat ; cas dans lesquels, disait Rosmar, la communauté ne doit pas récompense. Le foncier, en reprenant les édifices, acquiert des objets qui, pour lui, sont censés meubles, nous le reconnaissons, mais pour le colon et les tiers, ce sont des immeubles ; or, ce sont les objets en eux-mêmes qu'il faut considérer, non la personne de l'acquéreur.

193. L'art. 1436 C. c. prévoit le cas où le mari a vendu l'immeuble de la femme, et dans ce cas comme dans celui où le mari a vendu un de ses biens, il décide que : « la récompense n'a lieu que sur le pied de la vente, quelque allégation qui soit faite touchant la valeur de l'immeuble aliéné. » En sera-t-il de même dans le cas d'aliénation des superfices appartenant à la femme ? Nous ne le pensons pas ; il ne faut pas oublier que le mari ne peut vendre les immeubles personnels de sa femme sans le consentement de celle-ci (art. 1428-3° C. c.) ; la femme qui a concouru à la vente a donc pu empêcher que cette vente ne se fît à vil prix ; on comprend que l'art. 1436 C. c. ordonne de calculer la récompense sur le pied de la vente. Mais en matière de domaine congéable, la femme ne concourt pas toujours à la vente des édifices et superfices ; le congément peut être demandé en effet et exercé sans son consentement, même à

son insu, c'est contre le mari que se poursuit
l'instance. Il y a à craindre, par conséquent, que,
au cours de la procédure, une collusion n'inter-
vienne entre le mari et le foncier, collusion ayant
pour résultat d'empêcher ou de simuler un prisage exact, de fixer à l'amiable la somme remboursable à un chiffre inférieur à la valeur des droits.
Si la femme ne pouvait, suivant l'art. 1436, poursuivre la récompense que sur le pied de la vente,
elle n'aurait aucun moyen d'écarter le préjudice
résultant pour elle d'une vente à laquelle elle est
restée étrangère, sur laquelle elle n'a pu exercer
aucun contrôle, même indirect. Aussi croyons-
nous que c'est respecter la stricte justice, et ne
pas violer l'esprit de la loi, que de permettre à la
femme de réclamer une somme plus forte que
celle à laquelle les droits ont été estimés. Baudouin décidait déjà (n° 282) que la femme avait ce
droit ; il l'admettait à prouver la fraude, même
par témoins, et à exiger ses reprises sur le pied
de la juste valeur de son patrimoine au temps de
l'éviction.

Il est évident que la décision ne saurait s'appliquer au mari, dont les édifices et superfices
ont été aliénés ; c'est lui qui les a vendus ou qui
a figuré dans l'instance en congément, il était
en situation de sauvegarder ses intérêts, il reste
sous l'empire de l'art. 1436 C. c.

194. Il existe différents cas dans lesquels on

peut se demander s'il y aura lieu à récompense, soit en faveur de l'époux, soit en faveur de la communauté. Baudouin discutait ces cas, mais les solutions qu'il donnait ne sont pas toujours applicables aujourd'hui.

195. I.— La communauté a déboursé une certaine somme pour assurance du convenant propre à l'un des conjoints : a-t-elle droit à récompense ? Baudouin adoptait la négative (n° 369), lors même que le cours de la nouvelle baillée n'a pas commencé avant la dissolution de la communauté ; en acquérant la baillée, le mari n'a fait que prendre la précaution que n'eût pas négligée un père de famille diligent pour la conservation d'un immeuble : l'héritage n'est pas déchargé d'une rente, de droits réels, etc., c'est la conservation simplement d'un bail dont la communauté a l'espérance de profiter. Actuellement, le principe des récompenses est établi sur une échelle plus vaste, il n'est pas nécessaire que l'immeuble propre ait été dégrevé d'une charge, d'un droit réel; il suffit « que l'un des époux ait tiré un profit personnel des biens de la communauté » (art. 1437 C. civ.). Nous sommes donc obligé de donner une décision contraire à celle de Baudouin.

196. II.— La rente convenancière due par l'un des époux sur ses droits réparatoires est augmentée pendant le mariage. Le droit actuel ne

change rien aux solutions que Baudouin nous donne pour cette hypothèse (n° 381) et que l'on peut résumer ainsi :

A. — S'agit-il des biens du mari, comme d'une part ce dernier a consenti à la surcharge, et que, d'autre part, la communauté n'en retire aucun profit, il n'y aura lieu à aucune récompense.

B. — S'agit-il des biens de la femme ? — Distinguons :

1° La femme a donné son consentement à la baillée nouvelle. Ce consentement d'une part, l'absence d'un avantage personnel pour le mari ou la communauté d'autre part, font présumer que l'augmentation de la redevance est avantageuse à la femme ; elle assure par exemple la conservation de son propre à l'encontre d'un congément imminent : il n'y aura pas lieu à récompense.

2° La femme n'a pas participé au traité. L'augmentation est pour elle *res inter alios acta ;* renonce-t-elle à la communauté, elle n'est tenue qu'à l'ancienne rente ; accepte-t-elle la communauté, elle subit la surcharge consentie par son mari, mais la communauté lui devra récompense, sauf à laisser aux héritiers du mari le choix entre ce dédommagement et le droit de prendre la baillée pour eux et de congédier la veuve ; celle-ci, en effet, en demandant une récompense, se plaint par là même de ce que son mari n'ait point laissé congédier la tenue.

197. III. — Antérieurement au mariage, l'un des époux avait déjà obtenu une baillée de congément ; la congément a lieu pendant le mariage ; les droits réparatoires qui seront acquis par ce moyen seront-ils propres ou communs ?

Baudouin reconnaît qu'il s'agit là d'une action immobilière, *tendit ad immobile consequendum*, que par suite cette action ne tombe pas dans la communauté ; cependant, lorsque le congément s'opère avant la dissolution de la communauté, il considère les droits convenanciers comme des acquêts de communauté, sauf récompense pour l'époux, par la raison que le colon congédié reste propriétaire jusqu'au remboursement, lequel seul peut donner la propriété des droits au congédiant.

L'art. 1404 C. c. ne nous permet pas d'adopter la solution de Baudouin. Il s'agit d'un droit réel immobilier, ce droit est compris dans l'expression *immeuble* employée par l'art 1404 (argument tiré de l'art. 526 C. c.) ; or tout droit immobilier doit rester propre à l'époux qui en était propriétaire avant le mariage. Que l'immeuble lui-même ne fût pas déjà la propriété de l'époux à ce moment, cela est vrai, mais ce qui n'est pas moins vrai, c'est qu'il l'acquiert en vertu d'une cause antérieure au mariage ; ce n'est donc pas un acquêt de commu-

nauté ; seulement, comme c'est la communauté
qui fournira les sommes nécessaires pour opérer
le congément, principal et frais, il lui en sera
dû récompense (art. 1437 C. c.).

198. IV. — Si la communauté a déboursé une
somme pour améliorer les droits de l'un des
époux, obtenir une permission de construire,
obtenir le *droit de bois*, il faudra lui octroyer récompense ; à l'inverse, des dégradations ont-
elles été commises sur les droits de l'un des
époux, la communauté devra une indemnité,
avec cette distinction que, s'il s'agit des biens
de la femme, l'indemnité sera toujours due si la
dégradation est imputable au mari, tandis que,
s'il s'agit des biens du mari, l'indemnité ne
sera due que si la communauté a retiré quelque
profit de la dégradation (Baudouin, n° 360 ;
Carré, p. 102 ; Aulan., n° 505 ; art. 1437 C. c.).

La récompense que l'époux sur les droits duquel on a fait les constructions devra à la communauté, sera calculée sur la valeur des matériaux et de la main-d'œuvre. Aulanier fait ici
une distinction qui n'a aucune raison d'être ;
il croit que, si l'on a planté sans autorisation du
foncier, la récompense ne devra comprendre que
la valeur des matériaux. Cette donnée pouvait
être vraie autrefois, parce qu'alors le foncier
qui voulait conserver une innovation ne devait
que le prix des matériaux, non celui de la main-

d'œuvre ; mais il n'en est pas de même sous l'empire du Code civil ; nous avons vu que le foncier, s'il voulait conserver les bâtiments édifiés sur son fonds en dehors des limites permises, rembourse au constructeur et le prix des matériaux et le prix de la main-d'œuvre (art. 555 C. c.) ; il n'existe donc aucun motif pour distinguer s'il a autorisé ou non les améliorations.

199. Quelles sont les garanties accordées par la loi à la femme dont on congédie les droits réparatoires, contre l'insolvabilité du mari ? Cette question est importante, car l'intervention de la femme n'est pas nécessaire lorsque le foncier demande le congément, et comme les deniers représentant le prix de ses propres vont tomber dans la communauté, ils seront désormais à la disposition du mari, qui pourra les dissiper. Sous l'ancien droit la femme pouvait, même pendant le mariage, prendre certaines précautions contre les malversations du mari. D'Argentré nous le fait observer sur l'art. 472 de la Cout. ; de Perchambault motivait l'obligation d'appeler la femme lorsqu'il s'agissait d'un remboursement, par la raison qu'il fallait prévenir la dissipation que le mari pouvait faire, empêcher des amortissements simulés, colloquer utilement l'argent qui en vient, ou demander une séparation. Enfin, Poullain-Duparc, sur l'ar-

ticle 436 de la Cout., observe que la femme
peut, si les hypothèques diminuent, exercer
sa libération pendant le mariage sans être
obligée de prendre la voie extrême d'une séparation ; qu'elle peut conséquemment exercer,
pour la sûreté de ses propres, une action directe
qui ne touche pas plus son mari que le contre-
coup d'une libération. Baudouin, appliquant ces
principes au domaine congéable, en concluait :
1° que la femme dont on congédie les droits
convenanciers, quand il y a doute sur la solvabilité du mari, est fondée à intervenir dans
l'instance même de congément, sous l'autorité
de justice, pour requérir le remploi ou la consignation des fonds ; 2° que si elle n'est pas inter-
venue, elle peut assigner ensuite son mari
pour le faire condamner au remploi ; 3° qu'elle
peut, pour le remploi de ses immeubles aliénés,
s'opposer sur le congément des superfices propres à son mari pour la valeur de la collocation
du mari.

200. Ces solutions étaient conformes à la Cout.
de Bret., mais tel n'était pas le droit commun de
la France, qui ne donnait à la femme, à la suite
de remboursement de rentes lui appartenant
fait au mari peu solvable, que la ressource de
la séparation de biens (Denisard, au mot *Remboursement;* Bourgeon, *Droit commun de la France*,
p. 619). Or, le Code a suivi non pas la Cout. de

Bret, mais les principes le plus généralement
admis ; donc la femme menacée de voir dissiper
par le mari les sommes provenant du remboursement de ses droits réparatoires, n'a aucune
autre ressource que celle de demander la séparation de biens (art. 1443 C. c.).

TITRE IV

USUFRUIT

201. Les droits convenanciers peuvent évidemment faire l'objet d'un usufruit. Les règles
du Code civil sur l'usufruit s'appliquent sans
difficulté. Nous en disons autant de l'usage et
de l'habitation et des dispositions qui s'y rapportent (art. 625 et suiv. C. c.).

Ainsi l'usufruitier doit jouir de son usufruit
en se conformant aux art. 582 et suiv. C. c.;
ses droits sur les bois dont la tenue est plantée
sont régis par les art. 590 et suiv., combinés
d'ailleurs avec les règles spéciales à la matière
du domaine congéable en ce qui regarde le nu
propriétaire dont il tient la place respectivement
au foncier.

L'usufruitier prend les choses dans l'état où
elles se trouvent, il doit faire dresser un inventaire (art. 600), donner caution de jouir en bon
père de famille (art. 601); il n'est tenu qu'aux

réparations d'entretien (art. 605). Il n'est pas obligé de rebâtir ce qui est tombé de vétusté ou ce qui a été détruit par cas fortuit (art. 607) ; à cette disposition peut se rattacher une question spéciale à la situation d'usufruitier de droits réparatoires : la baillée d'assurance est sur le point d'expirer, est-ce au propriétaire ou à l'usufruitier de la renouveler ?

Baudouin nous répond que chacun d'eux est libre de solliciter cette baillée, mais ne peut forcer l'autre à concourir au paiement ; donc, si le nu propriétaire a obtenu une baillée, l'usufruitier ne sera pas tenu de la payer, même pour partie ; à l'inverse, si c'est lui qui a demandé la baillée, le propriétaire ne pourra être requis de contribuer au paiement. Cette donnée est exactement celle du Code civil ; l'expiration du bail peut être considérée comme un cas fortuit qui vient de détruire le bail, principe de la jouissance de l'usufruitier ; si la baillée d'assurance n'est pas obtenue, le foncier va congédier ; donc cette baillée aurait pour résultat de réparer les effets d'un cas fortuit, donc l'art. 607 C. c. reçoit ici son application. Que va-t-il se passer dans le cas où ni le nu propriétaire ni l'usufruitier ne renouvellent la baillée ? Le foncier congédie, la jouissance de l'usufruitier se continuera sur la somme remboursée par le foncier, car si nous avons assimilé le congément

à un cas fortuit, il n'en est pas moins vrai que
la chose n'est pas détruite, elle est représentée
par une valeur pécuniaire. L'usufruitier pourra
donc faire opposition sur les deniers à rembourser pour sauvegarder ses droits; il tou-
chera la somme due par le foncier, sauf l'obligation de la rendre à la fin de l'usufruit
(art. 587). A l'effet d'assurer cette restitution,
il devra donner caution; s'il ne peut trouver
une caution, la somme sera placée, il en tou-
chera les intérêts (art. 602, 603 C. c.).

202. L'usufruitier acquitte les charges, redevances, impôts, dont les droits superficiels sont
grevés (art. 608 C. c.). Baudouin ne mettait pas
à sa charge l'obligation de fournir les lettres
récognitoires. Quelle décision donnerons-nous à
ce sujet? Pour nous qui croyons qu'on peut
encore aujourd'hui exiger ces lettres, nous serions porté à leur appliquer la décision de Baudouin; ces lettres, comme le renouvellement des
baillées, ne nous semblent pas rentrer dans les
termes de l'art. 608; dues tous les vingt-neuf
ans, elles ne peuvent être considérées comme
des charges annuelles de la jouissance.

203. L'usufruitier doit rendre les droits dans
l'état où il les a reçus; s'il n'a pas joui en bon
père de famille et a commis des dégradations
sur la tenue, il devra une indemnité; le propriétaire pourrait même, s'il constatait des abus

pendant la durée de l'usufruit, en faire prononcer l'extinction (art. 618 C. c.). Au reste, il résulte de la position particulière de l'usufruitier dont le droit porte seulement sur les superfices, que, si les dégradations ont été commises sur le fonds, le nu propriétaire ne serait pas fondé à intenter une action; cette action ne compète qu'au foncier dont la propriété seule a été détériorée (arrêt 14 août 1815).

TITRE V

DROITS DES CRÉANCIERS DU COLON SUR LES DROITS
CONVENANCIERS

204. Les droits réparatoires sont des immeubles à l'égard de toute autre personne que le foncier; ces biens sont dans le commerce, ils peuvent être vendus aux enchères, ils sont par conséquent susceptibles d'être hypothéqués (art. 2118 et suiv.), et cette hypothèque conférera aux créanciers les prérogatives attachées d'ordinaire à ce droit réel : droit de suite, droit de préférence, droit de poursuivre l'expropriation. Tout cela est parfaitement exact tant qu'il s'agit de régler les rapports entre les créanciers du colon et le colon ou des tiers acquéreurs des édifices. Mais des principes spéciaux à la matière du domaine congéable résulte une pro-

fonde modification dans la portée de l'hypothèque qui, de sa nature, est opposable à tous.
Cette exception existe à l'égard du foncier. Pour
le foncier, nous l'avons dit, les droits_répara-
toires ne sont pas des immeubles, ce sont des
meubles, et les meubles n'ont pas de suite par
hypothèque (art. 2219 C. c.). D'ailleurs, la règle
qui domine la matière est que les colons ne
peuvent pas nuire, par des conventions passées
entre eux ou avec des tiers, aux droits qui résultent pour le foncier de son titre ; or, en vertu
du contrat même d'acconvenancement, la propriété du colon est soumise à une condition
résolutoire que le foncier pourra mettre en
exercice quand il lui plaira ; alors les hypothèques consenties par le colon s'évanouiront en
vertu de la maxime « resoluto jure dantis resol-
vitur jus accipientis », maxime consacrée par
l'art. 2125 du Code civil : « Ceux qui n'ont sur
l'immeuble qu'un droit suspendu par une condition, ou résoluble dans certains cas, ou sujet
à rescision, ne peuvent consentir qu'une hypothèque soumise aux mêmes conditions et à la
même rescision. »

205. Ces données sont certaines lorsque les
droits réparatoires sont enlevés au colon en
vertu d'un droit né de l'acconvenancement.
Ainsi, à la suite de la vente sur simples bannies,
du congément, du remboursement, de l'exponse,

les hypothèques disparaissent. Mais ici se présente une question importante, qui déjà soulevait dans l'ancien droit de vives controverses et
qui est encore débattue aujourd'hui. Il s'agit de
savoir si l'aliénation volontaire des droits réparatoires faite par le colon au foncier aura l'effet
de faire disparaître les hypothèques, comme le
congément, la vente sur simples bannies, etc...
ou bien si cette aliénation ne doit pas différer,
quant à ses résultats, d'une vente consentie à
un tiers. Deux systèmes existaient sur ce point;
voici les principaux arguments exposés par Baudouin :

Premier système. — La vente volontaire consentie au foncier a le même effet que le congément, l'exponse, les hypothèques disparaissent;
arguments :

1° Le § 2 de l'art. 14 de Rosmar, Usem. de
Tréguier, est ainsi conçu : « Les propriétaires
consolidant et réunissant les droits au fonds ne
prennent aucune nouvelle possession et ne font
aucun appropriement. » Cet article ne fait aucune distinction ; le foncier qui consolide réunit
dans tous les cas des meubles à son fonds;

2° Considérât-on ces droits comme immeubles, le foncier est censé consolider en vertu du
réméré perpétuel inhérent à sa propriété, réméré
dont l'exercice, bien qu'extrajudiciaire, opère
l'extinction de toutes les hypothèques.

V.   18

3° D'ailleurs, l'art. 2 de Cornouaille et l'art. 12 de Tréguier excluent le retrait lignager lorsque les droits convenanciers sont vendus au seigneur aussi bien qu'en cas de congément, exponse, etc... l'hypothèque doit subir le même sort.

Deuxième système, soutenu par Baud. (n°s 274, 319, 394, 395). Arguments :

1° Gatechair ne fait tomber l'hypothèque que si le *congé est exercé judiciellement et publiquement;*

2° Si le retrait lignager est exclu en cas de vente volontaire, ce n'est pas une raison pour décider que l'hypothèque s'évanouira. Les créanciers seront mieux traités que les lignagers, mais ce n'est ni injuste, ni extraordinaire : « certant de damno vitando. » D'ailleurs, la preuve que le retrait lignager et les hypothèques ne marchent pas toujours de pair, c'est que le premier est exclu, et les autres subsistent dans le féage, la donation, la dation en remplacement de propres.

3° L'art. 14 de Rosmar est mal interprété; par le contexte, on voit que cet auteur ne s'occupe que de la réunion faite *jure dominii*, par *droit de congément.*

Le foncier qui achète conventionnellement les superfices ne les réunit pas à la foncialité par la force du réméré domanial, mais par la convention seule; il contracte toutes les obligations d'un acheteur ordinaire : « vices gerit extraneæ personæ » ; il en est ainsi en cas de retrait lignager, lorsque l'acquéreur retire le bien, non pas judiciellement, mais en vertu d'un nouveau contrat : la coutume l'assujettit aux lods et ventes et maintient les hypothèques.

Enfin les droits réparatoires ne sont meubles à l'égard du foncier que s'il agit en vertu du titre convenancier ; et ici c'est une vente volontaire.

206. Baudouin, complétant son système, soutient même qu'un jugement qui ordonnerait le congément n'empêcherait pas de considérer comme acquéreur le foncier qui traiterait ensuite avec le colon sans avoir fait procéder au prisage, et applique le même principe au cessionnaire d'une faculté de congédier relativement auquel le remboursement ne purge les hypothèques établies sur les droits réparatoires que s'il a été précédé d'un jugement et d'une estimation, car la forme du congément est que l'on convienne de priseurs pour l'estimation des droits (Rosmar, art. 11), et cela est prescrit par tous les usements de la province : sans un prisage préalable, le congément n'est point exercé judiciellement et publiquement, conditions auxquelles Gatechair attache l'extinction des hypothèques (Baud., n° 319). Le Guével s'exprimait dans le même sens (n° 86) et étendait même au

retrait lignager la distinction à faire. « Quoique le congément forme un obstacle au retrait lignager, et opère l'*extinction* des hypothèques créées par le congédié sans le consentement du seigneur, il faut qu'il soit exécuté dans la forme qu'on vient d'établir, c'est-à-dire qu'il soit précédé d'un procès-verbal de prisage, car, s'il était destitué d'un prisage préalable des édifices et superfices et droits convenanciers, il dégénérerait dans un contrat de vente volontaire et il ne purgerait ni le retrait, ni les hypothèques. »

La plupart des auteurs anciens s'étaient ralliés à l'opinion soutenue par Baudouin. Sous l'empire de la législation actuelle, quelle solution devons-nous donner à la question ?

207. Carré repousse l'application du système de Baudouin. Les anciens usements ne peuvent être invoqués qu'en ce qui tient intrinsèquement au domaine congéable et n'a pas été modifié par la loi de 1791. Les hypothèques, le mode de les purger, ne tiennent pas intrinsèquement au domaine congéable ; on doit appliquer en cette matière le Code civil. Or, l'art. 2125 soumet l'hypothèque consentie sur une propriété résoluble à la condition résolutoire ; cette disposition est évidemment applicable à la propriété des édifices et superfices. L'aliénation résoluble de ces objets participe essentiellement du réméré, et la loi ne distingue pas entre le cas

où le réméré s'exerce en justice et le cas où il s'exerce par acte volontaire ; le réméré doit, il est vrai, être exprimé, mais la clause résolutoire est inhérente à la nature du domaine congéable, cela tient lieu de clause expresse. Les créanciers seront lésés, mais c'était à eux de prendre leurs précautions, ils connaissaient ou devaient connaître la nature des droits sur lesquels on leur accordait l'hypothèque.

Carré, en soutenant cette opinion, nous semble être tombé dans l'erreur. C'est sur le Code civil que nous nous appuyons pour dire que les droits réparatoires sont susceptibles d'hypothèque en tant que biens immobiliers pouvant être vendus aux enchères (art. 2204 C. c.). Les anciens usements n'ont pas à intervenir dans la matière ; il est donc inutile de discuter sur le point de savoir s'ils ont, quant aux hypothèques, été oui ou non abrogés. Or le Code civil nous indique les effets que produit l'hypothèque une fois établie sur immeuble : elle les suit en quelques mains qu'ils passent, art. 2114. Telle est la règle fondamentale. L'art. 2125 qu'invoque Carré, y apporte une exception que nous ne contestons pas, mais nous en restreignons l'application aux cas de congément, de vente sur simples bannies, d'exponse, parce qu'alors seulement on peut voir dans la dépossession du colon la conséquence d'une condition

résolutoire ; la règle de l'art. 2125, qui existait
aussi dans la Cout. de Bret., était ainsi appliquée.
Mais ici il s'agit d'une vente volontaire, d'une
mutation qui ne s'opère pas *ex naturâ contractus*,
et les arguments invoqués par Baudouin et
consacrés par Pothier (*Bail à rente*, nᵒˢ 167 et
168), pour distinguer avec soin la vente volontaire de celle qui est la conséquence de la nature du domaine congéable, n'ont rien perdu de
leur valeur. Cette distinction a été admise sous
la législation actuelle par arrêt de cassation du
16 juin 1811 et deux arr. de la cour de Rennes
du 28 janv. 1826 et du 29 août 1844.

Les créanciers, dit Carré, devaient savoir la
nature des biens sur lesquels on leur accordait
l'hypothèque. Cela est vrai, mais on doit sauvegarder leurs intérêts contre la mauvaise foi du
colon, contre la collusion de ce dernier avec le
foncier ; il lui suffirait toujours, en effet, de
s'entendre avec celui-ci pour faire évanouir les
hypothèques. Le congément, le remboursement
peuvent être provoqués avec l'arrière-pensée
d'évincer les créanciers hypothécaires, mais ils
ne se font pas comme une vente volontaire, en
quelques minutes ; ils sont d'ailleurs accompa-
gnés d'une grande publicité ; les créanciers auront donc le temps de prendre leurs sûretés.
L'intérêt du colon exige lui-même un premier
chef, que la vente volontaire consentie au fon-

cier ne fasse pas disparaître les hypothèques, car, si cette donnée devenait jamais certaine, il en résulterait que les colons ne trouveraient plus de créanciers qui voulussent accepter une hypothèque aussi peu solide, et ils verraient disparaître un de leurs plus puissants moyens de crédit (en ce sens, Aulan., n° 515).

208. Nous adoptons jusqu'au bout l'opinion de Baudouin, et nous croyons avec lui et Le Guével, dont nous avons rapporté le texte, que le congément, pour avoir l'effet de purger les hypothèques, ne doit pas être seulement constitué par un simple jugement, mais doit être suivi d'expertise. On décourage ainsi la collusion et la fraude, car ce n'est pas le jugement, mais le prisage qui, en donnant la publicité à l'expropriation du colon, permet au créancier de prendre des mesures pour la conservation de ses droits. Rien dans la loi du 6 août ne vient contredire cette opinion. On a dit que l'art. 17, indiquant deux sortes de prisage, l'un à l'amiable, l'autre en justice, fournissait une objection contre nous, car dans les deux cas il y a congément, et, par suite, il devrait y avoir extinction des hypothèques. Nous répondons avec Aul. que l'art. 17 n'a pas pour but d'indiquer les formalités nécessaires pour purger; il indique deux modes de prisage; le premier qui se fait à l'amiable, ne purge pas le second qui se fait judiciairement et constitue

proprement le congément, opère la purge des hypothèques. D'ailleurs, le premier n'exige ni citation, ni jugement, en sorte que ce ne serait plus le prisage qui ferait défaut, mais le jugement lui-même ordonnant le congément.

209. Nous avons plusieurs fois parlé des mesures que les créanciers, avertis par la publicité inhérente au congément, au remboursement, etc., peuvent prendre pour la conservation de leurs droits. Il est certain que dans ces cas leur droit réel va disparaître, mais il leur reste une ressource, ils peuvent former une saisie-arrêt entre les mains du congédiant. Celui-ci sera obligé, sous sa responsabilité, d'en tenir compte : « Il doit en conséquence, dit Carré, p. 104, signifier au congédié les copies des arrêts avec interpellation d'en faire obtenir mainlevée, et offrir paiement sous cette condition. S'il ne fait pas donner mainlevée, il fera des offres réelles et en fera juger la validité, puis la consignation aura lieu et la quittance en sera signifiée aux arrêteurs; mais cela ne doit avoir lieu qu'au cas où l'on craindrait que l'instance en validité n'entraînât au delà de la Saint-Michel. »

210. Lorsque le congément survient, il importe de savoir si les rentes qui grèvent la tenue portent sur le fonds ou sur les droits réparatoires. Au premier cas, ces rentes, n'étant dues

par le colon qu'en acquit du foncier, survivent au congément ; le colon n'a pas à en rembourser le capital. Au second cas, les rentes imposées sur les édifices sont une charge propre au colon ; du moment où l'hypothèque qui garantissait cette rente disparaît, il en doit le remboursement au crédi-rentier ; le montant de ce remboursement sera pris sur la somme à payer par le foncier.

211. Les rentes étant souvent fort anciennes, il est très difficile de prouver exactement leur origine et de dire si elles sont une charge du fonds ou une charge des droits réparatoires. Baudouin nous indique (n° 491) qu'on avait admis la présomption légale que toutes les rentes avaient dû être établies par les colons et étaient à leur charge. Cette présomption pouvait être combattue, mais il fallait prouver que les rentes avaient été établies par le foncier ou de son consentement exprès ou tacite, et les seules preuves admises étaient un titre contradictoire avec le foncier, ou d'anciennes déclarations non impunies. La preuve de l'existence immémoriale de ces rentes sur la tenue ne suffisait pas.

Les créanciers hypothécaires peuvent faire opposition sur les sommes que le foncier devra rembourser au colon ; cela ne fait pas de difficulté si leur créance est exigible. Mais quand les créances ne sont pas échues, quand il s'agit de rentes foncières, de rentes pour retour de lots assises sur les droits, que va-t-il se passer ? Le congément rendra les créances exigibles ainsi que le capital de ces rentes ; les créanciers pourront donc se faire rembourser par voie d'opposition ; des experts fixeront le prix qui leur sera dû. « Le terme accordé par le créancier au débiteur, dit Baudouin (n° 397), est censé avoir pour fondement la confiance en sa solvabilité ; lors donc que ce fondement vient à manquer, l'effet du terme cesse. » Pothier (*Oblig.*, n° 234), Le Guével (p. 255), Aulanier (n° 520) donnent la même solution. Mais il est certain que le colon peut éviter le remboursement des créances non encore exigibles, s'il offre aux créanciers d'autres garanties aussi sérieuses que l'hypothèque sur les droits convenanciers, par exemple une caution ou une hypothèque sur d'autres immeubles. Le créancier n'aurait aucune bonne raison pour refuser ; d'un autre côté, le colon n'est pas en faute, il subit un congément qu'il n'a peut-être pas désiré. Quant aux frais de la substitution de la nouvelle sûreté à l'ancienne, le congédié doit les supporter.

Baudouin (n° 397-2°) décidait déjà que, si un créancier avait hypothèque et sur les édifices et sur d'autres biens du congédié, il ne pourrait exiger un paiement immédiat, pourvu que les

hypothèques existant sur les biens non congédiés fussent suffisantes pour garantir ses créances. La même solution peut être donnée aujour-
d'hui. Mais ce cas se présentera bien plus
rarement qu'autrefois. Tout acte notarié con-
férait alors hypothèque sur tous les biens du
débiteur; le principe de la spécialité des hypothèques a été au contraire consacré par le Code
civil.

212. Nous venons de voir ce que deviennent
les rentes foncières et les rentes établies pour
retour de lots, quelle décision faudra-t-il donner pour les rentes constituées? Le capital en
deviendra-t-il exigible? « Il faut considérer, dit
Baudouin (n° 399), que le capital en est irrévocablement aliéné, qu'il n'est point forcément
remboursable, à moins d'une diminution d'hypothèque opérée par la faute du débiteur. »
(V. Pothier, *Contrat de constit.*, n° 48; Poull.-
Dup., *Principes*, t. III, p. 68.) Or, le congément
est un cas fortuit que le domanier est obligé de
subir ; d'ailleurs, connaissant la nature résoluble de la propriété sur laquelle son hypothèque
était établie, c'était à lui de prendre originairement toutes ses sûretés. Baudouin en conclut
que le constituant ne sera pas tenu au remboursement en cas de congément; il va même plus
loin et regarde comme vicieuse la clause qui,
dans le prêt à constitution fait au domanier,

aurait stipulé ce remboursement en cas de congément. Le colon congédié ne serait même pas
tenu de faire l'emploi en immeubles de la somme
reçue du foncier, à moins que cette clause ne
fût expressément contenue dans l'acte de constitution. Mais la décision serait différente si le
montant du prisage non seulement ne se trouvait pas employé en immeubles, mais était
absorbé en totalité ou à peu près par les créanciers intervenants. « La conversion du constitut
hypothéqué sur les droits congédiés est alors
exigible, à moins que le débiteur ne fournisse
une caution convenable » (Baudouin, n° 401).

Le Guével admet comme Baudouin que le
congément ne rend pas la rente remboursable,
mais il critique la seconde proposition de Baudouin ; il trouve valable la clause qui stipule le
remboursement en cas de congément, et, en ce
qui touche le remploi en immeubles, il ne croit
pas que le colon, s'il a promis de le faire, puisse
s'en dispenser en fournissant caution.

243. Il semble qu'aujourd'hui l'ancien droit
ne doive avoir aucune influence sur la solution
de ces questions. Si Baudouin et Le Guével n'admettaient pas que le remboursement dût avoir
lieu, c'est qu'ils étaient imbus de l'idée qui pro-
hibait sévèrement le prêt à intérêt, et craignaient
qu'on ne trouvât ici un moyen d'éluder la loi.
Aujourd'hui le prêt à intérêt est permis, et nous

n'avons aucune raison pour ne pas appliquer l'art. 2131 du Code civil; d'après cet article, lorsque les immeubles sont devenus insuffisants pour la sûreté du créancier, celui-ci peut, ou poursuivre son remboursement, ou obtenir un supplément d'hypothèque. Cette disposition s'applique parfaitement à notre hypothèse; les édifices sur lesquels existe l'hypothèque disparaissent, une somme d'argent y est substituée entre les mains du congédié; celui-ci a subi cette substitution plutôt qu'il ne l'a cherchée, c'est vrai, mais quelle raison a-t-il de ne pas employer en un nouvel immeuble ce prix d'un immeuble déjà affecté à l'hypothèque de son créancier? S'il se refusait à le faire, ne pourrait-on pas dire, à partir de ce moment, qu'il diminue volontairement les sûretés données à ce créancier et appliquer alors l'art. 1912-2° C. c. ? « Le débiteur d'une rente constituée en perpétuel peut être contraint au rachat; 2° s'il manque à fournir au prêteur les sûretés promises par le contrat. »

214. Ainsi le congédié doit ou rembourser le capital de la rente constituée, ou fournir une garantie équivalente à l'hypothèque qui s'évanouit. Mais c'est à lui qu'il appartient de choisir entre ces deux partis; ce n'est pas par son fait, en effet, que les sûretés données ont disparu; or, c'est la condition qu'exige l'art. 1188

pour le déclarer déchu du bénéfice du terme.

215. Il peut arriver, et il arrive souvent, que la valeur des droits réparatoires ne soit pas suffisante pour rembourser le capital des rentes assises sur ces droits. Le colon congédié peut, en abandonnant aux créanciers le montant de l'estimation, se libérer complètement à leur égard (Baud., n° 403; Aul., n° 525).

Sous l'ancien droit, on allait, en Bretagne, jusqu'à permettre cet abandon au colon, même à l'encontre de la clause insérée dans le bail *de fournir et faire valoir la rente à perpétuité*. Nous trouvons là une singularité du droit breton. Dans le droit commun de la France, cette clause rendait le preneur perpétuellement obligé, même en cas de perte de l'héritage, et empêchait le déguerpissement (Pothier, *Bail à rente*, n°s 53 et 54). Un arrêt du Parlement de Rennes, du 13 août 1735, avait établi, au contraire, que l'exponse déchargeait les héritiers du preneur de toute obligation personnelle stipulée relativement à la rente dans le bail primitif, et on assimilait l'abandon du prix des édifices et superfices à un déguerpissement.

Le Code civil, art. 2172, a consacré le droit commun à la plupart des coutumes et abrogé la jurisprudence du Parlement de Bretagne. Par conséquent, si la clause de fournir et faire valoir se trouvait aujourd'hui dans un acte de constitution de rentes, le congédié, malgré l'abandon du montant de l'estimation, n'en resterait pas moins obligé envers les créanciers. Mais nous ne donnons cette solution que pour les baux postérieurs au Code; l'appliquer aux actes antérieurs serait violer toute idée de justice, car on donnerait à une clause, peu redoutable lors du contrat et par suite facilement admise, un effet désastreux pour les héritiers du colon, effet que celui-ci n'avait pas pu prévoir.

TITRE VI

PRESCRIPTION

216. Il y a peu de chose à dire sur cette matière. Les droits réparatoires sont immeubles, nous leur appliquerons la prescription de dix à vingt ans ou la prescription trentenaire, suivant la distinction établie par le Code civil (art. 2265 et 2262).

217. Remarquons que le propriétaire peut parfaitement prescrire les droits du colon. La proposition inverse n'est pas exacte; comme nous l'avons vu, le colon ne peut prescrire le fonds, à moins, bien entendu, que son titre ne se trouve interverti par la contradiction opposée au droit du propriétaire (art. 2238 C. civ.).

Pourra-t-on tirer argument de cette remarque pour dire que le principe de réciprocité est violé? Non, la situation n'est pas la même, et le principe ne peut trouver ici d'application : le colon détient à titre précaire, son titre est un obstacle à la prescription, on ne peut alléguer contre le propriétaire une pareille raison. Mais, dira-t-on, les règles spéciales à la matière du domaine congéable ne vont-elles pas donner au foncier une prérogative exorbitante? pour lui les droits réparatoires sont des meubles, allez-vous lui permettre d'invoquer l'article 2279 du Code civil : en fait de meubles, possession vaut titre? Non certes ; il serait inconséquent de ne pas l'obliger à remplir, pour se prévaloir de la prescription, les conditions imposées à un tiers. Les édifices ne sont meubles à son égard que s'il agit en vertu de son titre convenancier, en qualité de foncier ; ici, il est usurpateur et le fait même d'invoquer la prescription semble impliquer de sa part la négation de son titre.

TROISIÈME PARTIE

DU CONGÉMENT, OU DROIT POUR LE FONCIER D'EXPULSER LE COLON; DU REMBOURSEMENT OU DROIT POUR LE COLON D'EXIGER LE PRIX DE SES DROITS RÉPARATOIRES

LIVRE I
DU CONGÉMENT

---

218. Le congément est, parmi les droits qui compètent au foncier, l'un des plus importants. Il consiste à rembourser au colon, qu'il le veuille ou ne le veuille pas, les édifices et superfices qui sont sa propriété. Ce droit spécial au bail à convenant donne à ce contrat une physionomie à part; son importance et sa singularité lui ont même fait donner la seconde dénomination sous laquelle il est connu, celle de domaine congéable. Le droit de congédier est fondé sur l'intention des parties, il ne contient rien de féodal, ainsi que nous l'avons vu dans l'introduction historique; le foncier, qui souvent n'est pas seigneur, se réserve un droit de rachat ana-

logue au réméré dans la vente, mais qui en diffère essentiellement dans les modes d'application. Le réméré doit ordinairement être exercé dans un certain délai, le congément est un droit que le foncier garde à perpétuité ; le réméré doit se faire pour un prix convenu lors du contrat ; le prix à payer lorsque l'on congédie est essentiellement variable, il augmentera ou diminuera chaque année, suivant que le colon créera de nouveaux superfices ou détruira quelques-uns de ceux qu'il avait précédemment édifiés.

219. Ce droit d'exercer le congément a été souvent et vivement attaqué ; à la fin du XVIIIe siècle, Girard, qui cependant se prononçait en faveur du maintien du domaine congéable, demandait la suppression du congément dont il énumérait les effets désastreux pour le colon dans la plupart des cas. De nos jours encore il excite bien souvent les récriminations et les animosités des colons à l'égard des fonciers, lorsque, les édifices n'ayant qu'une valeur modique, ils sont obligés de quitter une terre qu'ils habitaient depuis des siècles, qu'ils s'étaient accoutumés à considérer comme leur, et ne reçoivent en échange qu'une somme d'argent insignifiante. Si déjà sous l'ancien droit les réclamations des colons contre le congément étaient injustes, car, en définitive, ils ne subissaient que la loi d'un

contrat qu'ils avaient volontairement accepté, elles le sont bien davantage aujourd'hui ; il ne faut pas oublier, en effet, que la loi de 1791 donne aux colons le droit d'exiger leur remboursement ; or, il arrive souvent que les édifices ont une valeur considérable ; alors les rôles sont renversés, et c'est le propriétaire qui y perd. Les colons seraient donc mal venus à se plaindre sous l'empire de la législation actuelle, cela appartiendrait plutôt au foncier, puisqu'on a amoindri ses droits (suppression des corvées), augmenté ses charges (droit d'exiger le remboursement concédé aux colons), dans un contrat pourtant bénévolement accepté et que les colons étaient heureux d'obtenir jadis, même aux anciennes conditions.

CHAPITRE I

PAR QUI ET CONTRE QUI LE CONGÉMENT PEUT ÊTRE EXERCÉ. INDIVISIBILITÉ DE LA TENUE EN MATIÈRE DE CONGÉMENT

220. Baudouin, au n° 73, a paru confondre, nous l'avons déjà fait remarquer, la faculté de congédier cédée à un tiers, et le congément proprement dit, qui consiste, pour le propriétaire, à réunir à son fonds les droits réparatoires, à consolider. Ces deux opérations sont pourtant

fort dissemblables. La première n'est qu'un
acte d'administration ; un nouveau colon est
substitué à l'ancien, la nature des droits du
foncier n'est changée en rien ; il suffit donc,
pour consentir la baillée de congément, d'avoir
le pouvoir d'administrer comme un mari, un
tuteur, un fermier, le receveur d'une terre.
Pour congédier, un pouvoir plus spécial est
nécessaire. Ici le propriétaire foncier acquiert
un objet immobilier : les droits réparatoires ; il
change la nature de son bien et de son revenu ;
car il éteint sa redevance. Aussi devons-nous
examiner quelles sont celles des personnes qui,
pouvant accorder une baillée de congément,
peuvent aussi congédier.

On a voulu refuser à l'usufruitier le droit de
congédier, c'était à tort. L'usufruitier a la jouissance pleine et entière de la propriété ; or, la
faculté de congédier en est un des attributs.
D'ailleurs, le nu propriétaire ne saurait en
souffrir ; quand l'usufruit cessera, les héritiers
de l'usufruitier seront pour lui dans la même
situation que le colon qu'il a congédié, dont il
a pris la place ; ses rapports avec eux seront
identiques. L'usufruitier aura donc, en agissant
ainsi, suivi les principes qui lui permettent de
jouir, *salva rerum substantia.*

La question s'est présentée en 1808 à propos
d'un domanier, et la cour, le 25 avril, l'a réso-

lue en ce sens, décidant que la douairière pouvait congédier, bien qu'elle eût un simple usufruit.

221. *Quid du tuteur?* — Dans l'ancien droit
on avait discuté la question ; Gatechair refusait
au tuteur le pouvoir de congédier ; Duparc-
Poullain, tome V, *Princip.*, p. 333 ; Baudouin,
n° 77, le lui accordaient sans qu'il fût besoin
d'avis de parents ou de décrets de justice. Cette
opinion avait prévalu. Nous pensons qu'aujour-
d'hui la même solution ne devrait souffrir aucune
difficulté, et que le tuteur n'aurait pas besoin
de l'autorisation du conseil de famille si nous
étions encore sous l'empire du Code civil en ce
qui concerne les pouvoirs du tuteur sur les
biens de son pupille ; mais la loi du 7 février
1880 nous semble imposer la solution contraire
en exigeant l'autorisation du conseil de famille
quand il s'agit d'un intérêt inférieur à 1,500 fr.,
et l'homologation du tribunal quand elle est
supérieure à cette somme.

Bien qu'on aille devant le tribunal, on ne
saurait tirer argument de l'art. 464 du Code
civil, qui défend au tuteur d'introduire en justice une action relative aux droits immobiliers
du mineur ; le congément n'est, en effet, qu'une
conséquence du contrat, une clause du bail à
domaine congéable, dont on poursuit l'exécution. Un arrêt de la cour de Rennes, du 5 dé-

cembre 1809, a cependant été rendu en sens contraire, mais c'est un arrêt isolé, critiqué par tous les auteurs, et qui ne saurait avoir d'influence sur la solution de la question. — —

Il est évident, au reste, que si la propriété du fonds était contestée au mineur, en tout ou en partie, le tuteur, pour agir, devrait obtenir l'autorisation du conseil de famille (art. 464 C. c. ; Aul., n° 195).

222. Nous appliquons les mêmes principes au mineur émancipé, il peut consolider ; comme il peut acquérir seul, il semblerait que l'assistance du curateur ne fût pas ici nécessaire ; on décide cependant qu'il ne peut s'en passer, car la somme qu'il consacrera au remboursement est généralement un capital mobilier ; or, le mineur émancipé n'a pas la libre disposition de ses capitaux (art. 482 C. c.) ; d'ailleurs, depuis la loi de 1880, le mineur est soumis aux mêmes mesures de surveillance que nous avons indiquées plus haut pour le tuteur (art. 4 l. 1880).

L'art. 484 C. c. est applicable, comme au mineur, si la propriété du fonds lui est contestée.

Le mari, pendant la communauté, n'est qu'un administrateur des biens de sa femme ; il semblerait donc qu'il ne dût pas pouvoir consolider en son nom. On l'autorise cependant à le faire en vue de la liberté d'option qui est laissée à la femme ; celle-ci pourra refuser, à la dissolution de la communauté, de prendre l'opération à son compte.

223. Conformément aux anciens principes attestés par Baudouin (n° 380), lorsque l'un des époux est propriétaire foncier d'une tenue, l'autre domanier, la consolidation est impossible durant le mariage (art. 1595 C. c.). En trouvant dans cet article la solution que nous donnons ici, nous ne serons pas embarrassé pour repousser le système qui veut, suivant l'opinion de Baudouin (n° 379), qu'après la mort du mari, les héritiers ne soient pas fondés à exercer le congément contre la veuve qui jouit, comme douairière, de droits réparatoires propres au mari. L'usufruit de la femme ne doit pas pouvoir empêcher l'exercice des droits qu'ont, en qualité de propriétaires, les héritiers du mari, et la prohibition de la vente entre époux ne pouvant plus être invoquée, l'opinion soutenue se trouve sans fondement.

224. Nous avons dit que la tenue est indivisible par rapport au domanier; il ne peut être congédié pour partie, alors même que les droits fonciers auraient été divisés entre plusieurs copropriétaires. Réciproquement, si les droits réparatoires ont été divisés entre plusieurs colons, le foncier peut exercer le congément contre un seul d'entre eux. Partant du principe que cette indivisibilité doit être réciproque, on a

prétendu que, lorsqu'il existe plusieurs cofonciers, chacun de ceux-ci peut exercer le congément sans le concours des autres. Aulanier
présente ce système; il existe, dit-il, une présomption naturelle que le demandeur agit du
consentement de tous; rejeter cette présomption,
ce serait autoriser le colon à se prévaloir du
droit d'un tiers et à s'immiscer dans des arrangements de famille. Il cite à l'appui deux arrêts
de la cour de Rennes. Allant plus loin, cet auteur reconnaît même au cofoncier le droit
d'exercer le congément malgré ses consorts ;
ceux-ci ne doivent pas en souffrir, car ils peuvent se joindre au demandeur pour en partager le
bénéfice, ou, plus tard, poursuivre la mise aux
enchères d'une assurance, exiger le partage,
demander la licitation, car le congément n'a
fait que substituer un colon, le demandeur, à
un autre, le congédié, et ce nouveau colon n'a
pas d'assurance, car il n'a pu se faire un titre
à lui-même. Toute cette théorie est séduisante,
elle a l'avantage de prévenir des frais, d'éviter
des difficultés. Malgré cela, nous ne pouvons
nous y rallier. Aulanier la présente comme conforme aux principes; c'est là précisément ce que
nous contestons; il cite des arrêts isolés de la
cour, mais ne nous parle pas des auteurs. Or,
Baudouin et Carré, qui font autorité en la matière, attestent une doctrine tout opposée. Le

premier nous montre comme un principe constant qu'un des copropriétaires fonciers n'est pas admis à congédier sans le concours des autres, et il rappelle un arrêt qui l'a jugé ainsi.

Le second, à son tour (p. 160), nous affirme que jamais un des cofonciers n'a eu, qu'il ne pouvait pas avoir ce droit dont il nous montre, en ces termes, les inconvénients : « Il en résulterait, dit-il, qu'après que l'un d'entre eux eût exercé le congément sans le concours de ses consorts, il deviendrait domanier par rapport aux autres ; un d'eux pourrait également, sans son concours, le congédier l'année suivante ; un troisième congédierait le deuxième, et successivement chaque année un des consorts pourrait exercer le congément sur celui qui aurait congédié avant lui. » « Le propriétaire peut bien exercer le congément contre un seul des codomaniers, ajoute Carré (p. 162), c'est que le partage qu'ils ont fait lui est étranger et ne peut nuire à ses droits, et réciproquement, le domanier peut demander le remboursement à un seul des copropriétaires fonciers, parce que leurs arrangements lui sont également étrangers et ne peuvent lui préjudicier. Mais celui qui a fait un partage peut-il dire que ce partage lui soit étranger et ne peut lui être opposé ? Après avoir partagé, peut-il exercer les droits de son copartageant? Jamais on n'a accordé un pareil droit au propriétaire foncier. »

225. Baudouin (n° 285) cite une hypothèse particulière ; il suppose le cas où, plusieurs codomaniers partageant les droits réparatoires d'une tenue, l'un d'entre eux renonce par écrit à congédier ses consorts. Malgré cette renonciation, il croit possible le congément de la part de ce codomanier qui aurait obtenu du foncier une baillée : on ne peut, dit-il, renoncer à un droit qui n'existe pas, et, d'ailleurs, ces renonciations seraient contraires à l'intérêt du foncier. Bien qu'un arrêt du 23 juin 1847 ait jugé en ce sens, nous n'hésitons pas à combattre l'opinion de Baudouin. Il ne s'agit pas de renoncer à un droit qui n'existe pas, le colon qui s'engage à ne pas expulser ses consorts contracte une obligation de ne pas faire, cette obligation est parfaitement licite, elle est contractée de bonne foi, elle facilite souvent des arrangements de famille: le tribunal doit en assurer l'exécution. L'intérêt du foncier n'est pas à considérer. D'ailleurs, est-il sérieusement compromis, ne peut-il trouver d'autres personnes pour acquérir une baillée de congément? L'arrangement pris entre les colons ne lui fait pas plus de tort que n'en ferait au propriétaire d'un immeuble jla convention passée entre deux individus de ne jamais acheter son immeuble. Et, d'ailleurs, ses

intérêts dussent-ils réellement en souffrir quelque peu, du moment qu'on ne touche pas à ses droits. sur quel motif baserait-il sa plainte? (Le tribunal de Saint-Brieuc, 24 juin 1826, et un arrêt de Ren., 27 mai 1819, ont jugé dans le sens de notre opinion.)

Aussi croyons-nous que la demande en congément faite par le colon contre ses consorts devra être repoussée, et que ceux-ci ne seront pas tenus de se contenter de dommages-intérêts, car il est possible d'assurer l'exécution de la convention, et l'art. 1143 C. c. ordonne de le faire quand cela est possible. Qu'on ne vienne pas, avec Aulanier, invoquer l'art. 1165; les conventions n'ont d'effet qu'entre les parties contractantes et ne nuisent pas aux tiers, c'est vrai; eh bien! si le colon, en prenant la baillée, a fait une chose qu'il s'était interdite, s'il a trompé le foncier, qu'il soit condamné envers celui-ci à des dommages-intérêts, le foncier n'aura plus le droit de se plaindre.

Logique avec lui-même, Aulanier, supposant le cas où le colon devient propriétaire du fonds, décide qu'il peut, à plus forte raison, congédier ses consorts, parce que son acquisition ne doit pas leur profiter. Pour nous, nous ne saurions varier dans notre solution. Ici l'intérêt du foncier n'est même plus à considérer, puisque le colon ne fait qu'un avec lui; or, ce colon a pris un engagement vis-à-vis de ses consorts, il ne peut se libérer par son fait en acquérant la qualité de foncier ; il y a en lui deux personnes, le foncier qui a le droit de congédier, le colon qui s'est interdit ce droit.

Il est évident que, si le colon opérait le congément sous le nom d'un tiers, la fraude pourrait être prouvée tant par écrit que par témoins ; des présomptions graves, précises, concordantes, suffiraient même pour l'établir (Aul., n° 204).

226. Les deux principes de l'*indivisibilité* de la tenue et de la *solidarité* entre colons servent à résoudre un certain nombre de questions qui s'élèvent en matière de congément.

I. Lorsqu'il y a plusieurs cotenanciers, il suffit d'en assigner un. S'il n'en était pas ainsi, le propriétaire se heurterait à des difficultés sans nombre, peut-être à des impossibilités : il ne peut connaître tous les colons (Baud., n° 275 ; Carré, p. 23 et 267 ; arr. 15 pluv. an X, 2 prairial an XII, 17 févr. 1813, et surtout article 3 l. 1791, qui consacre le principe de la solidarité entre colons au sujet de la redevance et des charges dont les tenues sont grevées). C'est au colon poursuivi à mettre ses consorts en cause ; mais, même alors, le foncier peut continuer le congément contre lui seul.

Si le foncier se borne à congédier une partie des colons, il doit assigner tous ceux qu'il veut expulser, car, en les poursuivant pour partie, il approuve implicitement la division de la tenue. Nous reviendrions au principe si, une partie des droits étant déjà consolidée, on poursuivait le congément des autres fractions. Pour le foncier, ces fractions ne forment qu'un seul tout. Il en serait de même si un des colons, cessionnaire d'une faculté, congédiait ses consorts; il représente le foncier, sa part, à lui, est fictivement consolidée par suite de la situation qu'il a prise.

227. II. Si l'un des colons accepte le congément, les autres sont liés et ne peuvent plus invoquer la tacite reconduction ou toute autre exception dilatoire, un vice de forme, etc., leur seule ressource serait de contester la foncialité ou de représenter une assurance (Aul., n° 192; arr. 17 pluv. an X).

228. III. L'acquiescement donné par un colon au jugement de congément rend ses consorts non recevables à interjeter appel.

De même que le principe de l'indivisibilité cesse, et que le foncier ne peut plus demander le congément pour le tout contre un seul des codomaniers, s'il a consenti ou concouru au partage des droits, de même, par suite d'un système de réciprocité admis de tout temps, les colons jouissant par indivis, qui auraient concouru au partage du fonds ou auraient pris droit dans ce partage, ne pourraient plus s'opposer à ce que chacun des cofonciers congédiât séparément les édifices qui correspondent à la part qu'il a dans la foncialité.

Peut-on poursuivre le congément contre un simple fermier du colon ?

Gatechair et Baudouin (n° 335) admettent l'affirmative ; c'était la règle générale suivie autrefois, que le congément, comme la demande en paiement de la rente, la vente sur simples bannies, pouvait être valablement dirigé contre tout détenteur. On a prétendu que cette règle tenait au droit féodal, qui permettait au seigneur d'assigner son vassal au lieu du fief servant, bien que le vassal n'y fût pas domicilié, et qu'elle avait dû être supprimée par les lois abolitives de la féodalité (Carré, p. 265 et ss.). Aucune loi, répondrons-nous, n'a abrogé l'ancienne jurisprudence ; le principe sur lequel elle repose n'est rien moins que féodal, c'est un principe d'équité ; le propriétaire peut ne pas connaître le véritable colon, comme cela s'est présenté en particulier dans une affaire jugée par arrêt (Ren., 12 vent. an XI), où le colon avait vendu ses droits à un parent à son insu et était resté sur la tenue en qualité de fermier. En pareil cas, le foncier est bien obligé de s'adresser à celui qui exploite la tenue ; dans l'autre système, il faudrait au moins, avant de déclarer nulle la poursuite du foncier contre l'ancien colon, exiger que la vente lui ait été signifiée. Au reste, la jurisprudence reconnaît que si le foncier sait quel est le véritable colon, c'est à lui qu'il doit s'adresser (arr. Ren., 3 juin 1827), et qu'il ne pourrait assigner le simple possesseur, mais seulement le foncier (Aul., n° 209).

229. Peut-on poursuivre contre un tuteur, contre un mari, le congément des droits appartenant au mineur, à la femme?

Le tuteur peut consentir sans autorisation au congément provoqué contre son mineur; le congément est un droit exercé par le foncier, on ne saurait s'y opposer. Seulement le tuteur engagerait sa responsabilité, si, au cas où les droits du foncier sont douteux, il négligeait de consulter le conseil de famille.

Le mari, pour la même raison, et en qualité d'administrateur, peut consentir seul au congément des droits appartenant à sa femme. Perchambault (Coutume, t. 20, § 7) et Poull.-Duparc (*Principes*, t. 5, p. 97 et 98) avaient contesté cette décision, dans la crainte que le mari ne dissipât la somme remboursée, mais elle avait prévalu (Gatechair, Baudouin la soutiennent), et elle nous semble aujourd'hui d'accord avec les principes du Code civil.

CHAPITRE II

ÉPOQUE DU CONGÉMENT

230. « A quelque époque qu'ait commencé la jouissance des domaniers qui exploitent actuellement les tenues, soit en vertu des baux ou baillées, soit par l'effet de la nouvelle assurance, le congément ne pourra être réciproquement exercé à d'autre époque de l'année qu'à celle de la Saint-Michel, 29 septembre. » Telle est la disposition de la loi du 6 août 1791, art. 22. Cette disposition, créée dans l'intérêt du colon et de l'agriculture, modifie absolument l'ancien droit qui permettait au foncier d'expulser le colon à toute époque de l'année (Dufail, liv. 1, ch. 31; Baud., n° 85).

Le congément, d'autre part, est soumis au remboursement préalable des édifices et superfices, et doit être demandé au moins six mois avant la Saint-Michel (art. 21). Une demande en congément n'est donc valable que si elle a été signifiée au plus tard le 29 mars; on s'est même demandé si le dernier jour du délai ne devait pas être le 28; mais, comme le colon ne peut être obligé d'abandonner la tenue que le lendemain de la Saint-Michel, les six mois seront complets même en signifiant la demande le 29. Une demande en congément faite après le 29 mars ne serait pas nulle pour cela, mais elle ne produirait d'effet que pour la Saint-Michel suivante (Carré, p. 293) (arr. 5 déc. 1809 et 8 janv. 1812). La demande formée longtemps avant le 29 mars n'autorise pas le foncier à procéder au prisage avant cette époque, il ne doit pas entraver la jouissance du colon, ni l'empêcher d'améliorer, ce qui est un droit pour lui. (Carré, p. 292.)

Si l'époque fixée pour le congément est la Saint-Michel, ce n'est pas à dire pour cela qu'on puisse tous les ans congédier à cette époque. Le foncier a pu s'interdire la faculté de le faire pendant un certain temps, certains actes emportent même de droit l'assurance pour le colon de jouir pendant six ans dans l'usement de Rohan (art. 10), pendant neuf ans partout ailleurs ; ce sont : les actes d'acconvenancement, les baillées de renouvellement, les facultés de congédier, et pour quelques personnes dont nous avons repoussé l'opinion, la vente sur simples bannies. La loi de 1791 a, en outre, introduit en cette matière une disposition nouvelle, elle admet la tacite reconduction au profit du colon que le foncier laisse jouir après le terme du bail ; cette tacite reconduction a lieu pour deux ou trois années, suivant que l'usage du pays est de régler l'exploitation des terres par deux ou trois ans (art. 14), et même suivant le Code civil, art. 1774, le délai de la tacite reconduction serait d'un an seulement ou de plus de trois ans si la nature de la tenue, l'usage du pays et le genre d'exploitation le comportaient (Carré, p. 206). Pendant ces années où a lieu la tacite reconduction, pas de congément possible ; on repousserait même ici l'art. 1739 C. civ., qui refuse la tacite reconduction lorsqu'il y a eu *congé signifié ;* c'est que, le congé eût-il été donné en temps convenable, c'est le défaut de remboursement avant la Saint-Michel qui donne naissance à ce droit en faveur du colon.

231. Au sujet du temps pendant lequel a lieu la tacite reconduction, disons que la tenue ne forme jamais qu'un seul tout, et si elle comprend des biens dont les uns sont susceptibles de donner leur revenu en un an (moulin, maisons, prairies), les autres seulement en plusieurs années, on considérera quel est, dans la tenue, le principal, quel est l'accessoire, et, l'accessoire suivant le principal, le délai sera fixé en conséquence. (Aul. n° 181 ; arr. Bruxelles 29 nov. 1809. Sir. 10, 2, 27.)

L'art. 14 ne s'applique qu'aux baux et baillées postérieurs à la loi de 1791. Carré, p. 210, nous apprend qu'un arrêt du 27 févr. 1811

avait admis la solution contraire, mais la jurisprudence actuelle est revenue à des idées plus
justes (arr. 9 sept. 1815, 1er févr. 1821); et en
effet, aucun des anciens usements n'admettait
la tacite reconduction, les colons pouvaient
être congédiés chaque année, à tout moment;
pourquoi attribuer à des colons, en dehors
d'une disposition expresse de la loi, un droit
sur lequel ils n'ont pas compté en contractant?
D'ailleurs, l'art. 11 règle les questions transi-
toires qui peuvent se présenter à ce sujet en
fixant un délai (quatre années) à partir de la
Saint-Michel 1791, avant lequel le colon dont
le bail est expiré ne peut ni être congédié, ni
demander son remboursement; il laisse ainsi
tout le temps nécessaire pour le renouvellement
des baux primitifs, et semble par là exclure
quant à eux l'idée d'une tacite reconduction inconnue dans l'ancien droit.

La tacite reconduction, étant une exception
dilatoire, doit être présentée *in limine litis;* d'où
l'on conclut *à fortiori* qu'il serait trop tard de
l'invoquer en appel (arr. 4 mai 1812, 11 sept.
1813).

232. L'art. 22, § 2, est ainsi conçu : « Si l'exploitation du domanier avait commencé à un autre
terme (que celui de la Saint-Michel), il sera
tenu de payer, au propriétaire foncier, la redevance convenue au prorata du temps dont il

aura joui de plus. » Ces termes laissent dans le doute une question intéressante; on nous dit bien que le congément aura lieu à la Saint-Michel, mais sera-ce à celle qui précède, ou à celle qui suit l'expiration du terme ? Remarquez que les mots : il sera tenu de payer la redevance au prorata du temps dont il aura joui de plus, s'appliqueraient également aux deux solutions; aussi ont-ils été invoqués tour à tour par les partisans de chacun des systèmes opposés. Pour nous, nous croyons avec Aulanier (nº 184), à l'encontre du sentiment de Carré, que c'est à la Saint-Michel suivante que devra s'opérer le congément. Le bail ou la baillée doit être, en effet, pleinement exécuté en faveur du domanier; dans un contrat de ce genre, c'est le foncier qui a la situation la meilleure, c'est à lui à s'expliquer clairement, le doute devra s'interpréter contre lui.

CHAPITRE III

PROCÉDURE DE LA DEMANDE EN CONGÉMENT

233. Le principe de la procédure est contenu dans l'art. 17 l. 6 août 1791 : « Il sera procédé au prisage (1) à l'amiable entre les parties, ou

(1) Ce mot spécial au vocabulaire de la matière du domaine congéable, employé par tous les vieux auteurs, la loi de 1791,

à dire d'experts convenus ou nommés d'office par le juge de paix du canton dans le ressort duquel les tenues sont situées, sauf aux parties, en cas de contestation sur l'estimation, à se pourvoir devant le tribunal de première instance.

Cet article fait naître une difficulté pour le cas où les parties ont recours à la procédure devant le juge de paix. Quelle est, au juste, la valeur, la nature de la citation devant ce magistrat?

Deux systèmes se sont élevés sur ce point.

Premier système. — Elle n'a rien de commun avec une citation en conciliation; la preuve, c'est qu'elle a lieu devant le juge de paix de la situation de l'immeuble, et non devant celui du domicile du défendeur, comme le veut l'art. 50, C. pr. civ. Conséquence: si l'on va ensuite devant le tribunal, il faut avoir recours à une tentative de conciliation devant le juge de paix du domicile du défendeur.

Second système. — La précédente opinion a le tort de multiplier les frais, d'occasionner des lenteurs; la citation en conciliation fait double emploi avec la citation devant le juge de paix de la situation de la tenue; cette citation est une véri-

et usuel parmi les praticiens, désigne l'opération des experts; il est synonyme de estimation détaillée de tous les objets composant les droits réparatoires du domanier.

table citation en conciliation; or, le Code de
procédure, postérieur à la loi de 1791, a abrogé
les dispositions de cette loi, puisqu'il traite des
mêmes matières. Conséquence : le défendeur
devra être appelé devant le juge de paix de son
domicile (art. 48 et suiv. Pr.).

Ce système a un vice essentiel, il est contraire au texte de la loi de 1791, qui n'a pas été,
quoi qu'on en dise, abrogée par le Code de procédure. Elle a trait à une matière spéciale : quoi
d'étonnant qu'il existe pour cette matière, le domaine congéable, des formalités s'écartant du
droit commun ? D'un autre côté, le premier système complique inutilement la procédure. Ces
considérations ont donné lieu à un troisième
système adopté par la cour de Rennes et dont
voici le résumé.

Troisième système. — La citation ordonnée par
l'art. 17 l. 1791 est un acte mixte; elle tiendra
lieu de citation en conciliation. Par conséquent,
si le juge de paix renvoie au tribunal, plus d'es-
sai de conciliation. La citation aura lieu devant
le juge de paix de la situation de l'immeuble,
conformément à l'art. 17; les art. 48 et suiv. Pr.
civ. ne lui sont pas applicables, par suite les
causes énumérées dans l'art. 49 ne sauraient
en dispenser, jamais on ne pourra aller directement devant le tribunal. Aussi croyons-nous
fort attaquable un jugement du tribunal de Lou-

déac du 17 février 1846, qui, après avoir annulé
un congément poursuivi en 1844, parce que la
sommation prescrite par l'art. 1259 C. c. n'a-
vait pas été faite en temps utile, a ordonné un
nouveau congément, sans renvoyer les parties
devant le juge de paix.

Quant au contenu de la citation, les délais à
observer, il n'y a pas de raison, dans le silence de
l'art. 17, pour repousser la disposition des articles 1, 5, Pr. civ. Relativement à la compétence
de l'huissier qui doit instrumenter, on applique,
par la même raison, les art. 4, 52, Pr. civ., et
16 l. 25 mai 1838.

234. Cette question élucidée, la matière dont
nous nous occupons donne lieu à peu de difficultés, nous nous bornerons donc, sans entrer
dans de longs détails, à énumérer les décisions
données par les auteurs et la jurisprudence.

Si l'on va devant le tribunal, l'exploit d'ajour-
nement devra énoncer, à peine de nullité, la
nature de l'héritage, la commune, les tenants
et aboutissants; s'il s'agit d'un corps de ferme,
le nom et la situation suffiront (art. 64 Pr.
civ.). Cet article ne s'applique pas à la citation
devant le juge de paix, pour laquelle nous avons
l'art. 1.

En tête de l'exploit doit se trouver copie du
procès-verbal de non-conciliation ou de la men-
tion de la non-comparution, à peine de nullité

(art. 65 Pr. civ.) (Carré, p. 264). On pourrait contester cette solution en disant que la citation en congément n'est pas une véritable citation en conciliation, et que les nullités doivent se restreindre au cas exact pour lequel elles ont été édictées (Table des arr. D. C., n° 415).

Si le congément est exercé par un cessionnaire du pouvoir de congédier, il est d'usage de donner copie de la baillée en tête de la citation ; le colon, sans cela, pourrait s'opposer au congément. La cession de la baillée est, en effet, pour le colon, *res inter alios acta ;* il est un tiers, il faut, pour en saisir le cessionnaire à son égard, que le transport lui en soit signifié. Il en serait autrement s'il avait accepté le transport dans un acte authentique (art. 1790-2° C. c.) ; la nullité serait couverte également si le colon se présentait devant le juge de paix et consentait au congément, s'il proposait d'autres moyens en laissant celui-là de côté (Aul., n° 219).

Il n'est pas nécessaire que la procuration du mandataire, fermier, régisseur, qui a consenti une baillée de congément pour le propriétaire, soit transcrite en tête de l'exploit (Aul., n° 220).

La date de la citation devant le juge de paix est seule à considérer pour décider si la demande a été formée dans le délai voulu.

235. *Compétence du juge de paix.* — Comme nous l'avons dit, d'après l'art. 17 1. 6 août 1791,

le juge de paix a le pouvoir de juger les congéments, pourvu toutefois que le défendeur déclare
consentir au remboursement. Si les parties ont
nommé des experts, il leur donne acte de cette
nomination; s'ils ne se sont pas accordés sur le
choix, il nomme les experts d'office. Mais là
s'arrête son pouvoir; si le défendeur fait défaut,
s'il refuse de consentir au congément, il doit
renvoyer devant le tribunal, après avoir donné
acte du défaut ou du refus. Le renvoi n'en devrait pas moins être prononcé, parce que le défendeur se serait borné à opposer des moyens de
forme, sans contester au fond le droit de demander le prisage. Plusieurs arrêts ont décidé que
si le juge de paix gardait la connaissance de la
cause dans un cas où il aurait dû renvoyer devant le tribunal, le jugement ainsi rendu en
dehors de sa compétence tiendrait lieu de procès-
verbal de renvoi (arrêt ventôse an XI).

Il n'y a pas de différence, au point de vue de
la forme, entre le jugement de congément et les
jugements ordinaires rendus en justice de paix :
les parties sont-elles d'accord? rappel de l'objet
de la demande, de la réponse du défendeur,
ordre de procéder au congément; le défendeur
fait-il défaut, s'oppose-t-il au congément? renvoi en première instance.

236. *Nomination des experts.* — Le nombre des
experts est ordinairement de trois; ce nombre

est même forcé lorsque la nomination n'en est pas faite par les parties, mais celles-ci peuvent convenir qu'il sera procédé au congément par un seul expert (art. 303 Pr.). Si les parties ont choisi un ou trois experts, le juge de paix se borne à donner acte de leur nomination. Si les parties ont nommé chacune un expert, il nomme le troisième, c'est ce qui arrive le plus fréquemment. Si l'une des parties refuse de nommer un expert, tandis que l'autre en a nommé un, *quid juris* ? Deux systèmes : 1er *système :* Le juge de paix nommera les deux autres, il n'est pas obligé de nommer d'office les trois experts (Carré, p. 269); 2e *système :* Cette opinion ne repose sur aucune base. Le juge de paix doit nommer les trois experts, l'art. 305 Pr. civ. est formel. « Si les experts ne sont pas convenus par les parties, le jugement ordonnera qu'elles seront tenues d'en nommer dans les trois jours de la signification, sinon il sera procédé à l'opération par des experts qui seront nommés d'office par le même jugement. » Les parties doivent au moins être d'accord sur le choix de deux experts (Aul., n° 234; arr. 13 juil. 1813; Cass., 10 avril 1816). Mais lorsque l'une des parties a choisi son expert, l'autre n'a-t-elle pas une position plus favorable, n'a-t-elle pas le choix de confirmer cette nomination en nommant elle-même un autre expert, ou de l'invalider en refusant de faire à son tour une nomination, cas auquel le choix des trois experts reviendra au juge de paix ? Cela est évident, aussi admet-on, pour maintenir la position égale entre les parties, que celle qui a parlé la première pourra, si l'expert choisi par l'autre partie ne lui convient pas, révoquer le sien et faire ainsi nommer d'office les trois experts (jug. St-Brieuc, 17 août 1845 ; Rogron sur l'art. 304 Pr. civ.).

Les art. 283, 308 à 313 Pr. civ. s'appliquent à la récusation des experts.

237. Le juge de paix doit faire prêter serment aux experts s'ils sont présents ; il leur donne acte du jour qu'ils fixent pour le prisage (article 315 Pr. civ.) ; si les parties sont à l'audience, cet acte vaut pour elles sommation d'assister au prisage (art. 315-2° Pr.). Au cas où les experts ne sont pas présents, on les assigne pour qu'ils viennent prêter serment ; il n'est pas nécessaire, bien qu'on ait dit le contraire, que ce serment soit prêté en présence du défendeur (art. 307 Pr. civ.). D'après Poullain-Duparc, t. 9, *Principes*, p. 486, et Carré, p. 269, le juge de paix, si un expert est récusé, n'en doit pas moins recevoir son serment, sauf au récusant à faire juger ses moyens de récusation par le tribunal.

Seulement, lorsqu'il s'élève des contestations devant lui, on peut exiger qu'il dresse procès-verbal des prétentions et dires des parties et qu'il renvoie le jugement au tribunal.

Le juge de paix qui a ordonné le congément peut-il procéder comme expert? Cela serait évidemment peu digne de la situation de ce magistrat, mais cette irrégularité ne serait pas suffisante pour vicier le procès-verbal (arr. 12 niv. an XII); aucune loi n'exclut expressément les juges de paix du droit de procéder comme experts.

238. Lorsque le congément est ordonné par le tribunal auquel la cause a été renvoyée, ce tribunal a le choix de nommer les experts d'office, ou, suivant l'art. 1035 Pr., de renvoyer devant le juge de paix pour cette nomination.

Le tribunal ne juge jamais, en cette matière, qu'en premier ressort (arr. 28 avril 1813 et jurisprudence constante).

Le jugement de congément est définitif, on peut en appeler immédiatement sans attendre que les experts aient procédé au prisage (Carré, p. 270). Si la baillée est authentique, ou, lorsque étant sous signature privée, la signature n'est pas déniée ou méconnue, l'exécution provisoire sans caution peut être ordonnée (art. 135 Pr.). (arr. 4 sept. 1807 ; Aul., n° 245). De même, à fortiori pour le jugement qui ordonne l'expulsion ou le remboursement après prisage, lorsque le premier jugement n'a pas été attaqué (arr. 1812, Rennes).

239. *Opérations des experts.* — Les bases que doivent prendre les experts pour arriver à l'estimation des édifices et superfices sont ici toutes spéciales. Baudouin constate, au n° 293, que la coutume est muette sur ce point; que d'ailleurs on ne peut appliquer aux congéments les règles indiquées pour l'évaluation des héritages. Ceux-ci se prisent par leur revenu annuel, les droits superficiels par le *menu*, indépendamment du *revenu*, sans considération de leur plus ou moins d'utilité, sans déduction des charges; tout ce que le colon a construit avec l'autorisation du foncier doit lui être remboursé lorsqu'on le congédie, cela comprend la main-d'œuvre, les matériaux, les améliorations, *cum melioramentis et manu pretio* (D'Argentré, *Lods et vente*, § 40). Le Guével (p. 90) s'exprime dans le même sens, et l'usage ancien, comme l'usage actuel, est conforme à cette opinion. Ainsi, s'il s'agit d'une maison, on calculera ce que les matériaux ont dû coûter suivant les localités, et on ajoutera le prix présumé de la main-d'œuvre. D'où il résulte deux conséquences, c'est que le colon prouverait inutilement que la dépense a été plus élevée, et le foncier qu'elle a été inférieure (B., n° 295).

Il ne faut pas croire néanmoins que, si les objets qui doivent entrer dans le prisage sont anciens et ont perdu de leur valeur, on les es-

timera au prix qu'ils ont coûté, on s'est relâché
de cette exécution stricte du principe, et de très
bonne heure dans l'ancien droit on prit l'habitude de tenir compte de leur dégradation ; tout
ce que l'on veut dire, c'est qu'on n'a pas égard
à leur valeur vénale et à la plus-value qu'ils
donnent au fonds : « Les édifices, murs et talus
s'apprécient et se remboursent suivant le prix
de ce qu'ils se trouvent valoir au temps du congément. » (Extrait des mémoires de Gatechair.
B. n° 295.) On peut dire, en résumé, qu'on
donne à ces objets une valeur égale à la somme
que le propriétaire devrait dépenser pour en
établir de semblables sur son fonds au jour du
congément. L'art. 19 l. 6 août 1791 ne fait que
confirmer cette décision : « Tous les objets qui
doivent entrer dans l'estimation seront estimés
suivant leur vraie valeur à l'époque de l'estimation. »

240. De ce que le foncier doit rembourser le
prix des matériaux, on a conclu que, dans le cas
où il a permis d'extraire du sol les pierres et le
sable, de prendre sur la tenue le bois nécessaire
à la construction, il n'en doit pas moins rembourser ces objets au colon ; il est censé lui en
avoir fait don, il faudrait une réserve expresse
pour combattre cette présomption (B., n° 295).

Cela ne laisse pas que d'être parfois injuste,
car le foncier n'a pas, la plupart du temps, re-

tiré de la construction faite par le colon un avantage équivalent à la somme au paiement de laquelle il va être condamné. Il est bon de remarquer même que, en général, d'après le mode suivi pour le remboursement, le propriétaire paiera toujours pour les édifices et superfices une somme supérieure à leur valeur économique, autrement dit, que cette somme capitalisée produirait un revenu plus grand que le revenu fourni par les édifices dont il va devenir propriétaire. En sorte que le congément n'aurait presque jamais lieu si, par suite de la réunion des superfices au fonds, le foncier ne devait trouver dans un bail consenti à un fermier ordinaire un loyer rémunérateur pour la jouissance de son fonds.

241. La règle, quand il s'agit des bois convenanciers, est plus facile à appliquer, et donne un résultat plus exact et plus équitable ; on les estime aussi à *leur vraie valeur*, mais leur vraie valeur est la plus-value qu'ils donnent à la tenue.

Cette règle, tirée de l'art. 19, est générale comme cet article et s'applique à tous les objets dont on doit le remboursement, et dans toute la région où le domaine congéable est pratiqué. Nous faisons cette remarque, parce que, dans certains usements, on avait introduit au mode ordinaire de prisage des exceptions fort injustes à l'égard du colon ; par exemple, sous l'usement de Broërec on estimait les arbres fruitiers à *la charretée*, on ne remboursait que les trois quarts de la valeur des engrais. Ailleurs, on voyait les experts n'estimer souvent que le foin de l'année non coupé, les canaux d'arrosement, et ne tenir aucun compte du tissu de la prairie qui en fait cependant la valeur principale et a été mis en rapport par le travail du colon. M. Arnout, dans son rapport sur la loi du 6 août, fait allusion à ces exceptions, et nous montre bien que le législateur a entendu les supprimer : « Nous nous proposons, dit-il, de proscrire l'usage injuste de ne payer les plantations utiles que sur le pied de la valeur du bois à brûler. »

242. Telles sont les choses sur lesquelles les experts doivent établir leur estimation ; voyons maintenant comment ils procèdent. Les experts et les parties se réunissent au jour et à l'heure fixés lors de la prestation du serment. Les experts, après avoir ouvert leur procès-verbal et s'être fait remettre les titres, se font indiquer successivement par le colon les objets à estimer. Cela s'appelle la *montrée ;* un arrêt du 12 germinal an XI a décidé que, si le colon refusait d'ouvrir ses portes, on l'y contraindrait par une ordonnance de référé.

La description des maisons, murs, puits, jardins, etc., terminée, on s'occupe des terres

arables et des prairies. Cette description doit
être faite avec les indications les plus précises;
on relate les dimensions, les matériaux des
murs, toits, terrasses, portes, fenêtres, foyers,
escaliers, etc.; la contenance des jardins, terres,
prairies, le genre, les dimensions, les matériaux
des clôtures, le nombre, l'essence des bois convenanciers, l'état des émondes et leur espèce,
l'espèce de la récolte actuelle ou, si le terrain
est en friche, celle de la précédente récolte.

Cette estimation des édifices par le menu est
compliquée, mais il est indispensable de le faire
ainsi, car, si un objet ne se trouvait pas relaté au
procès-verbal, on pourrait soutenir ensuite qu'il
n'a pas été prisé.

Le calcul ne se fait pas séance tenante, les
experts se bornent, la description terminée, à en
poser les bases en indiquant, par exemple, sur
le bordereau, que le mètre de maçonnerie sera
estimé tant, tant le pied d'arbre de telle essence.
Pour se mettre d'accord, voici comment l'on
procède : l'expert du congédié donne son avis
le premier, celui du congédiant parle ensuite,
en cas de dissentiment, le tiers expert concilie
ses confrères. S'il n'y parvient pas, il prononce
lui-même et, alors, on indique qu'il y a dissentiment, sans relater l'opinion de chacun.

On commence la rédaction du procès-verbal
par l'indication du nombre des vacations, et on

fixe le jour où se feront les calculs et la rédaction définitive. Chacun des experts fait de son côté l'estimation des objets contenus dans la description, et l'on compare les résultats pour arriver à une solution exempte d'erreurs. Cette estimation ne se fait pas avec les mêmes détails que la description ; on se borne à indiquer l'évaluation séparée de chacun des objets considéré dans son ensemble : une grange, un puits, un bâtiment, une prairie. Le procès-verbal contient, signées par elles, toutes les déclarations ou dépositions que les parties ont faites au cours de l'opération.

243. Bien que la présence des parties ne soit pas nécessaire à l'expertise, celles-ci feront bien d'y assister; leur intérêt respectif le leur commande; le colon surtout y a un intérêt considérable, car si les experts omettaient un objet, on pourrait tirer argument de son silence pour décider que cet objet ne devait pas être prisé.

244. On appelle objet *débatif* celui sur la nature remboursable ou non remboursable duquel des doutes peuvent s'élever. Ces objets font-ils partie des droits fonciers ou des droits convenanciers? est-ce une innovation défendue? Il n'appartient pas aux experts de décider la question, pas plus qu'ils ne prononcent sur le point de savoir s'il y a lieu à indemnité pour

dégradation du colon. Leur rôle se borne à mettre la justice en mesure de se prononcer; par suite, ils relatent les faits dans leur procès-verbal, ils estiment provisoirement les objets débatifs, en indiquant que leur nature donne lieu à contestation.

Le congédiant doit déclarer aux experts qu'il s'oppose à l'estimation de tel ou tel objet qu'il considère comme ne devant pas être remboursé; cependant son silence ne lui ferait pas perdre le droit de réclamer, il pourrait encore faire ses réserves lors du remboursement.

L'un des experts écrit le procès-verbal, tous doivent le signer. Si l'un des experts ne sait pas écrire, il appartient au greffier de la justice de paix de le rédiger et de le signer (art. 317, Pr. civ.). La minute est déposée au greffe du tribunal qui a ordonné l'expertise, le consentement des parties n'autoriserait pas à en effectuer le dépôt dans l'étude d'un notaire, lequel, en recevant ce dépôt, serait même passible de peines disciplinaires (arr. Cass. 8 avril 1845).

245. Bien que les experts soient nommés par le juge de paix, on les traite, eu égard à la difficulté du prisage, comme ceux qui sont commis par un tribunal de première instance. Il est donc d'usage constant de repousser pour eux l'art. 25 du tarif et de leur appliquer les art. 159 à 162 de ce tarif. On va même plus loin

et on ne réduit pas à 3 francs les vacations des experts qui ne sont ni architectes ni artistes, quoique la loi soit formelle. Cela tient à ce que les hommes capables de bien faire une expertise de ce genre et qui sont habituellement des notaires, greffiers ou propriétaires, ne peuvent être assimilés à des artisans et laboureurs et ne consentiraient pas à vaquer à ce travail pour une somme aussi minime.

246. Le propriétaire et le colon conviennent souvent que le domanier recevra telle somme fixée pour le prix de ses droits. N'ayant rien de contraire à l'ordre public, cette clause, parfaitement licite, a l'avantage de prévenir les lenteurs et les frais considérables de la description et de l'estimation des droits réparatoires (Carré, p. 422 ; arr. 16 sept. 1815). Il suffit alors d'assigner le colon en justice de paix pour voir ordonner le congément et de faire ensuite les offres, comme après l'estimation.

Une autre clause se rencontre quelquefois, mais, au lieu d'éviter les difficultés, elle est de nature à les multiplier ; le foncier en baillant à convenant a stipulé qu'en cas de congément, le colon ne pourrait exiger que la valeur des améliorations faites pas lui. On juge facilement combien, au bout d'une longue suite d'années, il est difficile de distinguer les édifices et superfices existants lors de l'acconvenancement, de ceux qui ont été construits depuis.

Par qui les frais du congément devront-ils être supportés ? L'art. 18 l. 1791 répond à cette question, en déclarant qu'à l'égard des baux actuellement existants, les frais seront à la charge du propriétaire foncier. Ce n'est là que la confirmation des principes suivis dans l'ancien droit, où dans tous les usements, sauf celui de Poher, le congédiant supportait tous les frais (arr. 3 déc. 1614, référé par Belordeau, controv. 46, liv. 7, deuxième partie ; Baud., n° 278).

L'art. 18 énumère : les frais de la nomination d'experts, de leur prestation de serment, du prisage et de l'affirmation ; nous pouvons ajouter ceux de dépôt, retrait et notification du prisage et des offres réelles qui remplacent la formalité de l'affirmation. L'esprit de la loi est, en effet, de faire supporter au foncier les frais que nécessite sa demande en congément ; par suite, nous déciderons, à l'inverse, que les frais résultant des contestations injustes soulevées par le colon seront à sa charge ; il en sera de même des frais de consignation à la suite de son refus non motivé d'accepter les offres du congédiant.

247. Le colon peut-il prétendre à une indemnité pour le temps qu'il a employé à faire la montrée ? La loi de 1791 est muette à cet égard, mais l'usage est de lui donner une indemnité

qui lui est légitimement due, suivant l'avis de Baudouin (n° 317). On attribue ordinairement au colon la somme de 3 fr. par jour ; s'il y a plusieurs colons, chacun n'est taxé que pour le temps employé à la montrée de ses droits particuliers. Pour prévenir les difficultés sur la fixation de l'indemnité et le nombre de jours pour lesquels elle est due, il est prudent d'indiquer dans le procès-verbal la somme que l'on offre, en ajoutant les mots : sauf à parfaire (Aul., 293).

Le second alinéa de l'art. 18 est ainsi conçu : « Et pour les baux qui seront faits à l'avenir, ils (les frais de congément) seront payés par ceux que les conventions en chargeront. » Mais *quid* dans le silence des baux ? Une consultation délibérée à Rennes le 24 avril 1829 et signée : Carré, Lesbaupin, Le Gorrec, Le Roux, émit l'avis que dans ce cas les frais doivent être supportés par le congédiant. Les parties, ne s'étant pas exprimées sur ce point, sont présumées s'en être rapportées à l'usage (art. 1159 C. c.) ; d'ailleurs le congédiant est un acheteur, or, l'art 1593 C. c. met les frais d'actes et autres accessoires de la vente à la charge de l'acheteur.

248. *Expulsion du colon.* — Lorsque l'instance en congément est terminée et a été régulièrement conduite, le colon doit, sous peine de

dommages et intérêts, abandonner la tenue ; il le doit dès le lendemain du 29 sept., jour de la Saint-Michel ; s'il ne le fait pas, on l'appelle devant le tribunal qui, après avoir constaté que toutes les formalités relatives au congément ont été accomplies, ordonne l'expulsion. Si l'on présume, par suite de son refus d'accepter les offres, ou pour d'autres causes, que le colon ne voudra pas quitter la tenue le 30 sept., on peut provoquer à l'avance le jugement du tribunal. Le colon ne pourrait, ni dans une contestation élevée sur les objets estimés débativement, ni dans la demande d'une revue formée par ou contre lui, trouver une raison plausible pour se dispenser de quitter la tenue. L'huissier accomplit de la manière suivante le jugement d'expulsion rendu par le tribunal ; accompagné de deux assistants, après notification du jugement et sommation de l'exécuter, il se rend dans la demeure du congédié et fait mettre dehors les meubles qui la garnissent, sans qu'il soit nécessaire d'y préposer un gardien. Puis il rédige un procès-verbal comme en matière de saisie-exécution, il laisse copie de ce procès-verbal signé de lui et des assistants.

249. Mais, si le colon peut être ainsi expulsé, il faut, pour cela, qu'il ait été préalablement remboursé du montant de ses droits et des frais qui pourraient lui être dus, et il faut que ce

remboursement ait lieu avant la Saint-Michel (arg. de l'art. 24 l. 1791).

250. Il arrivera souvent que le colon, dans l'espoir de prolonger sa jouissance, mettra des obstacles au remboursement; il refusera de le recevoir, de donner quittance. Pour obvier à ces inconvénients, sauvegarder les droits du foncier et déjouer la mauvaise foi du colon, on autorise le congédiant à suivre les dispositions et la procédure établies au Code civil, art. 1277 et ss., et au Code de pr. civ., art. 812 et ss., sur les offres réelles et la consignation. Il commencera par notifier le cahier de prisage; l'usage veut qu'on indique dans ce cahier le jour et l'heure auxquels on se présentera au domicile du colon pour y faire des offres réelles, mais cette indication n'est pas indispensable. Les offres doivent être faites par huissier à la personne ou au domicile du colon (art. 1258 C. c.). Cette obligation ne serait pas valablement remplacée par l'assignation du colon devant un notaire ou le juge de paix, comme cela se fait en certains cantons; si le colon ne se présentait pas, il faudrait, à peine de nullité, se conformer à l'art. 1258 (arr. 10 vent. an XI).

Eu égard au principe de la solidarité qui existe entre les colons, on peut dire que les offres et le remboursement peuvent être faits à un seul des consorts (arr. 2 prair. an XII).

Les offres ne suffisent pas pour parfaire le congément ; si le colon persiste dans son refus de recevoir, la somme doit être consignée (arr. 10 vent. an XI, 19 juil. 1814). Il résulte de ce que la consignation produit le même effet que le remboursement, qu'elle doit être accomplie au plus tard le 29 septembre. Aussi, lorsque, dans le cas où il a refusé les offres, on appelle le colon devant le tribunal pour voir juger ces offres valables, autoriser la consignation, et s'entendre condamner à délaisser la tenue, doit-on avoir soin, si l'on n'a pas assez de temps pour obtenir jugement, d'opérer toujours la consignation ; aussi la Saint-Michel survenant, le jugement ne serait plus d'aucune utilité.

Allant plus loin, nous disons non seulement que la consignation doit être faite au plus tard le 29 septembre, mais qu'il faut aussi qu'à cette date soient signifiés au colon le procès-verbal de dépôt et la sommation de retirer les fonds, car c'est cette notification qui, par rapport à lui, donne à la consignation une existence légale et rend complète son assimilation au paiement dont elle tient lieu (arr. 16 flor. an X).

La nullité de la consignation ne saurait se couvrir par la procédure volontaire, comme la nullité d'exploit (arr. 28 avril 1813). Elle ne se couvre que par l'acquiescement donné au congément. (Aul., n° 286.)

251. Nous avons dit que le colon ne peut être expulsé si le remboursement n'a pas été effectué avant la Saint-Michel. Mais la demande, la description, l'estimation des édifices par les experts, la procédure, en un mot, devra-t-elle être recommencée l'année suivante, comme si jamais rien ne s'était produit ? Un arrêt du 16 septembre 1815 a jugé que, si c'est le congédiant qui, par son fait ou sa négligence, n'a pas effectué en temps voulu le remboursement et le prisage, tout est à recommencer, une nouvelle demande pour l'année suivante est indispensable. Carré nous donne, pour l'hypothèse inverse, une solution contraire. Si c'est le colon qui, par ses contestations, empêche le remboursement, le congément devra être ordonné pour la Saint-Michel suivante, et la procédure reprise au point où elle en était (arr. 26 frim. an IV). Au reste on ne pourrait refuser à la partie qui la demanderait une nouvelle expertise, car les droits ont pu augmenter ou diminuer de valeur dans l'espace de l'année écoulée ; les frais de ce nouveau prisage retomberont nécessairement sur la partie qui sera jugée coupable, par ses manœuvres frauduleuses, d'avoir rendu le premier inutile. (Aul., n° 289; C. p. 293.)

252. Une question très intéressante s'est élevée au sujet du remboursement, en ce qui concerne les objets que nous avons appelés dé-

batifs. Le congédiant qui prétend arguer ces objets d'innovations sera-t-il obligé de les rembourser provisoirement au congédié qui, lui, les soutient superfices remboursables ? Baudouin examinait déjà la difficulté (n° 279), et la résolvait dans le sens du remboursement provisoire. Il le décidait ainsi non seulement pour l'édifice dont l'existence remontait à plus d'un an et pour lequel la possession annale assure la provision au possesseur, mais même pour tout objet contentieux, surtout, ajoute-t-il, quand le congédié offre d'en cautionner la perception.

Cette solution ne semble pas devoir aujourd'hui offrir d'inconvénients, à condition qu'on rende obligatoire, et non plus facultative, comme elle paraissait l'être, d'après les termes de Baudouin, la caution à fournir par le congédié. Au cas où cette caution ne serait pas fournie, le congédiant pourrait consigner la somme représentative des droits contestés, en sorte que, suivant le vœu de la loi, le remboursement serait intégral, sans que pour cela le congédiant eût à courir le risque de l'insolvabilité du colon.

Nous imposons ainsi au congédié l'obligation de donner caution, ce que Baudouin n'osait faire, mais il nous semble que nous restons dans l'esprit de la loi ; il ne faut pas oublier qu'avant la loi de 1791, il n'y avait pas d'époque fixe pour terminer le congément, en sorte que le congédiant pouvait attendre sans danger le résultat de l'instance relative à la nature des objets contestés ; aujourd'hui il doit, sous peine de voir annuler le congément, rembourser avant la Saint-Michel, il faut donc trouver un moyen de sauvegarder ses intérêts, tout en respectant l'équité : les frais de la consignation seraient en effet supportés, dans l'hypothèse où elle devrait être faite, par celle des parties qui aurait élevé des prétentions injustes.

253. Lorsque les objets débatifs ont été remboursés, que plus tard il a été jugé qu'ils n'étaient pas sujets à remboursement, le foncier peut réclamer la somme qu'il a payée. Pourra-t-il agir par voie solidaire contre les codomaniers ? ou devra-t-il demander à chacun la part qui lui serait revenue dans le prix ? Aulanier combat dans ce cas l'idée de la solidarité ; si nous l'accordions au foncier, dit-il, cela mettrait les colons solvables dans un grand embarras, et il faudrait au moins qu'ils fussent autorisés à demeurer saisis de la part revenant aux insolvables dans le prix des droits, jusqu'à ce que la contestation fût vidée.

Nous ne pouvons admettre ici l'opinion de l'éminent avocat dont nous avons si souvent suivi la doctrine ; c'est un principe certain que le propriétaire a une action solidaire contre les codomaniers pour toutes les actions qu'il intente

au sujet des droits fonciers : « La solidarité
existe, dit Carré (p. 63), pour tous les droits et
actions que le propriétaire peut avoir à exercer
contre eux, en cette qualité de propriétaire foncier. » Or, c'est bien en sa qualité de propriétaire
foncier que le congédiant a payé provisoirement
les objets débatifs, c'est également en cette
qualité qu'il réclame le prix indûment payé.
L'intérêt des colons solvables est compromis,
mais serait-il plus juste de faire supporter au
foncier la perte résultant de l'insolvabilité de
l'un d'entre eux? Et d'ailleurs n'était-ce pas
aux colons solvables de prendre leurs précautions? la restitution des sommes payées provisoirement était facile à prévoir, ils avaient un
moyen de l'assurer sans danger pour eux-mêmes.
Ce n'est pas celui qu'indique Aulanier et qui
consisterait à retenir la part de leurs consorts
dans le prix des droits. Cette ressource, outre
qu'elle est arbitraire et ne s'appuie sur aucun
texte, serait souvent inefficace ; qu'on suppose
l'insolvabilité survenue après la répartition du
prix, que devient le moyen proposé? Il en est
un beaucoup plus sûr, et dont aucun des consorts ne peut se plaindre : c'est que l'on réclame
la consignation de la somme représentative de
la valeur des objets. Alors aucun risque à courir,
le foncier, de son côté, n'a aucun intérêt à refuser
le dépôt ; les frais de la consignation seront ici

encore supportés par celui qui aurait soulevé
une injuste contestation.

Si, au lieu de supposer qu'il s'agit d'un objet
que le foncier arguë d'innovation, nous exami-
nons l'hypothèse où le colon prétend que cet
objet ne fait pas partie de la tenue, est sa propriété absolue, est à lui fonds et droits, tandis
que le foncier soutient qu'il peut le rembourser
et l'a fait comprendre dans le prisage, quelle
sera notre solution ? Devant le refus du colon
de recevoir le prix des objets dont il se prétend
propriétaire, le foncier peut consentir à diviser
ses offres, alors il entre en jouissance des objets
qu'il paie, sauf à maintenir ses droits sur le
surplus. Il peut aussi persister à offrir le montant de tout ce qu'il croit dépendre de sa tenue,
alors le prix est consigné ; l'art. 1244 C. c.
l'autorise en effet à refuser de recevoir sa tenue
par parties : la remise de la tenue constitue un
paiement, et ce paiement, comme le remboursement des droits, doit être intégral.

Qu'il opte pour l'un ou l'autre de ces partis,
le résultat à venir sera le même. L'instance se
poursuit ; si le jugement déclare la prétention
du congédiant mal fondée, le congément sera
nul pour le tout, faute d'avoir été consommé
par le paiement ; si au contraire le jugement
reconnaît que le colon a voulu retenir indûment
des objets dépendant de la tenue, il sera con-

damné à payer au foncier des dommages-intérêts pour l'avoir empêché d'entrer en possession
de tout le convenant (Aul., n° 274 ; jug. tr. St-
Br., 1833, entre M. de Catuélan et le sieur
Thoraval).

254. En vertu des art. 1289 et ss. C. c., nous
accordons au foncier le droit de retenir par
compensation sur le prix des droits les sommes
liquides dont le colon est débiteur à son égard.
Il est vrai que Baud. (n° 280) ne parle de compensation que pour les arrérages de la rente
convenancière, et que, en cas d'opposition entre
ses mains, le foncier n'a de privilège sur le
montant du prisage que pour les arrérages de
la rente et les droits résultant de sa qualité de
foncier ; mais autre chose est un privilège qui
doit être restreint aux cas spécialement déter-
minés par la loi, autre chose le droit de compensation. L'intérêt des tiers n'est pas ici en
jeu, ou, s'il intervient, il est sauvegardé par les
règles spéciales à la compensation ; ajoutons
que l'art. 1289 est général et autorise notre solution : « Lorsque deux personnes se trouvent débi-
trices l'une envers l'autre, il s'opère entre elles
une compensation qui éteint les deux dettes ; »
et l'art. 1290 ajoute : « La compensation s'opère
de plein droit, par la seule force de la loi, même
à l'insu des débiteurs ; les deux dettes s'éteignent réciproquement à l'instant où elles se

trouvent exister à la fois, jusqu'à concurrence de leurs quotités respectives. » Rien ne nous semble autoriser la distinction faite par Baudouin.

255. Le colon continue d'avoir la jouissance du fonds et d'être propriétaire des droits réparatoires jusqu'au remboursement. La demande en congément ne modifie pas sa situation ; de là s'est élevée la question de savoir s'il pouvait continuer les améliorations qu'il avait auparavant le droit de faire et qui ne sont pas nécessaires à l'exploitation de la tenue. Baudouin semble lui donner ce droit, en se fondant sur cette raison que, « propriétaire de ses droits jusqu'au remboursement, il peut en exercer tous les actes légaux, et l'amélioration est la fin principale de la tenue convenancière » (n° 277). Carré (p. 292) donne incidemment une décision opposée ; il dit que le prisage ne doit pas être commencé plus de six mois avant la Saint-Michel, parce que l'on priverait le colon « des droits que lui donne la loi de les améliorer au moins jusqu'au commencement des six mois qui précèdent le jour de son expulsion, et d'être remboursé des améliorations qu'il pourrait y faire jusqu'alors. » Nous croyons que la décision de Carré doit être admise. D'ailleurs elle peut se concilier avec celle de Baudouin ; la contradiction est plus apparente que réelle. Il y a

deux sortes d'améliorations : 1° celles qui sont inutiles à l'exploitation, à l'entretien de la tenue, qui ne font qu'augmenter les droits réparatoires sans utilité pour le fonds ; 2° celles qui assurent la production des récoltes et permettent de retirer du sol ce qu'il est susceptible de produire. Carré, en prohibant les améliorations, n'entend parler que des premières, et les expressions de Baudouin, en autorisant les améliorations, ne semble avoir trait, au contraire, qu'aux secondes, car la phrase que nous avons rapportée fait suite à celle-ci : « Durant l'instance de congément, le domanier *continue la jouissance,* et *répare* en bon père de famille, parce que, propriétaire des droits, etc. » En sorte que Carré et Baudouin ne traitent pas, croyons-nous, du même objet, et que leurs décisions ne sont pas contradictoires.

256. En résumé, la solution de la question doit être celle-ci : dans l'intervalle qui s'écoule entre la demande en congément et le remboursement, le colon peut faire tous les actes qu'un fermier dont le bail doit durer encore plusieurs années croirait utiles à l'exploitation de la tenue ; il faut lui interdire, au contraire, les plantations, constructions, réédifications, même celles que les clauses de son bail l'autorisaient à opérer, étant donné que le congément n'était pas poursuivi. Dans quel but construirait-il des édifices

nouveaux, sinon dans l'espoir de les céder au
foncier pour une somme supérieure à celle qu'il
a déboursée ? or, en demandant le congément,
le foncier avait peut-être l'intention de changer
de place les bâtiments de la tenue pour les
transporter dans un lieu plus convenable, de
les reconstruire sur un autre modèle, de les
rendre ainsi plus logeables, de réunir plusieurs
tenues en une seule ; on doit sauvegarder ces
intentions fort légitimes qui ne peuvent d'ailleurs qu'être favorables à l'agriculture. Le colon
lui-même ne saurait souffrir de la prohibition,
car, souvent elle lui sera favorable à son insu ;
il n'est pas rare que l'estimation donne à des
bâtiments neufs une valeur inférieure à la
somme qu'il a fallu dépenser pour les construire.

Nous devons dire cependant que l'usage le
plus répandu est de ne faire aucune différence
entre les améliorations antérieures ou postérieures à la demande en congément, quelle qu'en
soit la nature. Plusieurs tribunaux, néanmoins,
se montrent défavorables aux réclamations formées pour des améliorations récentes, postérieures à la citation, lorsqu'il est prouvé que la
valeur du fonds n'en est pas accrue ; nous ne
pouvons que souhaiter de voir la jurisprudence
s'engager de plus en plus dans cette voie.

CHAPITRE IV

EFFETS DU CONGÉMENT

257. Le premier effet, nous l'avons vu, est l'expulsion du colon.

Le second est de faire cesser les obligations dont sa jouissance était grevée : paiement de la redevance, corvées, rentes en l'acquit du foncier, et, par contre, d'affranchir les droits réparatoires de toutes les charges auxquelles le colon les avait assujettis. La propriété du foncier redevient pleine et libre à l'égard des tiers; elle rentre dans le droit commun : *resoluto jure dantis*... L'application de cette maxime est même ici poussée plus loin qu'en toute autre matière, elle va jusqu'à rompre le bail des droits convenanciers qu'en avait consenti le colon, tandis qu'en matière de vente ordinaire d'immeubles, le bail subsiste : art. 1743 C. c. Tel était le principe dans l'ancien droit : « L'instant du remboursement, qui fait cesser la propriété du superficiaire, met également fin à sa jouissance. Il résout même les fermes qu'il avait consenties des droits convenanciers, suivant l'axiome : *resoluto jure*... (Baud., n° 324).

On s'est demandé si la solution ancienne devait encore être admise aujourd'hui. Aulanier a varié sur la question ; dans sa première édition, il était d'avis que le congément ne devait pas avoir pour effet de rompre le bail ; il se fondait sur les considérations suivantes : l'ancien droit admettait la maxime *resoluto jure*... avec une rigueur que ne connaissent pas nos lois actuelles, le bail consenti par le bailleur, l'usufruitier, l'acheteur à réméré, était résolu par la vente, la cessation de l'usufruit, l'exercice du réméré. Le Code civil, art. 595, 1673, laisse subsister le bail dans ces cas divers. Ces articles ont pour motif l'intérêt de l'agriculture ; or, l'article 16 l. 6 août a soin de soumettre le bail à convenant aux lois générales établies ou à établir dans l'intérêt de l'agriculture.

258. Malgré ces raisons, il nous paraît certain que l'ancienne règle, affirmée par Baudouin, doit encore être suivie. Aulanier lui-même, dans sa deuxième édition, revient sur l'opinion qu'il avait cru devoir émettre d'abord (Aul., n° 307). Et, en effet, les arguments d'analogie tirés des art. 595, 1673, ne sont en rien applicables au colon dont la situation est complètement différente de celle de l'usufruitier, du propriétaire, de l'acheteur à réméré. Ceux-ci ont un droit réel sur le fonds ; propriété ou usufruit, ils sont en possession de tous les attributs de la propriété ; le colon, au contraire, bien qu'il soit

propriétaire des édifices, n'a sur l'immeuble qu'un droit de jouissance, qui est son droit principal, le droit générateur, on peut le dire, de sa propriété sur les édifices. Ce droit de jouissance lui était concédé pour un temps limité, il n'a pu le céder à un tiers pour un temps plus long, pas plus qu'un locataire d'une maison ou le fermier d'une terre ne pourrait sous-louer pour un temps plus long que le bail principal : son bail expiré, il doit rendre au propriétaire la jouissance du fonds. Et cette dernière considération peut nous servir à repousser l'argument tiré de la loi de 1791 ; nous entendons respecter la disposition qui soumet le bail à convenant aux règles des baux à ferme : le sous-locataire du fermier voit son bail rompu lorsque celui du locataire principal se termine, de même le sous-locataire du colon ; la situation est identique, les mêmes principes applicables.

259. Le sous-locataire ainsi expulsé n'aura-t-il pas au moins droit à des dommages-intérêts ? Baudouin (n° 325) résout la question par une distinction ; s'il a ignoré que l'immeuble fût à domaine congéable, s'il a cru que la pleine propriété appartenait au colon, celui-ci doit l'indemniser pour l'erreur dans laquelle il l'a laissé ; mais s'il est prouvé qu'il a eu connaissance de la nature de la chose, le congément est un cas de force majeure dont le bailleur n'est pas res-

ponsable, et qu'on ne peut lui reprocher de n'a-
voir pas prévenu en prenant une baillée d'assurance ; cette baillée lui eût peut-être coûté une
somme considérable dont il n'aurait pu faire
supporter au fermier aucune fraction, et, d'ailleurs, le foncier n'était pas tenu de l'accorder.
Quant aux améliorations que le fermier aurait
faites, le foncier doit les rembourser, et le colon
ne pourra, dit Baudouin, en conserver le montant, y eût-il dans le contrat qu'il a passé avec
le fermier une clause déclarant que ses améliorations ne seraient pas remboursables ; cette
clause serait présumée avoir eu en vue seulement un remboursement à faire par le colon à
son fermier, mais du moment où c'est le foncier qui paie, le colon n'a aucun droit à s'approprier la somme représentative des frais et du
travail du fermier.

260. Un des effets du congément est d'éteindre la rente. Si le foncier congédie séparément
les portions divisées de la tenue, il éteint proportionnellement la rente convenancière (Baud.,
n° 328). *Quid* des servitudes établies par les colons ? Il faut distinguer : « Les servitudes actives
et passives, nécessaires à la jouissance respective des côtenanciers, continuent de subsister.
Mais les servitudes purement contractuelles, qui
ne sont pas nécessitées par la nature des choses,
telles, par exemple, que l'obligation d'entretenir

un fossé, de réparer seul un chemin commun...,
de puiser au puits situé dans la portion d'un
autre domanier..., etc...; s'éteignent par le congément partiaire du convenant, parce qu'il *dissout toutes les conventions particulières des colons* »
(Baud., n° 328).

Les servitudes acquises par le domanier sur
un fonds voisin continuent d'exister après la
cessation du bail, lorsqu'elles sont nécessaires à
l'exploitation de la tenue (Aul., n° 314; arr.
28 avril 1826).

Baudouin nous dit que le congément dissout
les conventions particulières des colons; il en
résulte que si, par des partages ou par des contrats de vente, les colons exemptent en tout ou
en partie une ou plusieurs portions du paiement qui leur incombe dans la rente ou les contributions, ces conventions ne doivent ni profiter, ni nuire au foncier ou à son cessionnaire. Par
conséquent, le congédiant doit toujours supporter une diminution de la rente proportionnelle à la partie de la tenue qu'il congédie, peu
importe que la partie congédiée soit celle qui
est exonérée du service de la rente ou celle qui,
au contraire, est grevée d'une part double ou
triple dans ce paiement.

Mais quels seront, dans ces cas, les effets du
congément sur les rapports des colons entre
eux ?

261. *Première hypothèse.* — La partie congédiée est celle que les colons ont chargée d'une
part plus considérable dans le service de la
rente. Le résultat du congément et de la ventilation avec le congédiant est que les colons des
autres portions vont être obligés de payer une
portion de rente dont ils étaient dispensés, par
des arrangements avec leurs consorts. Auront-
ils un recours ? Deux solutions : 1° Négative. —
Si le colon était soumis à des charges plus considérables, c'est que la possession de la portion
de tenue qui lui était attribuée offrait des avantages ; il est privé de ces avantages par un acte
que l'on pouvait prévoir, ses obligations ces-
sent avec la possession. 2° Affirmative. — Si
le colon congédié s'est soumis à des charges
plus fortes, c'est qu'il a reçu en échange un
avantage, un avantage durable, qui est indépendant de la possession de sa part dans la tenue ; les édifices, par exemple, avaient sans doute
une valeur considérable ; le congément n'enlève
pas au colon ces avantages, la somme qu'il reçoit du foncier est plus importante et les perpé-
tue. Par suite, les consorts sont fondés à exiger
qu'il continue de leur tenir compte, jusqu'à ce
qu'ils soient congédiés à leur tour, de la somme
qu'ils sont maintenant obligés de payer et dont
ils étaient dispensés parce que lors du partage
ils avaient reçu une portion moins considé-

rable ou moins avantageuse (Baud., n° 332).

262. *Deuxième hypothèse.* — La partie congédiée est celle que les colons ont dispensée du
paiement de la redevance. Le colon congédié
pourra-t-il se faire tenir compte par ses consorts, jusqu'à ce qu'ils soient congédiés, de la
part de la rente que, par suite de la ventilation,
ils vont se trouver dispensés de payer au foncier?
pourra-t-il entrer en arrangements avec le congédiant pour lui céder ses droits et, par suite,
l'autoriser à se faire payer la rente sans déduction? Sur ces questions, deux solutions se trouvent encore en présence :

Premier système. — Baudouin : « La convention de libérer un cotenancier de sa part, dans
une rente conjointement supportable, n'a trait
qu'au temps durant lequel il sera débiteur, et
par le congément ce consort ayant reçu la valeur de la tenue, il est parfaitement désinté-
ressé, il cesse d'avoir aucune action relative à
la répartition de ces charges : il ne saurait conséquemment transmettre son privilège d'exemption au congédiant vers lequel les autres convenanciers peuvent acquérir l'égail proportionnel des redevances et sur toutes les portions
du convenant » (n° 331).

Deuxième système. — Nous pensons, avec
M. Aulanier, que la doctrine de Baudouin ne
doit pas être suivie. Ce jurisconsulte n'est pas

d'accord avec lui-même ; sa solution ne con-
corde pas avec celle qu'il a donnée dans la précédente hypothèse. Si les colons non congédiés
ne doivent pas souffrir de ce que le congément
exercé contre leur consort chargé d'une plus
forte partie de la redevance va leur imposer
une nouvelle obligation, ils ne doivent pas non
plus profiter de ce que le congément de leur
consort dispensé de toute contribution dans
le paiement va amoindrir leurs charges. Il n'y
a aucune raison de distinguer, tout se tient : ils
peuvent demander une indemnité dans le premier cas, ils en doivent une dans le deuxième ;
par suite, ils devront continuer de payer au
congédiant la rente entière, si le consort congédié lui a abandonné ses droits à cet égard. —
Au reste, dans toutes ces questions, l'intention
des parties, si on peut arriver à la connaître,
sera d'un grand poids pour conduire à une solution équitable.

CHAPITRE V

DE LA REVUE

263. La revue était un nouveau prisage que
pouvait demander le congédiant ou le congédié
lorsqu'il se croyait lésé par la première estimation. Le droit de revue n'était pas spécial à la

matière du domaine congéable, il existait en
matière de partage (V. 262 et 591 *Cout. de Bretagne*), et ce n'était que par analogie que l'on
avait étendu cette disposition de la coutume au
prisage des droits convenanciers. La loi du
6 août 1791 a admis la revue dans son art. 18.
Mais, en présence de l'art. 322 Pr., on s'est demandé si elle peut encore être réclamée aujour-
d'hui. Cet article n'admet les nouvelles expertises que lorsqu'elles sont ordonnées d'office par
les juges qui ont besoin d'éclaircissements nouveaux. Carré discute longuement la question
(p. 273 et suiv.) et lui donne, selon nous, une
conclusion irréprochable : « L'art. 322, dit-il,
ne peut s'appliquer qu'aux cas où l'expertise est
ordonnée comme mode d'instruction dans une
affaire dont le tribunal est saisi, ou lorsque la
loi renvoie, comme l'art. 974, concernant les
partages de successions et de communautés,
aux formalités prescrites par le titre où se trouve
l'art. 322. Il en est ici comme de tous les autres
cas où une loi spéciale ayant ordonné l'expertise
comme un mode également spécial de faire une
estimation, les juges ne peuvent s'écarter de
l'opinion des experts, ainsi que les y autorise
l'art. 322 Pr. En matière de domaine congéable,
le prisage des experts fait pour ainsi dire jugement entre les partie-, et il serait souveraine-
ment injuste qu'elles ne pussent se pourvoir

dans le cas où l'estimation préjudicierait à leurs droits par sa modicité ou son exagération. »

Le droit de demander la revue existe donc toujours, mais on peut valablement y renoncer même avant le prisage. Duparc-Poullain (*Princ.*, t. 4, p. 191), Le Guével (p. 98) nous montrent que cela n'était pas possible dans l'ancien droit; mais aujourd'hui que la revue prend son point d'appui, non plus dans la coutume, mais dans la loi de 1791, la solution contraire semble devoir être admise sans difficulté. Il s'agit là d'une convention qui n'est contraire ni à l'ordre public, ni à l'esprit de la loi. Et, en effet, il est de principe que l'on doit traiter favorablement toute convention qui tend à rentrer dans le droit commun ; or, la revue n'est plus la règle, comme dans la Coutume de Bretagne, c'est une exception; la renonciation à cette exception doit être admise avec d'autant plus de faveur qu'elle prévient des frais et une perte de temps. Aulanier remarque à ce sujet que par cette renonciation les experts deviennent arbitres ; c'est un compromis ; par conséquent, il faut, pour y consentir, avoir la capacité de compromettre.

En vertu des art. 1166 et 1167 du Code civil, les créanciers peuvent exercer la revue au nom de leur débiteur, ou attaquer la renonciation qu'il y aurait faite. Toutefois, si la renonciation était antérieure au prisage, ils devraient prouver qu'il y a eu collusion entre leur débiteur et le congédiant.

264. La revue est une expertise nouvelle substituée à la première et destinée à prévaloir sur celle-ci; elle ne doit pas se borner à être le contrôle d'estimations déjà faites, elle doit réparer les erreurs échappées aux premiers experts, rectifier les mesurages, estimer les droits omis, etc. On ne peut comparer la revue à une instance d'appel où une demande nouvelle ne saurait être admise; d'ailleurs, voulût-on soutenir cette comparaison, on pourrait répondre que la demande même en congément invitait les experts à estimer tout ce qui est remboursable, et qu'estimer dans la revue des objets omis, ce n'est pas introduire des éléments nouveaux (arr. 2 août 1838).

Lorsque le prisage est terminé avant la Saint-Michel, le colon qui demande la revue ne peut plus faire de réparations aux superfices. On pourrait trouver dans ce fait une fin de non-recevoir opposable à la demande en revue (Aul., 322).

La demande en revue ne suspend pas l'exercice du congément; le congédié doit abandonner la tenue à la Saint-Michel si le paiement ou la consignation du montant du prisage ont été effectués. S'il est déjà expulsé avant de demander la revue, il ne peut remettre en discussion la question du congément, anéantir le jugement, se faire réintégrer. De son côté, le congédiant ne peut se dispenser de payer ou de consigner le montant du prisage déjà fait (Carré, p. 282).

265. Le congédiant qui s'est mis en possession et peut disposer en maître des superfices a conservé le droit de demander la revue; mais ne perd-il pas ce droit en faisant des changements sur la tenue? L'affirmative ne saurait être douteuse; il est présumé avoir renoncé à un droit qu'il a rendu impossible ou au moins fort difficile (en ce sens, jug. St-Br., 30 juin 1829). Ne pourrait-il pas poursuivre au moins le prisage de revue en consentant à ne faire porter l'estimation que sur les objets qui sont demeurés intacts? Non, la revue doit porter sur la totalité des droits; cette condition est nécessaire pour que l'on juge en pleine connaissance de cause, par la comparaison des résultats complets, si les deux estimations diffèrent. Le foncier ne peut d'ailleurs s'en prendre qu'à lui-même, et ce serait lui faire la part trop belle que de l'admettre à demander la revue pour quelque objet, lorsqu'il lui a plu de la rendre impossible pour un grand nombre d'autres.

266. Il nous reste à déterminer le délai dans lequel la revue doit être intentée. Il a toujours été admis que ce délai était d'une année; rien dans la législation nouvelle n'est venu modifier

ce principe, mais ce qui semble plus difficile,
c'est d'indiquer exactement le point de départ
de cette année. Carré n'hésite pas à dire qu'elle
doit être intentée dans l'an et jour de l'estimation. Cependant, avant lui, Baudouin discutait longuement la question et était loin de la
considérer comme d'une solution facile. Comment faire partir le délai du jour de l'estimation, autrement dit, de la clôture du prisage?
Les parties peuvent n'en avoir pas immédiatement connaissance; il faudrait au moins exiger
que la notification fût faite à parties, ainsi que
le veut d'Argentré, sur l'art. 260 de l'Anc. Cout.
Baudouin dit aussi que l'opinion que nous combattons n'est pas plausible, et il donne pour
délai l'an et jour à partir du remboursement :
« Car le défendeur en congément n'a pas une
certitude entière de son exécution jusqu'à ce
qu'il soit remboursé, parce qu'on peut s'en désister. Il n'a pas conséquemment d'intérêt bien
marqué à se pourvoir... etc... D'un autre côté, le
congédiant n'est à même de connaître la lésion
qu'il souffre que par la jouissance des superfices... Cette raison est déterminante et peut servir à fixer la même époque dans tous les cas où
la revue est demandée par l'une ou l'autre des
parties; car la loi doit être égale entre elles pour
la durée d'une action réciproque » (Baud.,
nº 287).

Il n'en est pas moins certain que la revue peut être demandée avant le remboursement, dès la conclusion du prisage; de même l'appel d'un jugement peut être formé avant la notification, bien que le délai ne commence à courir que du jour où elle est faite (B., n° 288).

267. La demande en revue doit être introduite de la même façon que la demande en congément; tout ce que nous avons dit sur l'obligation de citer en justice de paix, sur la dispense de citer en conciliation lorsque le juge de paix renvoie devant le tribunal, parce qu'il s'élève des contestations sur l'estimation, est applicable ici.

Parmi les questions controversées que soulève la demande en revue, une des plus importantes est celle de savoir si, lorsque la revue donne un résultat défavorable à celui qui l'a demandée, l'autre partie peut en profiter. Carré (p. 277) traite la question *ex professo*, et voici en quelques mots les arguments qu'il fait valoir. Nous devons nous reporter aux principes de la coutume, car la loi de 1791, en maintenant la revue, a nécessairement maintenu les règles coutumières. Or, nulle part, la Coutume ne donne le droit à la partie qui n'a pas demandé la revue de s'en prévaloir, si elle lui est avantageuse; on ne trouve ni lois, ni arrêts, ni auteurs qui le fassent davantage : « Et en effet, ajoute-t-il, le

principe décisif est que, suivant la Coutume de
Bretagne, qui a introduit dans notre pays l'action en revue, cette action est annale ; que le délai
d'an et jour pour la former est péremptoire ; que
l'une ou l'autre des parties pouvant demander la
revue *dans ce délai,* elles doivent toutes la demander, si elles veulent toutes en courir la
chance, en supporter les frais et en profiter ; que
celle d'entre elles qui demande la revue dans
l'an n'interrompt la prescription, et ne conserve
l'action en revue que pour son intérêt ; que la
partie contre laquelle cette action a été intentée,
et qui peut elle-même la former à son tour pour
son intérêt, et dans le même délai, ne peut plus,
si elle ne l'a pas fait, profiter de la revue faite
sur la demande de l'autre ; qu'enfin, il en est
comme du cas où elle voudrait, après l'expiration du délai *fatal,* demander une autre revue
pour son propre compte et à ses propres dé-
pens. » Mais, dit-on, la partie qui n'a pas demandé la revue y consent en nommant un
expert, il se forme une espèce de contrat ou de
quasi-contrat, dont l'effet devra être de permettre au défendeur de profiter de la revue, si
le second prisage lui est favorable. « On répond,
dit Carré, que, pour former un contrat, il faut
au moins le concours de deux volontés qui tendent au même but ; ici, l'on trouve deux volontés
qui sont loin d'être d'accord. Le défendeur en

revue ne s'oppose pas au prisage nouveau, parce que la loi le condamne à le subir, mais dès qu'il ne demande pas reconventionnellement lui-même que la revue se fasse pour son compte et à ses frais, ou à frais communs, il est bien évident qu'il s'en tient au premier prisage », et plus loin « à l'égard du demandeur qui fait seul les frais de la revue, il est également certain que son intervention est de ne courir les chances de perdre ses frais que pour essayer d'obtenir un supplément au capital qu'il a reçu, et non pour s'obliger à restituer à celui qui l'a payé une partie de ce capital de l'excès duquel il se plaint. » Ajoutons que la loi de 1791 semble implicitement refuser le bénéfice de la revue à celui qui ne la demande pas, car elle met les frais à la charge de celui qui la demande, et on ne comprendrait pas comment, si le défendeur pouvait en profiter, le demandeur qui y perd devrait encore payer les frais.

En résumé, la revue ne peut être invoquée que par la partie qui l'a demandée : la conclusion en est que cette partie peut se désister de sa demande, l'autre partie n'a aucun intérêt à s'y opposer (Carré, p. 286; Aul., n° 328).

268. Le principe suivant lequel les frais occasionnés par la revue sont à la charge de celui qui la demande, ne doit pas être poussé trop loin; on ne ferait pas rentrer dans ces frais

l'augmentation des droits d'enregistrement résultant de ce que le second prisage donne un
résultat plus fort que le premier. Le congédiant
paiera ce supplément, bien que la revue ait été
faite à la requête du congédié. Baudouin le décidait ainsi pour l'insinuation, le contrôle; nous
donnons aujourd'hui la même solution ; c'est
que le congédiant est un acquéreur, et la revue
n'a eu que l'effet de fixer le prix d'acquisition
primitivement trop faible; c'est sur le prix devenu exact qu'on doit calculer les frais d'enregistrement, dont il est débiteur envers le fisc.

269. On s'est demandé si le propriétaire foncier demandeur en revue a une action solidaire
contre tous les colons pour obtenir la part du
prix que la seconde estimation l'autorise à répéter. Aulanier semble pencher vers la négative
(n° 233), par la raison que le congément qui est
déjà consommé, semble avoir rompu le lien de
la solidarité. Nous n'hésitons pas à soutenir
l'opinion contraire ; si le foncier peut demander
la revue, c'est toujours en sa qualité de foncier,
et la répétition de la somme qu'il a payée en trop
est une conséquence de la revue; c'est en tant
que foncier qu'il a payé, c'est comme foncier
qu'il réclame; or, nous avons vu que la solidarité existe pour toutes les actions exercées en
cette qualité. S'il peut intenter solidairement
la demande en congément, si même il peut, ce

qui n'est pas douteux, intenter solidairement
aussi l'action en revue, pourquoi perdrait-il son
action solidaire pour le dernier acte de la procédure, la demande en répétition de ce qu'il a
payé en trop?

Ce cas n'est-il pas analogue à ce que nous
voyons se passer dans un autre ordre d'idées,
d'après le Code civil? Il s'agit de la matière des
partages, art. 822; le partage est consommé,
cependant le tribunal qui l'a ordonné est encore
compétent pour en juger les suites, parce que
tout est remis en question et qu'on est obligé de
remonter aux causes, au fait générateur, et qu'il
faut appliquer les mêmes règles à ses conséquences légales.

LIVRE II

DU DROIT ACCORDÉ AU DOMANIER D'EXIGER
LE REMBOURSEMENT

---

270. Dans l'ancien droit, le foncier pouvait à sa volonté, sauf le respect de l'assurance consentie au colon, congédier celui-ci, en lui remboursant le prix de ses édifices et superfices ; mais la réciproque n'était pas vraie, et le colon, désireux de se soustraire aux charges, désormais trop lourdes, que lui imposait son contrat, n'avait qu'une seule ressource, celle de faire le déguerpissement dont nous avons parlé précédemment. La loi de 1791, et c'est une de ses innovations les plus importantes, a consacré en cette matière, dans son article 11, le principe de la réciprocité, et a permis au colon de forcer le propriétaire à lui rembourser le prix de ses droits réparatoires. Voici le texte de cet important article : « A l'expiration des baux ou des baillées actuellement existants, il sera libre aux domaniers (qui exploitent eux-mêmes leurs tenues) de se retirer et d'exiger le remboursement de leurs édifices et superfices, pourvu néanmoins que les baux ou baillées aient encore deux années à courir, à compter de la St-Michel,

29 septembre 1791.... » Cet article, qui modifie si profondément la situation respective du colon et du propriétaire foncier, est le résultat de la tendance profonde qui portait les esprits, à la fin du siècle dernier, à ne considérer le bail à convenant que comme une émanation du régime féodal. On voyait, dans l'obligation du colon de rester dans la tenue, une quasi-servitude ; ne pouvoir la quitter qu'en faisant exponse cons-tituait, disait-on, une situation intolérable (Tron-chet, rapp. du 12 vend. an VI, p. 19). Rien n'est plus faux que cette idée ; nous l'avons montré ailleurs, le domaine congéable ne pré-sente dans ses caractères constitutifs aucun lien qui le rattache au régime féodal. Dire que le colon est en quelque sorte attaché à la terre, c'est oublier qu'il pouvait quitter la tenue quand il le voulait, en vendant ses droits ou en les affermant.

271. En attachant la rétroactivité à ses dispo-sitions en ce qui concerne les baux antérieurs à 1791, le législateur, sous prétexte d'affranchir le domanier, qui n'était soumis à aucun ser-vage, est venu violer l'un des principes fon-damentaux de l'ordre social, puisqu'il permet au domanier de forcer le propriétaire, au mé-pris de conventions librement consenties, à lui racheter ses droits réparatoires. La renon-ciation à ce droit était en effet sous-entendue

par la seule force des usements dans les
baux à domaine congéable; le colon le savait; en consentant le contrat, il s'y soumettait
de plein gré, et, s'il le faisait, c'est qu'il trouvait
par ailleurs des avantages qui étaient pour lui
une-compensation. Et, en effet, si le foncier
avait seul la prérogative d'exercer le remboursement, c'est qu'il fallait lui donner quelques
privilèges, en échange du sacrifice qu'il s'imposait par ailleurs en concédant un bien à domaine
congéable, car, dans ces sortes de contrats, la
redevance stipulée était fort minime; elle était
loin d'égaler l'intérêt qu'aurait pu produire la
somme représentative de la valeur du fonds.
D'ailleurs, y eût-il réellement une inégalité
entre la situation du foncier et celle du colon,
était-ce une raison pour toucher à la loi sacrée
des conventions? Pourrait-on citer en droit un
seul contrat où la situation des parties soit incontestablement la même? L'un des contractants n'en retire-t-il pas toujours un avantage
plus grand que l'autre n'y rencontre? Ce résultat d'ailleurs n'est-il pas légitime? Dans les
contrats synallagmatiques, chacun même ne
cherche-t-il pas à gagner, n'est-ce pas là le but
principal du contrat? Et l'une des parties fût-
elle sûre à l'avance que le contrat profitera plus
à son contractant qu'à elle-même, cette considération l'empêchera t-elle d'y donner son adhé-

sion, alors qu'elle trouve encore plus d'intérêt à traiter dans ces conditions qu'à s'abstenir?

C'est ce qui se présentait dans le domaine congéable. Pour les parties, comme pour le jurisconsulte, les avantages apportés au foncier et au colon par les clauses du contrat semblaient se compenser, et le foncier eût-il eu, ce que nous contestons, une position prépondérante, le domanier ne s'estimait-il pas heureux encore de trouver un établissement stable qui lui promettait pour un temps très long les moyens d'existence, en même temps qu'il lui donnait la certitude de ne pas perdre dans l'avenir les fruits de son labeur quotidien?

La loi de 1791 a donc, à notre avis, surtout en consacrant le principe de rétroactivité, favorisé le colon au préjudice du propriétaire foncier et consacré ainsi une injustice criante. Le congément était en effet très rare autrefois; les fonciers permettaient facilement aux colons d'établir de nouveaux bâtiments dont la création n'avait pour eux qu'un inconvénient, celui de rendre le congément plus difficile, et ne pouvait compromettre gravement leurs intérêts, puisque jamais ils n'étaient obligés de congédier. Intervint la loi de 1791, la position des fonciers changea complètement, et beaucoup, ne pouvant, sur la réquisition des colons, se procurer l'argent nécessaire pour leur payer leurs droits réparatoires, n'y trouvant d'ailleurs aucun avantage, le fonds de la tenue étant loin d'atteindre la valeur qu'eût représentée la somme à rembourser, se sont vus ainsi obligés d'abandonner leurs propriétés et dépouillés injustement.

272. Pour les baux postérieurs à 1791, l'injustice n'est plus la même, car le foncier sait qu'il pourra être contraint au remboursement et il peut prendre ses précautions, mais le résultat direct de la loi est qu'il évitera avec soin de permettre les constructions nouvelles; le colon en souffrira, les intérêts de l'agriculture n'en souffriront pas moins.

273. Nous avons dit que la position des colons ne constituait ni un servage, ni une situation intolérable, cela est si vrai et a été si bien reconnu par la jurisprudence, qu'une foule d'arrêts permettent au domanier d'accepter cette situation qu'il recevait autrefois tacitement, par l'effet de l'usement *vi legis;* le domanier peut renoncer à perpétuité à la faculté de se faire congédier. Décider ainsi, c'est indiquer l'erreur dans laquelle est tombé le législateur de 1791 ; dire qu'on peut actuellement renoncer au droit d'exiger le remboursement, c'est valider la clause des usements qui sous-entendaient la renonciation. Il semble qu'on ne puisse échapper à ce raisonnement qu'en accusant la

jurisprudence de violer constamment la loi en décidant ainsi; car, de deux choses l'une, ou cette dernière clause est licite et alors pourquoi abroger les usements qui ne faisaient que la sous-entendre? ou la loi de 1791 a accordé pour le passé la réciprocité du congément, parce qu'elle réprouvait les charges et servitudes éternelles, suivant les expressions de Portalis (exposé des motifs de l'art. 530), et alors la renonciation expresse de demander jamais le congément devrait être interdite aujourd'hui au colon.

Pour nous, nous croyons que la jurisprudence a raison de permettre la renonciation indéfinie au droit de demander le congément; elle critique ainsi la loi de 1791, mais ne se met pas en opposition avec les principes établis par cette loi. Des considérations politiques seules ont pu amener le législateur à permettre au domanier de demander son remboursement, mais en détruisant un ordre de choses qu'il croyait contraire à l'égalité des parties, il n'a pas entendu le considérer comme contraire à la liberté et à l'ordre public. On a voulu que la réciprocité existât en droit, mais on n'a pas entendu prohiber la clause par laquelle le domanier, en parfaite connaissance de cause, s'interdirait en fait pour l'avenir la faculté d'invoquer cette réciprocité.

L'esprit de la loi de 1791 est en effet de

permettre aux parties toutes les conventions
qu'elles veulent, pourvu qu'elles ne violent aucune de ses dispositions (art. 13), et quand elle
veut prohiber une clause, la loi a soin de le
dire expressément, les articles 3 et 15 nous le
prouvent.

Comment invoquer la prétendue demi-servi-
tude qui, en ce cas, attacherait le colon à la
terre? n'a-t-il pas toujours la liberté de vendre,
d'affermer? que pourrait de plus le propriétaire
de tout autre bien ? Qu'on ne parle pas de charges et redevances perpétuelles! si le rachat
d'une rente foncière perpétuelle peut toujours
avoir lieu, c'est qu'il s'agit de dégrever un immeuble affecté au service de la rente ; le propriétaire soustrait son immeuble à une charge qui
l'affectait; ici, rien de semblable, la rente convenancière est le prix d'un fermage, elle n'est
pas due en considération des droits réparatoires,
mais de la jouissance du fonds, elle ne grève pas
directement la propriété superficiaire. Il ne peut
être question de servitude perpétuelle, les superfices sont libres dans la main du colon ,
sauf le privilège qu'a le foncier, comme bailleur,
pour le prix du fermage.

On insiste, et l'on dit : L'art. 16 l. 1791 soumet le domaine congéable aux règles du bail à
ferme, et le bail à ferme ne peut être consenti
que pour un temps limité; oui, mais l'article a

soin d'ajouter : en ce qui sera applicable au bail
à convenant ; or, ici il y a une raison de ne pas
assimiler les deux conventions : le bail à ferme
porte sur un droit de jouissance seul ; dans le
bail à convenant, le colon a un droit de propriété,
droit perpétuel, ce qui crée pour lui une situation tout autre.

Enfin il n'est pas inutile de remarquer que le
droit de provoquer le congément n'est accordé
au colon que s'il *exploite lui-même la tenue*. Cette
décision suppose qu'en certains cas le colon ne
pourra jamais exiger le remboursement ; or, si
ce droit était aujourd'hui tellement essentiel au
bail à convenant qu'il ne pût y renoncer, comment la loi elle-même viendrait-elle le supprimer dans une hypothèse déterminée? S'il y avait
là asservissement du colon au foncier, des droits
réparatoires à la foncialité, la circonstance que
le colon habite ou non serait indifférente, et on
devrait, dans un intérêt supérieur, lui permettre
indistinctement dans les deux cas de provoquer
son remboursement.

274. En consacrant pour le domanier le droit
nouveau d'exiger le remboursement, la loi a,
dans son art. 11, imposé la condition qu'il exploitât lui-même sa tenue. Pourquoi cette restriction ? pourquoi n'a-t-on pas admis l'avis de
ceux qui voulaient établir le droit au remboursement d'une manière absolue ? On n'eût pas

ainsi soumis le principe de la réciprocité que l'on
tenait tant à établir, à une circonstance de fait en
soi très indifférente au point de vue juridique !
C'est qu'on ne se dissimulait pas les dangers,
l'injustice de l'innovation, on reconnaissait que
les intérêts du foncier, déjà fort entamés par
les dispositions nouvelles, allaient être complètement sacrifiés, si l'on concédait sans limite aux
colons le droit au remboursement, et l'on a
voulu, par une demi-mesure, s'opposer aux conséquences désastreuses qui allaient peser sur le
foncier. Les domaniers qui exploitent eux-mêmes
sont peu enclins à provoquer leur remboursement ; ils sont attachés à la tenue qu'ils habitent
et cultivent, eux ou leurs ancêtres, depuis des
siècles peut-être ; les domaniers qui n'exploitent
pas, au contraire, ne sont pas attachés à la tenue, ils ne l'ont souvent acquise que pour demander à en être congédiés, espérant trouver un
avantage dans l'opération ; ce sont peut-être
des spéculateurs, plus dangereux encore parce
que, espérant acquérir le fonds sans bourse
délier, ils sont à l'affût du moment où le propriétaire sera dans une situation difficile, pour
le forcer à leur abandonner le fonds, faute
de pouvoir rembourser les droits réparatoires.
Mais cette restriction n'est-elle pas la condamnation même de la théorie nouvelle ? On pose un
principe, puis on reconnaît qu'il est injuste,

dangereux, on hésite, et l'on finit par en atténuer les conséquences.

Quoi qu'il en soit, le principe étant admis, il est encore heureux que la restriction soit venue l'entraver, et l'on ne doit pas hésiter à l'appliquer dans toute sa rigueur. Deux arrêts du 9 janvier et du 26 mai 1809 ont fait justice de l'étrange prétention qui consistait, à l'encontre des termes mêmes de la loi de 1791, et sur la seule autorité des paroles prononcées par divers orateurs lors de la loi de brumaire an VI, à soutenir que les domaniers qui n'exploitaient pas eux-mêmes pouvaient néanmoins provoquer le remboursement. On ne doit pas hésiter davantage à appliquer l'art. 11 aux colons détenteurs de maisons ou usines. Sous prétexte que cet article se sert du mot *exploiter*, et que ce terme ne s'applique qu'aux héritages ruraux, on a soutenu que les colons pouvaient provoquer le remboursement des maisons et usines qu'ils n'habitaient pas. Peu importe, à notre avis, le mot qu'emploie la loi; exploiter a un sens général, il veut dire que le colon doit faire fructifier la tenue par lui-même, en retirer personnellement la jouissance et non par l'intermédiaire d'un tiers ; quel que soit d'ailleurs le genre de la tenue, on l'exploite dans le sens de la loi en en profitant suivant sa nature et sa destination : on exploite une tenue rurale en

l'habitant et en la *cultivant*, on exploite une ma-
son en l'habitant, une usine en la faisant fonc-
tionner. (En ce sens, arr. 1809, 15 mai.) En
résumé, le propriétaire est présumé posséder
tout ce qu'il ne donne pas à loyer, à ferme ou
à moitié. Il est censé habiter une maison qu'il
ne loue pas et qu'il consacre au logement de ses
domestiques ou de ses effets mobiliers ; il est
censé encore exploiter des terres qu'il fait cultiver par des domestiques ou journaliers ou dont,
sans travail d'exploitation, il se contente de recueillir les fruits naturels.

275. *Quid* si le colon habite seulement une
partie de la maison ? Il nous semble que la question doit se résoudre par une distinction. La
partie habitée par le colon est-elle la partie la
plus considérable de la tenue, on peut dire qu'il
l'exploite ; il pourra demander le remboursement ; n'habite-t-il au contraire que la minime
partie de la tenue, il ne l'exploite pas au sens
de la loi, la demande en remboursement est
impossible : *accessorium sequitur principale.* Il y
a là une question de fait à résoudre par les tribunaux. Et nous donnerions cette solution sans
distinguer, comme Carré, s'il s'agit d'exploita-
tions rurales ou de maisons ? Dans le premier
cas, Carré prétend que le domanier doit exploiter la tenue tout entière, nous cherchons en
vain les raisons qui peuvent modifier une solu-

tion différente pour deux cas absolument identiques.

Au reste cet auteur avoue que c'est son
opinion particulière, mais que la jurisprudence
est contraire (Carré, p. 139 à 146).

Ajoutons qu'il suffit d'exploiter à l'instant de
la demande, la jouissance n'eût-elle commencé
qu'à la Saint-Michel précédente, et le colon
n'eût-il résilié un bail non expiré que pour se
substituer à son fermier et se placer ainsi dans
les conditions requises.

De ce que la demande en remboursement est,
par rapport au colon, une aliénation volontaire
des droits réparatoires, il résulte que pour l'introduire il faut la capacité nécessaire pour aliéner un immeuble. Conséquence, ne peuvent le
faire : un mandataire, s'il n'a pas de procuration l'autorisant à aliéner; un mari sans le concours de sa femme; un usufruitier, car il doit
jouir *salva rerum substantia;* un tuteur ou un mineur émancipé sans l'autorisation du conseil de
famille et l'homologation du tribunal (art. 457,
458 C. civ.).

Des difficultés plus sérieuses se présentent
lorsque les édifices et superfices appartiennent
à plusieurs codomaniers.

276. I. Le remboursement est poursuivi conjointement par tous les colons. — Pas de difficulté si chacun exploite la portion qui lui appar-

tient. Si chacun n'exploite pas sa portion, deux hypothèses peuvent se présenter :

a. La tenue est exploitée par un ou plusieurs des colons qui jouissent de leur portion comme domaniers, de celles de leurs consorts comme fermiers. Le remboursement peut être demandé ; on considère fictivement le domanier qui exploite le tout comme couvrant seul toute la tenue. Et en effet, la division est étrangère au foncier ; on ne peut la lui opposer, en vertu de la réciprocité il ne peut davantage s'en prévaloir.

b. Certaines portions sont affermées à des tiers. Le remboursement peut-il être demandé ? Carré, qui voulait, pour accorder ce droit au colon, qu'il exploitât sa tenue en entier, s'il s'agissait d'une exploitation rurale, semble peu logique avec lui-même ; il suffit, à son avis, qu'un ou plusieurs des domaniers exploitent leurs portions. C'est étendre étrangement la fiction qui, dans le cas précédent, faisait considérer toute la tenue comme couverte par l'exploitation d'un seul domanier. Ici la situation n'est plus la même ; une partie est louée à des tiers, elle n'est donc pas exploitée par le colon, et l'opinion de Carré ne se justifie pas. Pour nous, ce cas ne saurait nous embarrasser. Nous avons dit que l'art. 26 était respecté lorsque la plus grande partie de la tenue était exploitée

V. 24

par le colon : *major pars trahit ad se minorem ;* eh bien ! ici la solution sera la même : Un ou plusieurs colons exploitent-ils la plus grande partie de la tenue, la demande en remboursement pourra être introduite, la loi n'est pas violée ; la plus grande partie de la tenue est-elle louée à des tiers, on ne peut dire que les colons l'exploitent, le droit au remboursement devra, en vertu de l'art. 26, leur être refusé. Nous pouvons invoquer, dans le sens de notre opinion, un arr. du 9 septembre 1826 (Rennes).

277. II. La demande en remboursement est formée par un seul ou par plusieurs colons ; les autres ne donnent pas leur assentiment à la poursuite.

a. Le ou les demandeurs ne provoquent le remboursement que pour leurs portions. La solution est simple : « Aucun des tenanciers, dit Carré (p. 149), ne pourrait sans doute demander le remboursement des édifices et superfices *de sa portion*, quoiqu'il l'exploitât lui-même, parce que le propriétaire foncier ne peut pas être obligé de diviser la tenue et de rembourser par portions. » C'est donc le principe de l'indivisibilité de la tenue par rapport au foncier qui s'oppose à la demande.

On a, pour cette hypothèse, voulu faire une fausse application du système de réciprocité. On a dit : un ou plusieurs colons peuvent être

congédiés de leurs portions dans la tenue, sans
que les autres le soient; réciproquement, chacun
d'eux doit pouvoir provoquer le remboursement
de sa portion. Le raisonnement n'est pas juste,
la situation n'est pas la même; pour rendre la
comparaison exacte entre la situation des colons qui ont une part divise de la tenue et celle
du foncier, il faut supposer que celui-ci, par
suite d'un partage, a vu ses droits restreints à
une portion de la tenue, il peut être alors contraint de rembourser les édifices et superfices
existant sur cette portion. Mais dans la question
qui nous occupe, la position respective est absolument différente. Nous avons à respecter le
principe de l'indivisibilité de la tenue; or, si le
colon pouvait obtenir le remboursement de sa
part, ce principe serait violé, car le foncier serait
ainsi contraint de reprendre la tenue par fractions. Pour ce qui est du colon, il ne peut se
plaindre que notre opinion viole à son égard le
même principe, car, depuis qu'un partage est
intervenu entre lui et ses consorts, la tenue ne
consiste pour lui que dans sa part, et, du moment qu'on la lui rembourse tout entière, il
n'est pas fondé à se plaindre. Mais comme le
foncier ne doit pas, par son fait, paralyser éter-
nellement le droit des colons, nous admettons
une exception pour le cas où, par suite de baillées consenties à diverses époques, il arriverait

que jamais le remboursement ne pût être demandé en même temps pour les diverses portions de la tenne; le foncier peut avoir combiné les délais accordés par ses baillées, précisément pour rendre impossible toute demande en remboursement; peut-être même s'est-il entendu dans ce but avec l'un des domaniers.

b. Un ou plusieurs colons demandent le remboursement de la tenue entière sans le concours ou contre le gré des autres. Leur demande sera-t-elle acceptée?

Ici encore on a invoqué en faveur de l'affirmative le principe de la réciprocité : un seul des cofonciers peut demander le congément au côlon, un seul des codomaniers doit pouvoir demander le remboursement au foncier; c'est le considérant que nous trouvons dans un arrêt du 13 mai 1813; cet argument ne porte pas; et d'abord, c'est une assertion fausse, c'est faire un cercle vicieux que de dire : un seul des domaniers peut provoquer le remboursement parce qu'un seul des cofonciers peut exercer le congément et invoquer le principe de la réciprocité; un cofoncier n'a jamais eu ce droit; écoutons Carré : « On convient bien que les droits édificiers sont indivisibles par rapport au foncier, et qu'il peut former la demande en congément contre un seul des codomaniers, et que *réciproquement* les fonds de la tenue étant indivis par rapport au domanier, celui-ci peut former la demande en remboursement contre un seul des copropriétaires fonciers. Mais c'est la seule conséquence que l'on puisse tirer du principe de la réciprocité établi par l'art. 11, et pour en tirer celle qu'un des codomaniers eût le droit de provoquer le remboursement sans le concours de ses consorts, il faudrait qu'un des copropriétaires fonciers eût toujours eu le droit d'exercer le congément sans le concours des siens. Cependant, le principe contraire était constant, comme l'atteste Baudouin, et comme il a été jugé par un arrêt qu'il cite » (C., p. 159).

Mais un cofoncier eût-il le droit de congédier sans l'assentiment des autres, on ne pourrait comparer les résultats de cette demande avec les effets d'une demande en remboursement opérée par un codomanier sans l'assentiment des autres. Le foncier, en congédiant, ne porte pas atteinte à la position de ses copropriétaires, subrogé aux droits et obligations du congédié, il devient leur domanier. Le colon, poursuivant seul le remboursement, fait une opération beaucoup plus grave, il aliène la propriété de ses codomaniers, la change en une somme d'argent, c'est une sorte d'expropriation pour cause d'utilité privée, expropriation que le foncier seul, agissant de sa propre autorité, avait qualité pour leur imposer. Ainsi un seul codomanier

forcerait le propriétaire à congédier, malgré lui
et malgré eux, des colons qui avaient peut-être
un puissant intérêt à rester dans la tenue.

On a fait une autre objection pour combattre
ce système; on a dit : Le propriétaire pourrait
rendre le remboursement impossible en achetant l'opposition de l'un des domaniers. Sans
doute, mais ne trouve-t-on pas en droit une
foule d'hypothèses où la collusion est à craindre?
Est-ce une raison pour défendre tel ou tel acte
sous prétexte qu'il pourra donner lieu à la
fraude? Non, et cette raison ne saurait autoriser ici à violer la loi et les principes. Le dol, la
fraude, seront peut-être difficiles à prouver;
mais si l'on y parvient, on fera comme dans une
hypothèse étudiée précédemment; on fera, pour
ce cas, exception à la règle, on permettra au
colon victime de la fraude de demander seul son
remboursement. D'ailleurs, la collusion ne sera
en général qu'un cas isolé, et, dût-elle se présenter souvent, dût-elle n'être presque jamais
prouvée, l'inconvénient qu'elle présenterait serait moins à redouter que la perturbation ap-
portée dans le principe de la propriété par la
faculté laissée à un seul colon de disposer de ce
qui appartient à ses consorts.

Quelle que soit la valeur de ces arguments,
et nous les croyons irréfutables, nous ne devons
pas nous dissimuler que la jurisprudence de la

Cour de Rennes est contraire à notre système (arr. 15 avril 1811, 3 mai, 16 juin 1813), et que, dans une instance, si bonnes que soient les raisons que l'on invoque, il y a à compter avec la jurisprudence établie. Deux arrêts, cependant, 29 avril 1825, 9 septembre 1826, ont cherché à réagir contre elle ; mais, le 28 mars 1831, la Cour est revenue à l'opinion qu'elle avait coutume de consacrer.

En présence d'une semblable décision, la seule ressource qui reste aux codomaniers menacés d'être expropriés par la volonté d'un seul, ressource qui ne saurait leur être refusée, est de prévenir leur expulsion en remboursant la part du demandeur ; cette part, ils se la partageront et répartiront entre eux la portion de rente dont elle est grevée. C'est une solution analogue à celle que nous avons donnée dans le cas où l'un des colons veut faire exponse lorsque les autres s'y refusent.

278. *Procédure de la demande en remboursement.* — A bien considérer les choses, le remboursement n'est qu'un congément, seulement un congément provoqué par le colon ; il est donc naturel d'appliquer à la demande en remboursement les formalités prescrites pour la demande en congément ; règles relatives à la compétence, attribution des frais, époque et forme de la demande, délais, procédure devant le juge de paix,

nomination des experts, prisage, effets du remboursement, revue... etc., tout se règle de la
même façon, tout est identique.

Le principe de la réciprocité qui doit exister
entre le propriétaire et le colon, et que la jurisprudence consacre de plus en plus, sert de base
aux règlements suivants :

I. Le foncier ne peut congédier un domanier d'une partie de ses droits; réciproquement
le colon ne pourra contraindre le foncier à
rembourser partiellement.

II. Le principe a toujours été admis que le
foncier pourrait poursuivre le congément contre
un seul des codomaniers. Réciproquement, lorsqu'il y a plusieurs propriétaires fonciers, le
colon pourra faire contre l'un d'eux sa demande
en remboursement (Ren., arr. 27 fév. 1811,
19 fév., 3 mai 1813).

Cette solution a l'avantage de permettre au
colon d'exiger le remboursement dans des
cas où, sans elle, il serait impossible, dans l'hypothèse, par exemple, où, les copropriétaires
étant nombreux, le colon n'en connaît qu'un ou
plusieurs; elle n'est pas injuste à l'égard du
foncier, qui aura la ressource ou de s'entendre
avec ses copropriétaires, ou de les appeler pour
coopérer avec lui au remboursement.

279. Si nous supposons que les droits fonciers
sont grevés d'usufruit, à qui incombera l'obliga-

tion du remboursement? Ce sera au propriétaire
(arr. 13 août 1813). Il n'en est pas moins vrai
que la demande peut être intentée contre l'usufruitier qui n'aura même pas le droit de se faire
mettre hors de cause, mais appellera en garantie le propriétaire. Au lieu de refuser le remboursement, l'usufruitier peut consentir à le prendre
à sa charge; il y a intérêt, car il peut empêcher
ainsi le propriétaire de faire abandon, ce qui
est son droit indéniable. En ce cas, comment
se réglera la situation à la fin de l'usufruit?
L'art. 609 du Code civil prévoit une hypothèse
analogue; des charges ont été imposées sur la
propriété pendant la durée de l'usufruit: « si
elles ont été avancées par l'usufruitier, il a la
répétition du capital à la fin de l'usufruit.» Il
nous semble que rien n'empêche d'appliquer
une solution semblable au cas qui nous occupe.
Nous dirons donc que le propriétaire devra
rembourser à l'usufruitier ou à ses héritiers le
capital qu'ils ont dépensé pour l'acquisition
forcée des droits réparatoires, sauf à ce propriétaire à lui faire, à ce moment, l'abandon
du fonds, droit dont il n'a pu être dépouillé.

280. Nous avons dit que les règles à appliquer dans une demande en remboursement
étaient les mêmes que dans une instance en
congément. Il est un point, cependant, sur lequel nous donnerions une solution différente,

parce qu'il y a une raison spéciale de décider ainsi. Le foncier est obligé, dans la demande en congément, de rembourser provisoirement le propriétaire des objets qui n'ont été prisés que débativement; ici nous ne lui imposerions pas cette obligation. C'est que dans le premier cas, s'il est contraint au paiement provisoire, c'est qu'il a un délai fixe, passé lequel le remboursement n'est plus possible, la Saint-Michel; s'il ne rembourse pas les objets débatifs et que l'on constate ensuite qu'ils faisaient bien partie des droits réparatoires, la procédure sera annulée: c'est donc en partie dans son propre intérêt qu'on impose au foncier cette obligation.

Ici le foncier n'a pas à redouter d'annuler l'instance, car elle est faite contre son gré, aussi n'a-t-on pu imposer pour le remboursement un terme que le foncier se serait toujours arrangé de façon à laisser passer. Si le foncier est récalcitrant, le colon qui demandera au tribunal la permission de vendre les édifices et le fonds, fera juger en même temps la nature remboursable ou non de l'objet litigieux. Par suite, il n'y a aucune nécessité de forcer le propriétaire qui rembourse à payer provisoirement ces objets.

281. L'art. 23 l. 6 août 1791 nous indique les moyens que pourra employer le colon pour obtenir le paiement de ses droits. Tout d'abord,

il doit notifier le cahier de prisage au propriétaire, avec sommation d'en payer le montant ;
mais si celui-ci reste dans l'inaction, le colon
procédera de la manière suivante : « A défaut
de remboursement effectif de la somme portée
en l'estimation, le domanier pourra, sur un
simple commandement fait à la personne ou au
domicile du foncier, en vertu de son titre, s'il
est exécutoire, faire vendre, après trois publications, de huitaine en huitaine, et sur enchères
en l'auditoire du tribunal du district, les édifices et superfices, et subsidiairement, en cas
d'insuffisance, le fonds... » (art. 23).

Carré (p. 321 et suiv.) assimile la vente des
édifices et superfices faite à la requête du colon
à la vente sur simples bannies des mêmes droits
réparatoires faite à la requête du foncier. La
procédure sera la même. Quant au fonds, le
colon pourra le faire vendre subsidiairement, et,
la loi ne parlant pas de saisie préalable, cette
formalité ne sera pas nécessaire (Carré, p. 326).

L'art. 23 parle de la nécessité d'un titre
exécutoire pour faire procéder à la vente ; or, on
ne peut en trouver un dans le jugement qui
ordonne le remboursement, car ce jugement ne
fixe pas la valeur des droits ; le cahier de prisage n'en fournit pas un non plus, car il n'a
rien d'exécutoire. Si donc le foncier n'a pas
consenti, par acte authentique, à effectuer le

remboursement, le titre sera le jugement sollicité par le colon, qui, tout en imposant à celui-
ci l'obligation de quitter la tenue, condamnera
le foncier à payer le montant du prisage (Carré,
p. 324 ; Aulan., 418). C'est une analogie de
plus avec la vente sur simples bannies qui doit
être précédée aussi d'un jugement de condamnation ou de résiliation de bail (art. 24, *in fine*).

282. Le remboursement peut être fort onéreux pour le propriétaire, il peut être ruineux
pour lui s'il s'agit de domaines congéables con-
cédés depuis des siècles et que le foncier, dans la
persuasion où il était, avant la loi de 1791, que
jamais il ne serait contraint à payer malgré lui
la valeur des droits réparatoires, a laissé sur-
charger d'édifices et superfices considérables.
L'art. 23, pour éviter cette ruineuse obligation,
lui donne une dernière ressource, dure il est
vrai, mais qui lui permet cependant, entre deux
maux inévitables, de choisir le moindre : il
pourra faire l'abandon de la foncialité : « Pourra
néanmoins le foncier se libérer en abandonnant
au colon la propriété du fonds et la rente convenancière... » — Cette disposition avait été
d'abord combattue, et on avait voulu laisser au
colon le droit de poursuivre le foncier par les
voies légales, jusqu'à entière libération ; cette
théorie injuste a été fort heureusement écartée.

Ainsi le foncier peut faire abandon et se libé-

rer complètement, mais il faut qu'il le fasse en
temps utile; s'il s'était obligé personnellement
à opérer le remboursement, l'abandon serait
impossible.

Cet abandon est l'aliénation volontaire d'un
immeuble. C'est, dit Carré, p. 310, une *datio
in solutum*, une espèce d'exponse, il faut donc
avoir pour y consentir la capacité requise pour
l'aliénation d'un bien immobilier, d'où l'on peut
conclure, avec Poullain-Duparc, t. I, p. 287,
cité par Carré (p. 310), que le tuteur qui ne
pourrait faire exponse des héritages de son mineur sans avis de parents et décret de justice,
ne pourrait seul faire l'abandon dont il s'agit.
Aujourd'hui le tuteur devrait avoir l'autorisation
du conseil de famille et l'homologation du tribunal (art. 457, 458 C. c.). Et il en serait de
même si, le mineur n'ayant qu'une part indivise
du fonds, le tuteur voulait se joindre aux cofonciers et faire l'abandon avec eux (Carré, p. 311;
Aul., nº 421).

Le domanier ne peut pas être obligé de recevoir l'abandon partiel de la propriété du fonds
et de la rente; c'est une nouvelle application du
principe de l'indivisibilité de la tenue.

L'abandon de la foncialité fait perdre au foncier tous ses droits sur la tenue, mais elle le dispense de payer la valeur des droits réparatoires,
elle le dispense même, croyons-nous, bien que ce

soit controversé, de payer les frais de l'estimation; on ne peut pas lui reprocher d'avoir laissé
faire des frais inutilement, car il ne pouvait se
prononcer en connaissance de cause qu'après
l'estimation. (En ce sens Carré.) Aulanier est
d'avis contraire et cité à l'appui de sa thèse un
jugement du tribunal de Guingamp, 23 avril
1821, et deux du tribunal de Saint-Brieuc,
22 juin, 13 août 1827, qui mettent les frais
à la charge du foncier qui fait abandon.

APPENDICE

CHAPITRE I

DES DROITS FONCIERS ET CONVENANCIERS EN MATIÈRE D'ENREGISTREMENT

§ 1. *Droits de mutation dus sur la foncialité.*

283. Jusqu'en 1823, on distinguait, en matière d'enregistrement, s'il s'agissait d'actes entre-vifs à titre onéreux ou de mutations par successions, testaments ou donations.

Au premier cas le droit se percevait sur le prix indiqué au contrat, plus le capital des charges; c'est la disposition de l'art. 5, n° 6, l. 22 frim. an VII. Si au lieu de vendre la foncialité on aliénait seulement la rente, le droit qui était de 2 0/0 était perçu sur le capital au denier 20 de la rente (art. 14, n° 7, l. 22 frim.). Ces règles sont encore applicables aujourd'hui.

Au second cas, on évaluait le fonds au denier 25 de la redevance; on y ajoutait les charges annuelles dues par le colon. C'était violer la loi du 22 frim. an VII, d'après laquelle le droit à percevoir doit être liquidé pour tous les biens sur le revenu annuel multiplié par 20. On motivait l'exception introduite sur ce que les bois et les commissions dont la régie ne pouvait souvent faire l'estimation augmentent le revenu déterminé par la redevance. Cela était vrai autrefois, mais depuis que la loi du 6 août a supprimé les corvées d'usements, a attribué aux colons la propriété des noyers et châtaigniers et les a autorisés à demander le remboursement, la valeur des droits fonciers s'est considérablement amoindrie, et il serait peut-être plus juste de les estimer au-dessous du denier 20 que de les estimer au denier 25. L'administration de l'enregistrement l'a compris, et un jugement du tribunal de Morlaix, du 14 mars 1823, ayant admis à cet égard les réclamations de quelques fonciers, elle décida que désormais on appliquerait aux droits fonciers la loi du 22 frimaire an VII. Aujourd'hui donc, on calcule les droits de mutation en multipliant par 20 le revenu annuel; mais on ajoute à ce revenu le neuvième des commissions qui se paient tous les neuf ans, car ces commissions, comme nous l'avons vu, en font véritablement partie.

284. Si le foncier, au lieu d'effectuer le remboursement, abandonne la foncialité, la mutation s'opère par l'acceptation que le colon fait de l'abandon ; la perception doit se faire sur l'acte d'acceptation, en calculant l'augmentation de

valeur que reçoit la propriété du colon. C'est à ce dernier de faire la déclaration, sauf le droit pour la régie de réclamer l'expertise. Mais s'il n'y a pas d'acceptation écrite, ou si l'acte n'est pas présenté à l'enregistrement, l'administration ne peut réclamer qu'après l'acceptation tacite qui se manifeste par l'entrée en jouissance du colon à titre de propriétaire. Il est parfois alors très difficile de constater si le colon a accepté ou non l'abandon, c'est une question de fait; il s'agit de savoir s'il a fait sur la tenue des actes qui excèdent les pouvoirs d'un domanier; alors le droit doit être acquitté dans les trois mois à partir de l'acte qui constitue l'acceptation tacite.

§ 2. *Droits de mutation dus sur les édifices et superfices.*

285. La nature même des droits convenanciers qui sont tantôt meubles, tantôt immeubles, suivant qu'on les considère par rapport au foncier ou par rapport aux tiers, doit servir de base aux décisions que nous aurons à donner en cette matière.

I. *Bail en premier détachement.* — C'est une opération double; la propriété des édifices et superfices est transférée au preneur, la jouissance précaire du fonds lui est concédée. Il y a donc lieu à deux droits différents. Le bail en premier détachement, constituant une vente d'immeubles, sera soumis aux droits de mutation imposés dans ce genre de ventes (Cass. 11 juin 1833 ; 5 mai 1851 ; Carré ; Proudhon, *Usufr.*, n° 3723 ; Duvergier, *Louage*, t. 1, n°s 226, 278). Il en était ainsi dans l'ancien droit : « Il est juste, dit Baudouin (n° 209), que le premier bail à domaine congéable fasse ouverture aux lods et ventes, au retrait lignager, et même, selon quelques-uns au féodal, à la rescision en cas de vilité de prix. » Le droit actuellement est de 5 1/2 0/0 ; il se perçoit sur la valeur des édifices et superfices indiquée par les deniers d'entrée ou le prix stipulé dans le contrat. Ce droit est immédiatement exigible, malgré la condition résolutoire, car elle n'empêche pas que la transmission de la propriété ne soit actuelle.

Il peut arriver que le propriétaire n'exige pas de deniers d'entrée ; il n'y en a pas moins mutation, et, par suite, le droit est dû ; en effet, si l'on ne veut pas supposer une fraude cachée destinée à tromper le fisc, il faut admettre qu'il s'agit d'une donation, ou que le foncier trouve une compensation au sacrifice qu'il fait dans l'augmentation de la redevance. Dans ce cas, on calcule le montant des droits à percevoir sur la valeur des édifices et superfices indiquée par le preneur ; mais l'administration a le droit, si elle a des doutes sur la justesse de cette évaluation, de réclamer l'expertise.

Ce ne sont pas seulement les édifices et superficies qui doivent être évalués pour établir le droit de mutation ; il est juste de tenir compte des sommes ou objets mobiliers que le foncier remet au preneur ; par exemple, il laisse au fermier qui devient colon la souche que celui-ci lui devait en vertu de son bail, il charge le preneur de rembourser au fermier une certaine somme pour ses améliorations ou les objets attachés par lui à l'héritage, tels que tournants, moulants, qui, en Basse-Bretagne, appartiennent ordinairement aux simples fermiers de moulins. (Baud., n° 214 ; Aul., n° 525.)

Le second droit à percevoir est basé sur ce que le contrat de domaine congéable renferme aussi un bail ; le montant en est déterminé comme pour les baux à ferme, le tarif est de 0 fr. 20 par 100 fr. (L. 16 juin 1824, art. 1) ou de 4 fr. 0/0 (L. 22 frim. an VI, art. 15, n° 2, et art. 69, § 7, n° 2), selon que le bail est à durée limitée ou à durée illimitée. Au premier cas, le droit de 0 fr. 20 pour 100 fr. est perçu sur le nombre d'années indiqué ; au second cas, le droit de 4 0/0 est perçu sur le capital de la redevance.

La plupart du temps, la durée de l'assurance est limitée par le contrat ; mais, ne le fût-elle pas, ce ne serait pas une raison pour considérer le bail comme illimité. Il faut se rappeler, en effet, que l'usage des lieux déterminait la durée de l'assurance ; cette durée, de six ans dans l'usement de Rohan, était de neuf ans partout ailleurs ; en vertu de cet usage, la situation de deux preneurs dont le bail fixait pour l'un la durée de l'assurance, et pour l'autre restait muet sur la question, était identiquement la même, car, en ce dernier cas, on a simplement omis une clause que l'on savait aller de soi-même ; pourquoi voudrait-on les soumettre à des droits différents ? Mais il en serait autrement, si le foncier renonçait expressément au pouvoir de congédier ou faisait dépendre l'exercice du congément d'un événement qu'il serait au pouvoir du colon d'empêcher ; le bail, alors illimité, donnerait lieu au droit de mutation de 4 0/0 perçu sur le capital de la rente. Au fond, la rente devient foncière et on doit appliquer le tarif établi pour la rente foncière.

286. II. *Consolidation.* — *Premier cas.* — Les superfices se réunissent au fonds en vertu du titre convenancier, c'est-à-dire par suite de congément, remboursement, exponse, vente sur simples bannies ; dans tous ces cas, le foncier acquiert les droits réparatoires comme meubles, car, nous le savons, entre le colon et le foncier agissant en cette qualité, les droits ne sont pas

immeubles ; donc, l'enregistrement ne peut exiger que le droit de 2 0/0.

La transcription n'étant nécessaire, dans cette hypothèse, ni pour purger les hypothèques existantes, ni pour empêcher qu'on en inscrive de nouvelles, car cet effet est produit par la consolidation opérée *ex natura contractus*, il en résulte que l'administration ne saurait exiger en sus le droit d'acte de 1 1/2 0/0 que l'art. 54 l. 28 avril 1816 autorise à percevoir sur les actes sujets à transcription. On prend pour base de l'évaluation la quittance du colon ou le récépissé du receveur de la caisse des dépôts et consignations, en cas de congément et remboursement ; en cas de vente sur simples bannies, le procès-verbal d'adjudication ; en cas d'exponse, l'acte d'acceptation et la valeur vénale des droits abandonnés calculée au denier 20 du revenu de la tenue, déduction faite de la rente convenancière.

Deuxième cas. — Les superfices se réunissent au fonds par suite d'une vente volontaire consentie par le colon au foncier. Ici la solution à donner dépend de l'opinion qu'on adopte sur la nature de cette convention. Pour nous, qui y voyons une vente ordinaire, une cession qui ne purge pas les hypothèques existantes, nous considérons la transcription comme nécessaire. Il y aura donc lieu au droit de 5 1/2 0/0 exigible dans les ventes d'immeubles et au droit d'acte de 1 1/2 0/0 pour l'acte de transcription.

287. III. *Mutation au profit d'un tiers.* — Lorsque les édifices et superfices deviennent la propriété d'un tiers, ce tiers fût-il cessionnaire d'une faculté de congédier, ou adjudicataire à la suite d'une vente sur simples bannies, on doit voir dans l'opération un transport d'immeubles, par suite, le droit de mutation est de 5 1/2 0/0. Y a-t-il lieu, en ce cas, de transcrire et d'exiger le droit spécial de 1 1/2 0/0? Aulanier prétend que non, « parce que, dit-il, le congément et la vente sur simples bannies purgent les hypothèques au profit d'un tiers comme au profit du propriétaire. » Nous croyons que cette décision ne saurait être admise aujourd'hui; elle pouvait avoir sa raison d'être à l'époque où écrivait Aulanier (1847); on était alors, au point de vue de la transcription, sous l'empire du Code civil; or, le Code faisait surtout de la transcription une formalité préliminaire de la purge, la propriété était transmise, *erga omnes*, par la vente même. On comprend que, dans le cas qui nous occupe, comme l'existence d'une faculté de congédier ou une vente sur simples bannies ont pour effet d'éteindre par elles-mêmes les hypothèques, on pût assurer qu'il n'y avait pas lieu de transcrire, puisqu'il n'y avait pas de purge à opérer. Mais, aujourd'hui, la

transcription a un autre but, un autre effet beaucoup plus important que celui de faciliter la
purge des hypothèques, elle consolide la propriété entre les mains de l'acquéreur au regard
des tiers (L. 27 mars 1855, sur la transcription
en matière hypothécaire). Il en résulte que, si la
transcription est, comme par le passé, inutile
au cessionnaire d'une faculté de congédier ou
à l'adjudicataire d'une vente sur simples bannies, pour purger les hypothèques de l'immeuble qu'ils acquièrent, elle leur est nécessaire
pour consolider à l'égard des tiers leur nouveau
droit de propriété. Donc elle ne doit pas être
omise, et l'administration peut percevoir le
droit de 1 1/2 0/0 auquel donnent lieu les
actes sujets à transcription.

288. IV. *Concession par le propriétaire d'une
assurance ou d'une faculté de congédier, laquelle
comporte assurance.* — Ce n'est qu'un renouvellement de bail ; par suite, on ne peut exiger les
mêmes droits que pour un bail en premier détachement. Le droit proportionnel n'est perçu
que sur ce renouvellement de bail. Il s'établit,
comme pour les baux ordinaires, sur le fermage
du fonds, c'est-à-dire sur la redevance qui en est
l'équivalent, sauf à y ajouter, en la répartissant
sur les diverses années, la commission stipulée
au profit du bailleur ; car cette commission est
réellement une partie du fermage. Quant au

cessionnaire de la faculté de congédier, il devra en outre un droit de mutation, mais seulement après le congément, et on prendra pour base le montant de l'estimation.

289. V. Un colon cède ses droits à un tiers sous la seule condition que ce tiers sera substitué à son obligation de payer les charges convenancières. C'est à l'acquéreur d'indiquer l'évaluation des édifices et superfices sur lesquels on percevra le droit de 5 1/2 0/0 (Cass., arr. 19 juin 1828). De plus, la transcription devra être accomplie. C'est un cas analogue à celui d'un bail en premier détachement sans deniers d'entrée. Il en est de même au cas où la mutation a lieu par succession ou par testament.

290. VI. Le colon cède ses droits à un tiers, mais à titre onéreux, vente, échange, le droit de 5 1/2 0/0 se perçoit sur le prix porté au contrat, sans égard à la rente convenancière, et, ici encore, on devra accomplir la formalité de la transcription.

291. VII. Au lieu d'exercer lui-même le congément, le cessionnaire d'une faculté de congédier la cède à un tiers; on peut comparer cette hypothèse à une sous-location dans un contrat de bail à ferme ordinaire. La cession est-elle à titre gratuit, il y a lieu à la perception des mêmes droits que pour la première location.

Est-elle à titre onéreux, on répartit la somme sur les années de l'assurance, en l'ajoutant à la redevance annuelle, comme s'il s'agissait d'une commission, et on fixe le montant du droit sur le revenu ainsi établi.

CHAPITRE II

DROITS RESPECTIFS DU PROPRIÉTAIRE ET DU COLON EN CAS D'EXPROPRIATION POUR CAUSE D'UTILITÉ PUBLIQUE

292. Le colon a droit à la jouissance du fonds, il est donc juste qu'il participe à l'indemnité, lorsque le fonds est l'objet d'une expropriation. Le préjudice causé est le principe et la mesure du droit à l'indemnité, celle-ci doit être partagée entre le propriétaire et le colon dans la proportion du préjudice éprouvé par chacun d'eux.

Par suite de l'expropriation, le foncier est privé de la valeur capitale du fonds et des bois fonciers; le colon, de ses droits convenanciers et de la jouissance du fonds; c'est d'après ces données qu'on doit évaluer les pertes respectives.

Pour le foncier, pas de difficultés; on a tou-

jours admis que les jurés tranchaient souverai-
nement la question.

293. Pour le colon, on a deux choses à considérer : les droits réparatoires, la privation de
jouissance. On s'est demandé sur quelle base
fixer la valeur de ses droits réparatoires; devra-
t-on estimer leur valeur vénale, ou les priser
par le menu comme en congément? Le second
mode d'évaluation nous paraît imposé par la
stricte justice, bien qu'on ait voulu soutenir le
contraire. Le colon pouvait se faire rembourser
en établissant ainsi le montant de la somme à
payer par le foncier. Il serait en perte si l'Etat
suivait un autre mode d'estimation, car le prisage par le menu donne presque toujours un
résultat supérieur. Mais l'Etat sera frustré,
dira-t-on. Il perdra, nous l'accordons, à avoir
devant lui une tenue à domaine congéable,
mais c'est une conséquence de la nature de
la chose expropriée; aimerait-on mieux faire
retomber la perte sur le colon? Celui-ci ne
serait-il pas d'ailleurs en droit de dire qu'on
viole la loi en ne lui accordant pas une juste
indemnité (art. 545 C. c.)?

Quant à l'évaluation de l'indemnité due pour
la privation de jouissance, il faut tenir compte
de deux éléments d'appréciation distincts : le
revenu dont le colon est privé, le temps pendant
lequel il aurait eu droit d'en jouir. Et on ne fait

en cela que suivre les règles de la simple équité;
le colon est certainement dépossédé d'un droit
important; or, bien que son bailleur lui donne
garantie pour la jouissance, il ne pourrait, dans
la circonstance, recourir contre lui; car, en ce
qui concerne les rapports du foncier et du colon,
l'éviction est le résultat d'une force majeure qui
dispense le premier de tout dédommagement;
le bail serait seulement résilié de plein droit,
le colon cesserait de payer la rente, et si l'expropriation ne portait que sur une fraction de la
tenue, il pourrait, suivant les circonstances,
demander ou une diminution de prix, ou la résolution même du bail (art. 1722 C. c.). Mais
cela ne constitue pas une indemnité. Or, l'Etat,
qui poursuit volontairement l'expropriation, ne
peut pas, lui, invoquer la force majeure, il doit,
par conséquent, une indemnité égale au préjudice qu'il cause. Si la rente représentait dans
les rapports spéciaux du foncier et du colon le
produit du fonds, il peut n'en pas être ainsi à
l'égard de l'Etat; peut-être la rente était-elle
fort inférieure au revenu réel, peu importe, le
colon avait un droit acquis à un tel bénéfice,
l'Etat lui doit un dédommagement égal au revenu réel qu'il lui enlève. Seulement, comme le
colon sera désormais dispensé du service de la
redevance, il est juste d'en déduire le montant;
on déduira de même l'intérêt de la somme rem-

boursée pour les superfices, car ces superfices
comptaient pour partie dans la fixation du produit de la tenue, et on peut dire que le colon qui
en a reçu le montant n'est réellement pas privé
de ce capital.

294. Maintenant, comment calculer l'indemnité réclamée par le colon pour le temps pendant
lequel il était fondé à percevoir la redevance?
Le domanier viendra-t-il prétendre qu'il faut
lui tenir compte de la nature spéciale du bail à
domaine congéable, qui a pour résultat de perpétuer souvent la jouissance d'un même colon,
alors qu'un fermier se voit souvent expulsé à
l'expiration du bail? Non, évidemment; vouloir fixer la durée de cette prolongation éven-
tuelle et quelque peu problématique, serait se
heurter à des difficultés insurmontables et
tomber dans l'incertitude, dans l'arbitraire. La
jouissance du colon est précaire, ne l'oublions
pas, le foncier peut congédier à la fin de la baillée; que souvent il ne le fasse pas et renouvelle
l'assurance, c'est un fait indéniable, mais c'est
un simple fait, et la loi nous semble autorisée à
considérer une jouissance précaire comme devant finir à l'époque où l'une des parties se
trouve en droit de la faire cesser.

295. Si, d'après les principes que nous venons
d'exposer, on calculait séparément l'indemnité
due par l'Etat au foncier d'une part, au colon

d'autre part, rien ne serait plus facile que la répartition entre ceux-ci de la somme ainsi fixée, et celui qui se croirait lésé pourrait, pour son propre compte, se pourvoir contre l'insuffisance des offres qu'on lui fait, sans considérer si on attribue à son coïntéressé une somme supérieure à celle qui doit lui revenir. Malheureusement, il n'en est pas ainsi dans la pratique; souvent on ne fait pour toute la tenue qu'un seul procès-verbal, telle est la source de nombreuses difficultés et de sérieuses contestations. Il s'agit de répartir l'indemnité, d'en faire la ventilation. On y arrive encore assez facilement, lorsque le procès-verbal unique indique la part attribuée au foncier et la part attribuée au colon ; chacun peut alors réclamer s'il le juge à propos. Mais quelquefois on ne distingue pas les droits de chacun des expropriés ; une pareille estimation, semble-t-il, devrait toujours être considérée comme irrégulière et nulle, faute de s'appuyer sur des bases suffisamment précises. Les parties cependant ne réclament pas toujours contre une pareille façon de procéder, les tribunaux n'ordonnent pas toujours une seconde expertise, force est alors de répartir le résultat de l'estimation. On y parvient en évaluant d'un côté les droits fonciers, de l'autre la valeur des droits convenanciers, et la perte qui résulte de la privation de jouissance ; on compare les résultats et on divise la somme. Si celle-ci est supérieure au total du préjudice, le bénéfice profite au colon et au foncier ; si elle est inférieure, la perte est répartie proportionnellement.

296. La matière des expropriations pour cause d'utilité publique a donné tout récemment lieu à une question fort intéressante et qui, jusqu'à ce jour, n'a été débattue, à notre connaissance, devant aucune juridiction. Nous voulons, en terminant, dire quelques mots à ce sujet ; la nouveauté du point de vue, la physionomie originale du débat, la possibilité de voir la contestation dont il s'agit se renouveler à bref délai et se résoudre devant les tribunaux, légitiment notre désir.

On sait que la Bretagne est riche en trésors archéologiques ; les vestiges de travaux accomplis par la main puissante des Romains : routes et voies de communication, camps retranchés, tombeaux où se retrouvent des armes, des médailles, des pièces de monnaie, établissements thermaux dont les murs, construits en briques, ont résisté au travail destructeur des siècles, se découvrent çà et là. Mais ces souvenirs d'un autre âge, que d'autres parties de la France présentent également, ne sont pas les seuls qu'offre la Bretagne aux recherches des savants. L'Armorique, cette vieille terre celtique où la domination romaine fut d'ailleurs moins solide-

ment établie et cessa plus tôt que dans les autres
parties des Gaules, l'Armorique nous présente
à chaque pas les traces de la religion puissante
des Druides. Nombreux sont les monuments,
dolmens, menhirs, cromlech's, pierres bran-
lantes, dont la simplicité et la grandeur tout ensemble étonnent l'imagination et fournissent
un vaste champ aux investigations des hommes
distingués qui s'adonnent à l'étude de ces antiquités.

De toute la Bretagne, la contrée où se retrouvent en plus grand nombre les vestiges de la religion celtique est le Morbihan. Les *alignements*
de Carnac sont universellement connus ; c'est à
leur sujet que s'élève la question que nous avons
annoncée.

Les monuments de Carnac ne sont autre
chose que d'immenses blocs de granit, dressés
sur l'une de leurs extrémités par des moyens
que la science n'a pas retrouvés, et placés sur
plusieurs rangs parallèles, à distances à peu près
régulières. Les terrains où sont élevés ces monuments étaient autrefois incultes, à l'état de landes
sauvages ; beaucoup ont été défrichés et sont
cultivés aujourd'hui ; ces terrains font presque
tous partie de tenues à domaine congéable, et
les pierres druidiques, en certains endroits, servent de clôtures à quelques champs, même de
murs contre lesquels des colons ont adossé des

granges ou des étables. Or, dans ces deux dernières années, de nouvelles voies ferrées, cons-
truites dans le Morbihan, ont dû traverser plusieurs des tenues dont il s'agit ; il a fallu expro-
prier des parcelles de ces tenues, et il s'est
trouvé que sur ces parcelles existaient des monuments celtiques au sujet desquels indemnité
était due. C'est de là qu'est née la question suivante : auquel du foncier ou du colon l'indemnité accordée par le jury d'expropriation pour
les monuments celtiques enlevés à la tenue doit-
elle appartenir ?

S'appuyant sur le principe que tout objet qui
est à la surface du sol fait partie des droits réparatoires, si la convention ou, à son défaut, la
la loi et les usements ne l'ont pas réservé au
foncier, alléguant en outre que telle ou telle
pierre leur servait de clôture ou de mur de sou-
tènement pour leurs bâtiments, certains domaniers ont élevé la prétention de s'approprier
l'indemnité spéciale dont il s'agit. Cette prétention qui, au premier abord, offre une apparence
de raison, un semblant de logique, a soulevé
plusieurs contestations sur lesquelles nous avons
été consulté et que nous avons résolues contre
le colon, en faveur du foncier.

297. Les principes mêmes qui servent de base
aux règles du domaine congéable exposées dans
cet ouvrage, motivent notre décision et nous

ont fourni les éléments d'une solution sur la difficulté.

Le colon nous semble faire une fausse application de ces principes en disant que les pierres druidiques doivent lui être remboursées parce que ce sont des superfices. Nous répondons : ce sont des objets qui, à la vérité, se trouvent à la surface, mais ce ne sont pas des superfices proprement dits. Quel est le fondement du droit du domanier ? C'est, ou une amélioration, un travail dû à sa propre activité, ou une aliénation consentie par le foncier. Or, ni l'une ni l'autre de ces causes ne peut justifier sa propriété sur les monuments celtiques. Pas n'est besoin de prouver qu'il ne saurait s'en dire l'auteur. Quant à la question de savoir si le foncier a entendu les comprendre dans la vente des superfices, lors du bail en premier détachement, la négative nous semble de toute évidence. Dans ce contrat, ce qui est transporté au colon, la définition même que nous en avons donnée l'indique, ce sont les constructions, plantations et autres travaux qui ont amélioré le fonds. Or, les blocs de granit dont il s'agit ne peuvent pas plus être considérés comme des constructions, des améliorations, que le seraient des tombeaux romains, des fragments de murs de construction romaine, tels qu'on en rencontre aujourd'hui enfouis dans la terre à telle ou telle profondeur. Le domanier

aurait-il consenti à ce qu'on augmentât les deniers d'entrée sous prétexte qu'il existait sur
la tenue des pierres druidiques dont l'utilité était
nulle pour lui et dont la valeur historique et
archéologique était ignorée à une époque où la
science s'occupait beaucoup moins qu'elle ne le
fait aujourd'hui des antiquités celtiques ? Que
plus tard, dans certains cas, les domaniers aient
profité de la disposition des lieux et de la situation des blocs de granit pour les faire servir à
la clôture de leurs pièces de terre, au soutien de
leurs bâtiments, c'est un fait absolument fortuit
qui ne change rien au droit indiqué par la saine
interprétation de la volonté des parties lors de
la convention primitive et par les principes de
la matière. Ne l'oublions pas, dans le bail à
convenant, le sol reste au foncier, et, avec le
sol, tout ce qui en dépend, en un mot tout ce
qui, dans ou sur le sol, ne peut être considéré
comme objets d'une utilité pratique pour le
colon, et, par suite, n'a pas dû être compris dans
l'aliénation.

Nous regardons comme certain que les
pierres druidiques sont dans ce cas, qu'en instance de congément elles ne seraient pas com-
prises dans le prisage des droits réparatoires,
que de même dans la procédure à fin de remboursement, organisée sur la demande du domanier, celui-ci ne pourrait réclamer du foncier

le prix de ces objets; en matière d'expropriation, notre solution sera identique, l'indemnité due soit pour la valeur intrinsèque des monuments druidiques, soit pour leur valeur historique et archéologique, appartiendra tout entière au propriétaire foncier.

TABLE DES MATIÈRES

TROISIÈME PARTIE

Du congément, ou droit pour le foncier d'expulser le
colon. — Du remboursement, ou droit pour le colon
d'exiger le prix de ses édifices et superfices......... 289

LIVRE I

TABLE
ALPHABÉTIQUE ET ANALYTIQUE
DES MATIÈRES CONTENUES DANS CET OUVRAGE

A

B

E

F

G

H

I

M

Q

R

T

U

V

ERRATA

Page 19, sixième avant dernière ligne, lisez : *remontât aux Romains.*

Page 26, huitième avant-dernière ligne, lisez : *ce n'est pas là une simple...*

Page 32, quatrième ligne, lisez : *rente,* au lieu de *cens.*

Page 41, troisième ligne, lisez : *quels profits.*

Page 46, treizième ligne, lisez : *sang,* au lieu de *rang.*

Page 82, neuvième avant-dernière ligne, lisez : *arrêt du 16 janvier 1865,* au lieu du *24 décembre 1862.*

Page 83, deuxième ligne, lisez : *arrêt du 16 janvier 1865,* au lieu du *24 décembre 1862.*

Page 100, dixième ligne, lisez : *dans la troisième partie,* au lieu de *dans le livre IV.*

Page 118, troisième et huitième ligne, lisez : *vente,* au lieu de *rente.*

Page 121, quatrième ligne, mettez une *virgule* après n° 479, et non un *point-virgule.*

Page 122, septième avant-dernière ligne, lisez : *Broërec, art. 3,* et non 111.

Page 124, avant-dernière ligne, ajoutez *qui* avant le mot *eussent.*

Page 137, onzième avant-dernière ligne, lisez : *sa part,* et non *leur part.*

Page 140, quatorzième ligne, lisez : *l'objet de la troisième partie,* et non *d'un livre spécial, le livre IV.*

Page 158, dix-neuvième ligne, lisez : *exponse,* et non *expense.*

Page 173, avant-dernière ligne, lisez : *sous,* et non *sur.*

Page 183, troisième avant-dernière ligne, lisez : *foncier,* et non *fermier.*

Page 187, troisième avant-dernière ligne, ajoutez un *t* au mot *peu.*

Page 188, lisez : *chapitre IV*, au lieu de *chapitre V*.

Page 231, huitième ligne, lisez : *foncier*, au lieu de *fermier*.

Page 241, quinzième ligne, lisez : *le faire*, au lieu de *les faire*.

Page 252, neuvième ligne, mettez un *point* et non une *virgule* après *lésion*.

Page 266, troisième ligne, lisez : *s'il veut*, et non *s'il voulait*.

Page 293, dixième avant-dernière ligne, lisez : *il*, au lieu de *elle*.

Page 303, septième ligne, lisez : *domanier*, et non *foncier*.

Page 321, douzième ligne, lisez : *de la faire*, et non *de le faire*.

Page 401, quatrième avant-dernière ligne, ajoutez le mot *ne* entre les mots *que* et *le*.

Paris. — Imprimerie de Ch. Noblet, rue Cujas, 13. — 10072

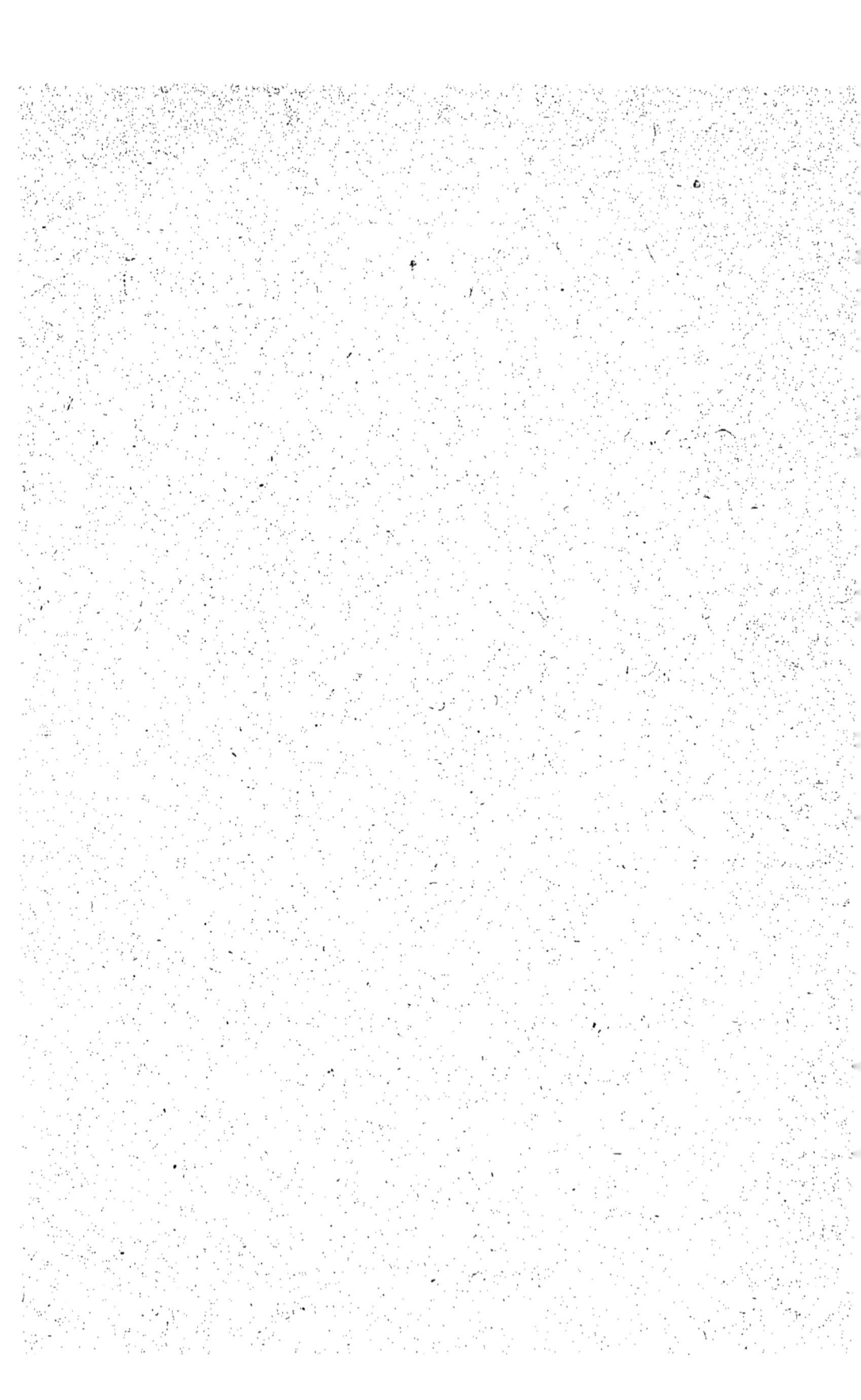

www.ingramcontent.com/pod-product-compliance
Lightning Source LLC
Chambersburg PA
CBHW060950220326
41599CB00023B/3664